孩子不听话，父母怎么办？

主　编　鲁鹏程

副主编　周　扬　张淑涵

编　写　马淑霞　王　旭　翟晓敏　周雅君
　　　　齐梦珠　雏真真　施　杭　刘伦峰
　　　　杨新卫　贾　联　李俊飞　梅　梅

● 孩子有问题，父母不能束手无策！

金盾出版社

内 容 提 要

本书从日常生活问题、社会行为问题、学习认知问题、品行人格问题、与人交往问题、心理健康问题等 6 个方面列举了孩子常见的 119 个问题，涵盖了孩子"不听话"的方方面面，具有普遍性，并给出了大量切实可行的教育方法，有助于父母培养出"听话"的孩子。本书是一部简明、有益、不可多得的家庭教育参考书，是一部解决孩子"不听话"问题的速查手册。

图书在版编目(CIP)数据

孩子不听话，父母怎么办？/鲁鹏程主编 . -- 北京 ：金盾出版社, 2011.9
ISBN 978-7-5082-7013-5

Ⅰ.①孩…　Ⅱ.①鲁…　Ⅲ.①家庭教育　Ⅳ.①G78

中国版本图书馆 CIP 数据核字(2011)第 111537 号

金盾出版社出版、总发行
北京太平路 5 号(地铁万寿路站往南)
邮政编码：100036　电话：68214039　83219215
传真：68276683　网址：www. jdcbs. cn
封面印刷：北京凌奇印刷有限责任公司
正文印刷：北京军迪印刷有限公司
装订：北京军迪印刷有限公司
各地新华书店经销
开本：787×1092　1/16　印张：14.25　字数：225 千字
2011 年 9 月第 1 版第 1 次印刷
印数：1～8 000 册　定价：29.00 元

前言

　　每位父母都希望自己的孩子能健康成长，能够幸福快乐，能够拥有成功的人生。但是，孩子能实现父母这些美好的愿望吗？很难说。因为今天的父母好像很难"对付"孩子了。面对孩子各种各样的"问题"，做父母的真有一种难以招架的感觉。

　　很多父母都感觉孩子不好管，不听话。之所以说孩子不听话，是因为父母对孩子的说教几乎已经不起什么作用了。所以，太多的父母想找到一些妙方来教育自己的孩子。这里所说的"听话"，并不是指对父母的话言听计从，没有自己的主见，不能表达自己，没有自己的独立人格，是父母的私有物品，而是指孩子配合父母正确而合理的教育，不跟父母对着干。

　　法国著名教育家爱尔维修曾经说过："即使是最普通的孩子，只要教育得法，也会成为不平凡的人。"可见，教育方法是非常关键的。

　　不可否认，"天下没有不听话的孩子，只有不懂教育方法的父母"。看到这句话，请父母不要惊讶，也不要急于批判这句话不对，而是应该静下心来想一下，自己是否真的懂教育方法，是否真的能摸透孩子的心理。如果答案是否定的，那就请为人父母者作出改进吧。

　　为了让广大的父母在与孩子的相处中能够更自如、更轻松，我们特别编写了这本《孩子不听话，父母怎么办？》。

　　本书从日常生活问题、社会行为问题、学习认知问题、品行人格问题、与人交往问题、心理健康问题等 6 个方面全面列举了孩子常见的 119 个问题，涵盖广博、全面，有很大的普遍性，并给出了大量切实可行的教育方法，从而帮助父母培养出"听话"的孩子。

　　当然，这 119 个问题也只是孩子可能会出现的问题的一部分，只是希望这些问题的解决方法能够有所启示。当再遇到其他问题的时候，可以创造性地运用一些其他方法。

　　简单说一下本书的特色吧，这本书采用了"精彩案例＋实用方法"的写作模式，力求把培养"听话"孩子的精髓"演"给新时代的广大父母看。本书用凝练的文字告诉父母最科学、最经典、最权威的教育智慧，所列举的若干简单、有效的教育方法能给父母很大的启示。我们有理由相信，本书一定会成为父母手中一部简明、有益、不可多得的家庭教育参考书，更是一部解决孩子"问题"的速查手册。

　　最后，衷心期盼每一位父母都有教育孩子的好方法，每一个孩子都能"听话"。

目 录

第一章 日常生活问题

在日常生活中,孩子会有很多问题令父母头疼不已,比如赖床,不愿意刷牙洗脸,到处乱放衣服,不讲个人卫生,挑食偏食,爱装病,咬指甲,到处乱涂乱画,迷恋电脑游戏,爱乱发脾气,爱哭,贪玩,爱顶嘴,总是抱怨,死缠烂打,提不合理的要求,等等。面对孩子的这些问题,父母也不用太着急,总有办法解决这些问题的。

第二章　社会行为问题

对孩子来说，有些问题是属于社会行为方面的，比如在外面受了委屈，爱搞破坏，在公共场所乱跑，说脏话，乱花钱，争强好胜，向客人乱要东西，爱打人，非常任性，爱打小报告，喜欢跟人攀比，等等。其实，只要父母能深入了解孩子这些行为背后的原因，就一定能够找到有效解决这些问题的好方法。

第三章　学习认知问题

　　孩子的学习是天下每一位父母都非常关心的事情，每一位父母都希望自己的孩子能够好好学习，但有时候却事与愿违。因为很多孩子不愿意上学，不愿意写作业，上课注意力不集中，不敢回答问题，记忆力差，考试紧张，对老师有抵触情绪，等等。这些问题，直接导致孩子学习状况不佳。那么，父母面对这样的情形，又该怎么办呢？

第四章　品行人格问题

　　无论是在古代还是在现代，无论是在国外，还是在国内，品行人格对每一个人来说，都是非常重要的，对孩子来说也是如此。一个品行人格好的孩子，一般都会事业有成，生活幸福。但是，如果父母不重视解决孩子在品行人格方面出现的问题，孩子可能一生都会坎坎坷坷、磕磕绊绊，一路走来，总是不会顺顺利利。

第五章　与人交往问题

　　在这个时代，谁都不能离开他人而独立生存，都会与人产生各种各样的联系，也就是说，每个人都需要与人交往。当然，孩子也不例外。但是，在与人交往的过程中，孩子也会遇到一些问题，比如融入不到群体之中，被朋友疏远，沉默寡言，交上坏朋友，等等。所以，父母如果想让孩子从小就学会与人交往，就一定要想办法帮他处理所遇到的问题。

第六章　心理健康问题

很多父母在关注孩子身体健康的同时,却忽略了对孩子心理健康的关注。殊不知,相比身体健康来说,孩子的心理健康更重要。不可否认的是,今天很多孩子在心理方面确实存在一些比较严重的问题,比如自卑、嫉妒心强、心胸狭窄、爱慕虚荣、有自闭倾向、敏感脆弱、性别倒错、消极悲观等。这些问题,对孩子的健康成长来说,的确是很大的阻碍,所以,父母一定要留心孩子是否有这些问题,如果有,一定要努力帮助孩子解决。

第一章　日常生活问题

在日常生活中，孩子会有很多问题令父母头疼不已，比如赖床，不愿意刷牙洗脸，到处乱放衣服，不讲个人卫生，挑食偏食，爱装病，咬指甲，到处乱涂乱画，迷恋电脑游戏，爱乱发脾气，爱哭，贪玩，爱顶嘴，总是抱怨，死缠烂打，提不合理的要求，等等。面对孩子的这些问题，父母也不用太着急，总有办法解决这些问题的。

1. 孩子贪睡，爱赖床怎么办？

8岁的琳琳有一个坏习惯，就是每天早晨起床都非常费劲，每次都要妈妈三催四请才勉强起来。冬天到了，琳琳赖床的毛病就更加严重了，经常是闹钟响了，琳琳就把它关掉，又继续睡。

而这给妈妈带来了很大的困扰，每次妈妈不得不把她的被窝掀开，把她从床上拉起来。结果琳琳却经常因为没睡醒，朝妈妈大发脾气。起床之后，琳琳也是一副睡眼惺忪的样子，穿衣服、刷牙、洗脸的动作拖拖拉拉。很多时候，她都因为没有时间吃早饭就匆匆忙忙跑出了门。妈妈见了，又是心疼，又是头疼，不知道该怎么纠正女儿赖床这个坏毛病。

教育感悟

每天早上叫孩子起床是很多父母很头疼的一件事，如果强行叫他起床，每次最后都闹得很不愉快；如果不叫他，他上学又会迟到，或者勉强起床，他根本没有时间吃早饭。真是叫也不是，不叫也不是。那么，我们应该怎么办呢？

如果父母放任不管，任凭孩子这样赖床下去，只会形成恶性循环，永远找不到症结所在。最后，受累的还是我们父母。其实，孩子赖床的毛病是可以改善的，关键是我们要找到他赖床的真正原因。

一般来说，孩子赖床的原因大致有以下几个：第一个，睡眠时间不足，晚上睡觉太晚，或者忽略了午休这个重要的环节；第二个，白天运动太剧烈，导致体力消耗过大，睡一晚上没有休息过来，结果第二天赖床；第三个原因，也是最普遍的一点，就是孩子已经养成每天被我们叫醒的习惯了，他自己没有主动起床的意识，所以会赖床。

基于以上3点原因，父母就要对照自己的孩子，找出他赖床的真正原因，然后再对症下药。那么具体来讲，父母应该怎么做呢？

参考建议

▲ 营造起床的气氛

在叫孩子起床的时候，我们经常是软硬兼施，使出浑身解数，最后搞得自己精疲力竭。事实上，父母完全可以换另外一种方式叫孩子起床。比如，父母可以在每天早上随手播放一些轻松欢快的音乐，或者播放一些孩子喜欢听的故事CD，让孩子在这种轻松愉快的氛围中醒来，这比父母对他大喊"快起床"效果要好得多。

▲ 送给孩子一个闹钟

为了督促孩子起床，父母不妨送给他一个闹钟，鼓励他自主起床。而且为了提高他主动起床的积极性，父母可以带他一起去挑选一个他喜欢的闹钟，挑选他喜欢的铃声，这样他起床的动力会大些。

▲ 把握叫醒孩子的时机

有时，父母叫醒孩子之后，他会大发脾气或者有强烈的反抗情绪。原因是他正处于深度睡眠之中，结果被父母硬生生地强拉起来了，他当然就不愿意了。因此，为了避免这种情况的发生，父母一定要把握好叫他起床的时间，不能因为他喜欢赖床，就过早地叫他起床。如果他的休息时间不充足，白天就不会有饱满的精神了。

相反，父母可以找个时间和孩子讨论一下，他每天早上穿衣服、洗漱、吃早饭、乘车上学要花费多长时间，然后订出早上起床的时间。这样孩子自己就能控制起床的时间，不需要父母在一旁唠唠叨叨了。

▲ 让孩子承担赖床的后果

年龄比较小的孩子还不能完全脱离我们的帮助而独立起床，这个时候，父母就要告诉他："妈妈叫你起床时，只叫你一次，如果你不起来，迟到了妈妈可不负责任。"以此，激励孩子主动起床。

当然，父母说到就要做到，早上叫过孩子一遍后，就不要再叫第二遍了。如果孩子没有按时起床，父母就要让他承担不按时起床的后果。比如，来不及吃早餐而挨饿；匆忙跑出门，而忘记带作业本；迟到被老师责罚……当孩子尝过这些苦果之后，下次就不会赖床了。

值得注意的是，在实施这种方法时，父母一定要提前告诉孩子不按时起床的后果。这样当他尝到苦果后，也就不会埋怨父母事先没有提醒他了。

▲ 让孩子养成有规律的作息习惯

现在的孩子学习压力比较大，娱乐项目也比较丰富，很容易把握不好作息时间。于是就会出现睡眠不足、睡眠质量不高等一连串问题。因此，父母必须让孩子养成早睡早起、有规律的生活习惯，比如，晚上 10:00 前一定要就寝，每天至少保证 8 个小时的睡眠时间。

2. 孩子起床后不高兴怎么办?

　　12岁的明明脾气一直不太好,特别是早上起床后,脾气尤其不好,经常苦着一张脸,不仅爱和妈妈抬杠,偶尔还对妈妈大吼大叫,就像妈妈欠他的一样。

　　平时6:30,明明会主动起床,偶尔赖床的时候,妈妈会叫醒他。可是这天早上,妈妈一直在厨房忙着准备早餐,没有注意到明明没有起床。当她准备完早餐时,才发现儿子还没有起床,这个时候已经7:00了。于是,她匆匆忙忙去叫醒儿子。睡眼蒙眬的明明一睁眼发现7:00了,一下瞪大了双眼,非常生气,带着埋怨的口吻质问妈妈:"你怎么不早点叫我呀!"说着匆匆忙忙地穿上了衣服。穿好衣服后,他背起书包,甩门而出。本来妈妈想给他带几个包子的,可是看到儿子这个架势,也不敢再说什么了。

教育感悟

　　在生活中,有些孩子起床后活蹦乱跳的,喜欢说个不停。可有些孩子恰恰相反,一大早就闹别扭,耍小脾气。案例中明明的表现很明显属于后者,他不仅在早起后闹情绪,起床晚了还埋怨妈妈没有按时叫他。相信无论是哪位父母,遇到这样的孩子都会感到头疼。

　　起床本来是孩子自己的事情,如果他因为没有按时起床而迟到,被老师批评,或者没有时间吃早饭而一上午都挨饿,那都是他自己造成的,他应该学会为自己负责才对。而明明却把责任推到妈妈身上,实在是一种不负责任的表现。如果我们的孩子也存在同样的问题,父母一定要及时纠正他的坏脾气。

　　造成孩子起床后不高兴的原因有很多,比如,夜里睡觉做噩梦了,睡觉的姿势不正确,导致全身以及大脑没有得到充分的休息,等等。总之,父母要先找出造成孩子起床后情绪低落的真正原因,才能真正找到解决孩子起床后不高兴的有效方法。

参考建议

▲ 对孩子的坏脾气采取置之不理的态度

当孩子因为没睡醒或者突然被父母叫醒而乱发脾气的时候,父母最好的应对方法就是保持沉默，做自己的事情，对他视而不见。当孩子的坏脾气没有可发泄的对象时，也就觉得没有意思了。值得注意的是，此时父母不要对孩子发脾气，也不要给他讲道理，因为发脾气并不能解决任何问题，再多的道理他也听不进去。父母只有等到他的情绪平稳了，才能指出他的错误之处。

待孩子的情绪发泄完之后，父母就要和他好好谈一谈。如果早上没有多余的时间，可以等到晚上孩子放学后再说这件事。父母可以慢慢帮他回忆一下早上的样子，然后告诉他，坏情绪不仅会伤害自己的身体，还会影响周围的人，把他人的情绪也弄得很糟。同时，父母还要让他知道，不分场合就对人发脾气的人是自私的人，也是无能的人，然后问问他要不要做自私、无能的人，以此激励孩子早日克服自己的坏情绪。

▲ 用快乐的情绪感染孩子

当孩子起床后乱发脾气或者带有消极情绪时，父母不妨把他拉到镜子前，让他看一看自己不高兴时的面孔，以此提醒他，这个时候的他状态是不对的，不应该有的。此时，父母也可以拉一拉自己的嘴角，示意孩子笑一笑。当孩子被父母快乐的情绪感染时，消极情绪可能顿时就烟消云散了。

▲ 帮孩子驱赶走夜晚受的风寒

为什么孩子早起后心情会不好呢？其中一点很重要的原因和他凌晨的时候睡觉受寒有关系。从生理角度来看，人前半夜身体比较热，睡觉的时候也比较温暖；到了三四点的时候，身体就比较容易受寒。如果这个时候孩子出现踹被子等状况，寒气很容易就进入他体内，从而造成他早起后头脑发蒙。因此，父母要为孩子准备一床薄厚适宜的被子，并提醒孩子不要因为贪凉而少盖被子。如果孩子早起情绪暴躁的现象特别严重，父母不妨在三四点的时候，起床看看孩子的睡觉情况，给他加一层薄被，让他再捂一捂汗，这样很容易就把他的寒气驱赶走了。

▲ 提高孩子的睡眠质量

造成孩子起床后心情不愉快的另外一个原因是，做噩梦。孩子之所以会在夜晚做噩梦，和白天精神紧张、压力大有一定的关系。那么父母不妨每天睡觉前，放一些舒缓的音乐，缓解一下他紧张的情绪。当他的身体和精神达到一个放松的状态时，也就不会做噩梦了。

此外，孩子睡觉的时候，父母也要留意他的睡姿，像趴着、头枕着胳膊等姿势都会影响他的睡眠质量。正确的睡眠姿势应该是右侧卧，因此，父母要让孩子养成右侧卧的习惯。

3. 孩子穿衣服磨蹭怎么办？

早上，妈妈正在厨房里忙碌着，嘴里不停地喊着："奇奇，快起床了，快来尝尝妈妈给你做的阳春面，可好吃啦!"说着，只见4岁的奇奇穿着小内裤站在门口，喊着："妈妈，我要吃。"

看到儿子连衣服都没穿，妈妈一下急了，冲进儿子的房间，指着床上的衣服说道："快点把衣服穿上，穿上衣服才能吃面。""妈妈，你给我穿。"奇奇央求道。"自己穿。"说完，妈妈走回了厨房。

大概10分钟过去了，妈妈正准备走进儿子房间，叫他吃饭，才发现儿子10分钟内只穿了一件上衣，连扣子还没有扣完。无奈之下，妈妈只好帮儿子把衣服穿完了。

教育感悟

有这样一个有趣的调查，问妈妈每天早上对孩子说的最多的一句话是什么？答案是"快点、快点"。由此不难看出磨蹭是很多年龄小的孩子普遍存在的一种现象，尤其是孩子穿衣服磨蹭，是令很多父母感到头疼的一件事。因为早上的时间本来就紧张，再看到孩子一副慢吞吞的样子，本来性子不急的父母都可能被他磨得变成急性子了。

如果父母在一旁催促他，他可能会我行我素，装作没听见，或者先发制人，发一顿脾气，结果搞得我们无计可施。催到最后，其结果是大多数妈妈会像奇奇的妈妈一样，不得不去帮孩子穿衣服。尽管很多父母都知道这样做不对，但是迫于时间很紧张，又实在受不了孩子慢吞吞的劲头，只好这么做了。其实，这就是造成孩子穿衣服磨蹭的原因之一。

针对这种情况，父母完全可以换一种方式改变孩子的这种状态。那么具体来讲，父母如何提高孩子穿衣服的速度呢？

参考建议

▲ 不替孩子穿衣服

依赖性强是很多孩子普遍存在的一种心理，他们总有这样的想法："反正我慢吞吞的也没关系,爸爸妈妈会给我穿的。"当孩子有这样一种心理时,父母就要认真反省了,父母是不是照顾孩子过分细致了? 是不是总是有意无意地为他安排一切? 结果导致他不会自己穿衣服,或者总是习惯等着父母给他穿。当发现孩子有这样的倾向时,父母就一定要坚持原则,坚决让他自己的事情自己做,鼓励他自己穿衣服。当孩子看到父母坚决的态度后,也就不会总是指望父母给他穿衣服了。

▲ 和孩子一起比赛穿衣服

年龄小的孩子穿衣服磨蹭是很正常的事情,因为在他的头脑里,做什么都是很有意思的事情,包括穿衣服,所以他喜欢边玩边穿衣服。父母不妨抓住孩子的这个心理特点,在早上起床后,和孩子来一场比赛,比谁穿衣服的速度最快,这样孩子自然会提高穿衣服的速度。同样,父母也可以给孩子穿衣服的时间计时,然后拿这个时间和上一次比,看看是进步了,还是退步了,以此提高孩子穿衣服的兴趣和速度。

▲ 新衣服最好提前试穿

孩子穿衣服慢除了和边穿边玩有关系外,和一些客观因素也有一定的关系,比如,新衣服不太合体,或者穿起来比较复杂。遇到这种情况,孩子穿衣服的速度自然会慢下来。因此对于新衣服或者放了好久再拿出来穿的衣服,父母最好让孩子提前试穿一下,让他熟悉一下扣子怎么扣,拉链在什么地方,这样的试穿对提高他穿衣服的速度多少都会有些帮助。

▲ 平时训练孩子穿衣服的速度

对于已经上学的孩子来说,在上学的日子里,早上的时间很短促,如果他穿衣服很磨蹭的话,就有可能造成他上学迟到等一些不好的后果。因此,在周末的时候,父母不妨教孩子穿衣服的方法,告诉他先穿什么,再穿什么,以及系鞋带的方法。当他掌握了正确的穿衣服顺序后,其穿衣服的速度自然会有所提高。

▲ 给孩子穿衣服限定时间

5岁的壮壮很任性,稍微不顺他的意,他便用拖延时间的方式向妈妈抗议,比如,早上起床不主动穿衣服,即使穿也磨磨蹭蹭。每当这时,妈妈便严厉地告诉他,10分钟之内必须把衣服穿完,如果没穿完,每拖延1分钟,晚上就少看10分钟电视,超过3分钟,晚上就不能看电视。看到妈妈的态度这么坚决,壮壮便主动加快穿衣服的速度了。

生活中有些孩子逆反心理比较强,父母越催他,他穿衣服的速度越慢。这个时候,父母不妨参照壮壮妈妈的做法,根据孩子的能力,给他限定穿衣服的时间。如果超过这个时间,就有相应的惩罚措施,这样孩子穿衣服的时候就不会

磨磨蹭蹭了。

4. 孩子不愿意吃早饭怎么办？

聪聪从小和爷爷奶奶一起长大，爷爷奶奶一直有一个生活习惯，就是每天两顿饭，上午 10:00 左右一顿饭，下午 4:00 左右一顿饭。所以聪聪也养成了这个习惯，每天两顿饭，其余时间饿了的话就吃些零食充饥。

自从聪聪上 1 年级开始，就搬回来和爸爸妈妈一起住了，随之问题也就来了，聪聪不习惯吃早饭。这下妈妈头疼了，为了能让儿子吃一点早饭，妈妈对早饭的内容进行了很多尝试，中餐、西餐、面条、馄饨，等等，能想到的都做过了，所有的道理、不吃早餐的危害也都给儿子讲了。可是她从儿子口里得到最多的一句话就是："妈妈，我没有胃口。"对此，妈妈也不知道该怎么办了。

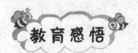

教育感悟

俗话说："早吃好，午吃饱，晚吃少。"据营养专家分析，早餐是一天当中最重要的一餐，孩子的身体在经过一整夜的调整后，准备迎接一天的学习和生活。这时，他最需要的就是丰富的营养来应对一天的消耗。而很多孩子像聪聪一样，偏偏没有吃早餐的习惯，其原因就是他没有认识到不吃早餐的危害。

首先，孩子正处于长身体的阶段，不吃早餐会直接影响他的身体发育。其次，不吃早餐会造成孩子低血糖，使他变得没有精神，如果这个时候不及时给他补充能量的话，他很可能会出现面色苍白、四肢无力的状态，严重的甚至会出现低血糖休克。最后，不吃早餐会导致孩子的大脑出现能量不足，引起的记忆力衰退，从而影响他一上午的听讲效率。

在了解了孩子不吃早餐造成的危害后，我们就要真正重视起孩子吃早餐这个环节，同时父母也要让孩子认识到吃早餐的重要性。此外，在吃早餐的时候，父母还应该注意以下几个细节，才能把孩子吃早餐的兴趣真正调动起来。

参考建议

▲ **尽量让孩子在家吃早餐**

有些父母因为工作忙的缘故，再加上图省事，就干脆给孩子钱，让他在外面买早点吃。可是外面买的早点既不卫生，又没营养，根本没有在家里吃得好。况且并不是所有的孩子拿到钱之后，都买早点吃了，有些孩子把买早点的钱省下来，要么买零食吃了，要么就做其他用处了，结果导致饿一上午的肚子。因此，作为父母，应该尽量每天早起一点，亲手给孩子做早餐吃，以保证他每天所吃的早餐的质量。

▲ 变换早餐的花样

不要说孩子，就是成人总是吃一两种早餐也会觉得腻的。而且有些孩子对传统的早餐根本不感兴趣，一些没有吃过的食物往往更能引起他的食欲。这个时候，就需要我们在早餐上多花费些工夫了。

4岁的姗姗不喜欢在家吃早点，只喜欢吃麦当劳或者肯德基一类的快餐。可是这些快餐不仅没有营养，而且也太浪费钱了。因此，妈妈想了一个好办法，她把做完的早餐放在一个和快餐店一模一样的托盘里，在牛奶杯里准备了一个吸管，然后端给孩子。乍看上去，除了食物不一样外，外面的形式弄得和快餐店里的一模一样。结果这种形式很受姗姗的欢迎，她不爱在家吃早点的问题也就自然而然解决了。

从这则案例中，父母不难看出，变换早餐的花样不仅仅是做出多么新鲜的食物来，有时候，这种形式的变换往往更能激起孩子的兴趣。因此，父母不妨借鉴这种方法，吸引孩子吃早饭。

▲ 不强迫孩子吃太多

如果孩子最初没有吃早餐的习惯，父母突然让他吃早餐，而且还让他吃很多，对他来说一定很困难。因此，父母要给孩子适应的时间，不要强迫他一下吃很多。相反，父母可以让他先从喝牛奶、喝粥、吃点心开始，然后再逐渐增加他的食量。

▲ 不催促孩子"吃快点"

父母急着上班或者工作忙碌的时候，会不自觉地催促孩子"吃快一点儿"，结果孩子吃一顿早饭慌慌张张的，一直处于紧张状态中。而这种催促就有可能导致孩子消化不良，甚至造成他对吃早饭产生逆反情绪。因此，吃早餐的时候，父母尽量不要催促孩子，相反，父母可以把吃早饭的时间提前一些，以免造成时间紧张。

5. 孩子不爱洗脸怎么办？

6岁的小强有一个坏毛病，就是每天早上起床后不爱洗脸。为此，妈妈不知道说了他多少次，但是仍旧没能让他彻底改掉这个坏毛病。

一天早上起床后，小强第一件事便是冲到零食柜前，拿出一块巧克力，刚要塞进嘴里时，妈妈走进来了，问道："洗脸了吗？"小强撅着嘴回答道："没有。""快去洗脸，洗完脸再吃。"说着，妈妈把儿子带到了洗手间。小强慢吞吞地打开水龙头，把毛巾蘸湿，往脸上一搭，搓了两下，然后歪着头问："妈妈，这下我可以吃巧克力了吗？"。

妈妈有些无奈，拿过儿子手里的毛巾，又仔细地给他擦了擦，擦完，说道："去吧，去吃巧克力吧！"

教育感悟

在生活中，很多孩子都缺乏良好的卫生习惯，比如，不爱洗澡、不爱洗脚、不爱洗脸。其中不爱洗脸在小孩子身上比较常见，其根本原因就是他们没有洗脸的意识。有些孩子即使在父母的强制下勉强去洗脸了，大多也是像小强一样，只是糊弄了事，稍微让脸沾一下水就完事了。

一般情况下，大多数父母看到孩子这种表现都会像小强的妈妈一样，很无奈地帮孩子把脸洗干净，而这对孩子良好习惯的养成是非常不利的。

生活中还有这样的孩子，他每次洗脸都会发出反抗的叫声，哪怕前一秒还玩得好好的，但是一提到洗脸，便会嚎叫，对洗脸非常抗拒。结果父母不得不哄着孩子洗，才能顺利地帮他把脸洗干净。这到底是怎么回事呢？父母怎样才能让孩子养成洗脸的习惯呢？

参考建议

▲ 给孩子准备好洗脸的工具

为了激发孩子洗脸的兴趣，父母最好提前给孩子准备好专用的毛巾和脸盆。毛巾、脸盆尽量选择质地好的，带有卡通图案的，这样孩子会更加喜欢洗脸。如果父母能够根据这些图案编一个脸盆故事或者毛巾故事，那样的话，孩子每次洗脸的时候，会觉得更加有意思。

▲ 把洗脸变成游戏

对于年龄小的孩子，如果他抗拒洗脸的话，一定有其原因，比如，毛巾太硬，水会进眼睛，等等，这些都可能导致孩子排斥洗脸。

这个时候，父母不妨把洗脸变成游戏，以此消除孩子对洗脸的恐惧。父母可以找一个孩子喜欢的玩具，每天早上和孩子一起给娃娃洗脸。洗的时候可以随便说一些关于洗脸的顺口溜或者儿歌,然后有节奏地念给孩子听,他会慢慢觉得洗脸是一件很有意思的事情。同时,在洗的过程中,父母也可以假装对娃娃说:"呀,娃娃的脸洗得好干净,娃娃是不是很喜欢洗脸啊?"这样渐渐就会消除孩子对洗脸的恐惧,孩子也就爱洗脸了。

▲ 让孩子自己洗脸

一位妈妈这样描述自己的女儿:"我的女儿在3岁以前一看见我拿毛巾要给她擦脸,她就跑,于是我每次都是强迫着给她大概擦擦。但是3岁以后,我发现她开始喜欢自己做事情,不让我干预。于是,我便每天催促她洗脸,让她自己洗。结果她很愿意,而且洗得很干净,当然,每次洗干净之后,我也都不失时机地夸她一番。"

这位妈妈描述的正是3岁以后的孩子的特征。3岁以后的孩子渐渐有了独立的意识,做什么事情都喜欢亲手做,不喜欢父母干预。有的父母忽略了这一点,每次都帮孩子洗脸,这就有可能是孩子不爱洗脸的真正原因。因此,对于3岁以后的孩子,父母一定不要帮他洗脸,而是让他自己洗,父母只要在一旁指导他,让他掌握正确的洗脸方法就可以了。

▲ 温柔地劝导孩子洗脸

其实,让孩子养成洗脸的习惯并不是一件很难的事情,只要父母顺着孩子的意思来,就很容易让他爱上洗脸。比如,对于干净的孩子,大家都喜欢。这个时候,父母就可以这样引导他:"干净又整齐的孩子,不光小朋友们爱和他一起玩,连幼儿园的老师都喜欢。"孩子一般都很听老师的话,当他听见老师喜欢这样的孩子时,也就会主动洗脸了。

6. 孩子不愿意刷牙怎么办?

5岁的思成从小就不爱刷牙,每次都是妈妈强迫他,他才勉强刷两下。为此,妈妈不止一次地给他列举不刷牙的坏处,比如,有口臭,牙齿会变黑,等等。可是思成一副满不在乎的样子,仍旧坚持不刷牙。

这下可把妈妈难坏了,于是思成的爸爸便劝导她说:"儿子年龄还小,你给他讲这么多道理他也不懂,你就不要勉强他了。况且儿子再过一段时间就要换牙了,等他换完牙再让他刷也不迟。"妈妈听了,觉得有道理,于是便不再强迫儿子刷牙了。

教育感悟

这位爸爸的观点乍听之下不无道理，反正孩子以后还要换牙，等他换了新的牙齿后再刷牙也不迟。其实，这恰恰是很多父母对孩子刷牙的一个误区。为什么呢？

很多小孩子都喜欢吃糖，而糖吃多了，对牙齿的伤害是非常大的，如果孩子再没有刷牙的习惯，那么龋齿是不可避免的。一旦孩子龋齿了，就已经伤害到了牙根，那么无论牙齿再怎么换，牙根都已经受到伤害了，而这就会影响他新长出来的牙。所以，为什么有些孩子在换牙的时候非常痛苦，就是这个原因。因此，让孩子从小就养成刷牙的习惯是非常重要的。

刷牙不仅可以清洁孩子的牙齿，去除牙菌斑，还可以起到按摩牙龈，促进牙龈血液循环的作用。而且它还是维护孩子口腔清洁，预防龋齿、牙周病等行之有效的好方法。可是有些孩子偏偏没有刷牙的意识，一让他刷牙他就躲，要不然就糊弄了事，刷几下就不刷了。那这个时候，父母应该怎么办呢？怎么才能充分调动起孩子刷牙的积极性呢？

参考建议

▲ 知道孩子适宜刷牙的年龄

一般来说，孩子到了两岁半左右的时候，20颗乳牙基本就都萌发出来了。这个时候，我们就可以慢慢教他刷牙了。当他3岁左右的时候，我们就应该让他养成早晚刷牙、饭后漱口的好习惯了。当然，刚开始的时候，孩子对刷牙一定是不配合的，很可能通过撒娇、耍赖等方式逃避刷牙。这个时候，我们就可以借助孩子的好奇心，让他觉得刷牙可以吐泡泡是一件很有意思的事情。同时，我们在刷牙的时候，也可以鼓励孩子试着给我们刷牙。这样孩子刷牙的兴趣慢慢就培养起来了。

▲ 教孩子正确的刷牙方法

教孩子刷牙是一件细致的工作，也是父母的责任。因此，为了让孩子有一个健康清洁的口腔，父母应该保持耐心，教给他正确的刷牙方法。

正确的刷牙方法是：顺着牙缝上下转动地刷，即上牙从上往下刷，下牙从下往上刷，咬合面来回刷，里外都要兼顾到。为了增加孩子刷牙的乐趣，我们也可以把这个方法编成小口诀："上牙从上往下刷，下牙从下往上刷，每个牙面都刷到。"让孩子边默念边刷。

值得注意的是,这种上下刷的方式孩子可能一时间很难掌握,但是也要坚持在一开始的时候就让他这样刷,切忌让他用拉锯齿的方式横刷,否则很可能会对他的口腔和牙齿造成一定的伤害。

▲ 坚持让孩子晚上也刷牙

据一项调查显示,80%的孩子只在早上起床后刷一次牙,晚上刷牙被抛在了脑后。很多孩子之所以有龋齿,很大一部分原因就是晚上不刷牙造成的。因为如果孩子晚上不刷牙的话,残留在牙齿上的食物会发酵产生酸,牙齿因此很容易受到腐蚀,时间长了就可能引发龋齿。因此,父母一定要督促孩子,让他养成晚上也刷牙的好习惯。

▲ 让孩子把握住刷牙的时间

有些孩子为了应付差事,往往刷牙的时候胡乱刷几下,就刷完了。结果呢?根本没有达到清洁口腔的目的。这时,父母可以给孩子限定每天刷牙的时间和次数,让他每天早晚各刷一次,时间控制在3分钟左右为宜。

7. 孩子乱放衣物怎么办?

8岁的同同有个坏毛病,就是经常把东西乱丢乱放。妈妈曾告诉他把看完的书放到书架上,把玩具放到玩具箱里……可是类似的话不知说了多少遍,他总是忘记。

一次,同同把玩完的玩具放在地板上,忘记收了。结果,爸爸经过的时候不小心一脚踩在了他心爱的赛车模型上。眼看着自己的赛车被踩得七零八落,同同心疼不已,要求爸爸一定要买一个新的给他。可是,爸爸坚决不同意,说:"这是你随便乱丢东西造成的,应该你自己负责任,不能怪别人。"

还有一次,同同放学后把作业本随便丢,掉在床底下了,结果上学前怎么也找不到,第二天只好硬着头皮去上学,被老师狠狠地批评了一顿。有了这两次经历后,他乱丢东西的毛病渐渐改了很多。

教育感悟

同同因为乱丢玩具,结果玩具被爸爸踩得七零八落,因为乱丢作业本,结果第二天找不到,被老师批评了一顿。有过这两次经历后,他乱丢东西的坏毛病改了很多。为什么?因为他尝到了乱丢物品带来的后果。其实,这就是一种自然惩罚，不需要父母在一旁刻意地去做什么，只要让他体会到乱丢物品给自己带来的不便后，他自然就认识到这是一个非常不好的习惯了。可见，自然惩罚在一定程度上能够很好地纠正孩子的坏毛病。

在生活中，很多孩子都存在和同同一样的问题，最常见的现象就是，每天放学后，他们把书包随便乱放、脱下的外套随便乱丢，红领巾和小黄帽顺手摘下就不知道放哪了；写作业的时候，随处乱跑，结果书本也不知道忘在哪个角落了；写完作业，用完的铅笔随便一扔，下次用的时候就找不到了……这些现象在很多孩子身上普遍存在。

孩子这种乱放衣物的坏毛病给他自己带来了很大的不便，也严重影响了家庭环境的整洁。长期处在这种杂乱的环境当中，孩子的学习都会受到影响，因为杂乱的环境会导致他很难集中注意力。

因此，对于孩子乱丢衣物的坏习惯，父母一定要及时纠正，使他尽快养成物品摆放有序的良好的生活习惯。

▲ 坚决不替孩子收拾衣物

生活中常会出现这样的状况，父母一边抱怨孩子乱丢东西，一边还亲自给孩子收拾房间、书桌或者衣柜。时间久了，孩子就会有这样的想法：任凭父母怎么唠叨，他们都会给我收拾好。当孩子有这种想法时，也就不难得知他为什么会有乱丢物品的习惯了。相反，如果孩子乱丢东西后，父母不替他收拾，坚持让他自己收拾，这样不仅能培养他整理衣物的好习惯，还能让他在整理过程中体会父母的艰辛。那么下次他自然而然就不会随便乱丢东西了。

▲ 让孩子养成物有定位的好习惯

为了让孩子养成主动收拾衣物的习惯，父母一定要给他明确地规定出哪些物品应该放在哪些地方，比如，每天脱下来的衣物一定要挂在衣架上，看完的书要放归书架上，等等，这样孩子就知道自己的物品应该放在哪些位置上了。

此外，父母也应该要求孩子养成定期收拾物品的习惯，比如，每天学习完后把书桌收拾整齐，每周收拾一次房间，等等。久而久之，物有定位的习惯也就养成了。

▲ 准备一个"失物避难所"

如果孩子开始没有养成物品放置要有定位的习惯，一下就让他养成这个习惯，对他来说是非常困难的。那么父母该怎么办呢？父母不妨准备一个"失物避难所"，通过这种方式慢慢培养孩子物有定位的好习惯。

成成家的客厅里放着一个"失物避难所"，妈妈要求成成把书本、衣服、球拍、红领巾等物品都放在一个固定的场所，一旦在其他地方发现了这些东西，任何人都可以把它丢到这个"失物避难所"里。为此，妈妈还准备了一沓标签纸，在每件"失物"上贴上"失踪日期",并且规定每件物品必须在 5 天之后才能认领。

一次,成成心爱的球鞋进了"失物避难所"里,结果他不得不等到 5 天后才能把它取出来,而这 5 天内,他只能穿那双脏鞋去上学。从此以后,他丢三落四的毛病改掉了很多。

这种设立"失物避难所"的方式不仅能够保证孩子的东西不丢,还使他承担了乱丢东西的自然后果,这种方式值得借鉴。值得注意的是,使用这种方法的前提一定是,父母给他规定好了物品合理的摆放位置,这样当他的东西出现在其他位置时,父母才可以给它放在"失物避难所"里。

8. 孩子不肯上床睡觉怎么办?

5 岁的妮妮晚上总是不按时睡觉,到了睡觉的时间要么看电视,要么央求妈妈讲故事,有时还大哭大闹,反正就是不好好睡觉。为此,妈妈很担心,女儿正处于长身体阶段,如果睡眠不充足的话,很可能会影响她的身体发育。

于是,妈妈使出浑身解数,用尽了各种方法,哄着她睡。可是,大多数情况下,妈妈都睡着了,妮妮却仍旧很精神,一点儿困意也没有。这下,妈妈也不知道该怎么办了。

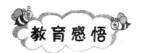

教育感悟

晚上到了该睡觉的时间不睡觉是很多孩子都存在的问题,尤其是年龄小的孩子,这种现象尤为明显。当然,孩子晚上不肯上床睡觉绝对是有原因的,而且原因有很多种。可能是他白天睡得太多了,结果导致晚上躺在床上睡不着;也可能是晚饭吃撑着了或者睡前吃零食了,结果食物在胃里没有消化完,导致难以入睡;还有可能是孩子在临睡前玩得太兴奋了,所以躺在床上一时间很难入睡……这些都可能是孩子不肯上床睡觉的原因。

然而正如妮妮的妈妈担心的那样,睡眠不足会影响孩子的身体发育,导致他长得矮小瘦弱。同时,睡眠不足还会影响孩子的智力和情绪。

据一项调查显示,7—8 岁的孩子的学习成绩明显与他睡眠时间的长短有关。那些每天睡眠时间只有 8 小时的孩子,61％的人跟不上老师讲课的进度,39％的人勉强能到达平均分数线。而那些睡眠时间在 10 小时左右的孩子,只有13％的人学习跟不上，76％的人成绩中等，11％的人成绩优良。而且专家还指出，缺少睡眠的孩子常伴有口吃等语言障碍，看起来也比拥有正常睡眠的孩子迟钝一些。

可见，睡眠不足不仅仅会影响孩子的身体发育，还会影响他的学习成绩，以及其他方面能力的发展。因此，父母一定要让孩子养成良好的睡眠习惯，这样才能保证他的身心都健康发展。

参考建议

▲ 给孩子规定作息时间

教育专家根据青少年生理发育的特点指出：小学生应该保证每天 10 个小时的睡眠时间，初中生 9 个小时，高中生 8 个小时。当有了这样一个参考标准后，父母就要结合孩子的年龄，给他规定好上床睡觉的时间了，时间越明确越好，这样孩子作息才能有规律。

▲ 尽量使孩子睡觉时感到安心

年龄越小的孩子越喜欢从某种固定的物品中或从父母身上获得安全感。比如，有的孩子喜欢抱着洋娃娃睡，有的孩子在回房间睡觉前一定要得到妈妈的吻，等等，这些都可以给孩子一种力量，使他战胜一个人睡觉带来的恐惧感。因此，父母千万不要嘲笑孩子临睡前的这些行为，相反要积极地配合他，尽量使他在临睡前感到安心。

▲ 注意孩子临睡前的一些注意事项

有些小细节是父母经常忽略的，而这些细节有可能就是孩子晚上睡不着觉的根本原因。因此，父母一定要从细节处入手，把干扰孩子不能正常入睡的因素排除掉。

1. 不让孩子睡前做剧烈运动。打闹和剧烈的游戏都会影响孩子的入睡，因此，在睡前的半个小时内，父母尽量不要让孩子打闹，相反可以让孩子做一些安静的活动，比如，听舒缓的音乐，讲故事等等。

2. 减少刺激性饮料的摄入。像可乐、咖啡、茶水等饮料都有使孩子兴奋的成分，因此，这些饮料孩子在临睡前尽量不要喝。如果孩子饿了或者渴了，父母可以让他喝一杯牛奶，这样既起到解渴、解饿的作用，还有助于他的睡眠。

3. 晚饭不宜吃太多。太饿或者太饱都会影响孩子入睡，因此，晚饭父母尽量让孩子吃得恰到好处，不要太多也不要太少。尤其是临睡前，不能让他吃难消化的食物。

▲ 不让孩子感觉自己是被催上床的

当孩子处于一种轻松的状态时是很容易入睡的，但是如果他是被父母强迫着上床睡觉,他的心情就会变得很郁闷,甚至会出现反抗情绪。因此,在要求孩子睡觉时,我们千万不要用一种命令的口气对孩子说:"快点,去睡觉。"相反,父母可以营造一个宽松的氛围,用温柔的语气提醒孩子:"宝贝,9:00 了,快去睡觉了。"从而使他自觉地上床睡觉。

9. 孩子要求与父母同床睡觉怎么办?

7 岁的小伟已经上小学 1 年级了,仍旧和妈妈一起睡。事实上,早在小伟上幼儿园的时候,妈妈就告诉过他,他入学后,就不能再和妈妈一起睡了,而是要自己单独在一个房间里睡。小伟当时并没有反对,而是频频地点头,表示同意了。因此,在小伟临入学的前两个月,妈妈就给他收拾出了一个单独的房间。可是就在一切都准备好后,小伟却变卦了,说什么也不搬到新房间去,而是坚持要和妈妈睡在一起。

这下妈妈为难了,她并不打算强迫儿子搬进去,可是又想不出什么好办法,让他顺利地适应晚上一个人单独睡的生活。结果半个学期过去了,小伟仍旧和妈妈睡在一张床上。

教育感悟

小伟不愿和妈妈分开睡的这种现象在很多孩子身上都存在。因此,常听见一些父母抱怨:"我的孩子都已经上小学了,还不肯单独睡,真是拿他没办法。"其实,只要父母善于引导,方法得当,这个问题是很容易解决的。

为什么很多父母都觉得头疼呢?其原因就是父母总是狠不下心来,尤其看到孩子哭闹,另外一个原因就是,父母没有把握住和孩子分开睡的最佳时机,所以到了后来就越来越难分开了。

孩子和父母分开睡有什么好处呢?一来有利于孩子的健康,因为夹在父母中间睡觉,不仅空间狭小,空气也不流通。二来有利于培养孩子的独立性,让他慢慢摆脱对父母的过分依赖。可见,孩子越早和父母分开睡越利于孩子的成长。那么,我们怎么才能顺利地让孩子适应单独睡的生活呢?

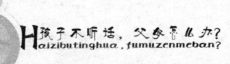

参考建议

▲ 告诉孩子分床睡的原因

有些孩子因为年龄小的缘故，对父母的依赖性比较强，认为和父母分开睡，就意味着爸爸妈妈不要他了，或者爸爸妈妈不再爱他了。因此，在和孩子分床睡之前，父母一定要让孩子明白，单独睡觉是一个人长大了的标志，并不是父母从此不再爱他了，同时，父母要告诉他，和父母分开睡之后，父母会更爱他，以此消除孩子对分床睡的恐惧心理。

▲ 把握 3 岁这个关键期

3 岁是孩子独立意识萌芽和迅速发展的时期，这个时期如果父母能让孩子独立睡，对培养他心理上的独立感有很大的好处。而到了四五岁时，孩子对父母的依恋会慢慢增加，这个时候父母再想和他分开睡，恐怕就有些困难了。而且年龄越大，和孩子分床的可能性就越小。如果强行分床，则很容易导致孩子出现心理问题。因此，父母要想和孩子分床睡，就要把握住 3 岁这个关键时期。

▲ 给孩子布置一个快乐的儿童天地

为了更轻松地和孩子分开睡，父母最好把孩子的房间精心布置一番，可以在墙上挂上五颜六色的图案，也可以把孩子喜欢的玩具挂在床边。总之要把他的房间布置得温馨而又不失童趣，这样孩子就会对这个房间充满新鲜感，从而慢慢接受一个人睡的事实了。

▲ 提前让孩子做好思想准备

一位妈妈打算让女儿在 3 岁生日的时候，开始单独在一张床上睡觉，目的是培养她的独立意识。于是，这位妈妈提前两个月就开始告诉她："从你 3 岁生日开始，你要单独在一张床上睡。"此后的两个月内，妈妈也多次提及此事。每次提到这件事，女儿都会很委屈地哭一番。但是妈妈的态度很坚决，还是告诉她应该单独睡。结果就在女儿生日当天，妈妈带她看了她的新床铺。女儿看了后，并没有什么特别的反应，而是欣然地接受了这个安排。

这位妈妈的准备工作做得非常好，提前两个月就开始给女儿灌输这个思想，所以女儿在这一天来临的时候并没有出现反抗的情绪。这一点也是做父母的应该学习的。

▲ 先分床，再分房

让孩子从和父母一起睡到独立睡一个房间是一个循序渐进的过程，父母必须要有耐心，给孩子时间让他慢慢适应。最初父母可以先和孩子分床睡，持续一段时间后，再和孩子分房间睡。在这个过程中，孩子的情况出现反复是难免的，比如，孩子可能会可怜巴巴地央求父母："妈妈，今天您能和我一起睡吗？""妈妈，今天我和您一起睡，行吗？就这一次。"这个时候，父母千万不要心软，而是要坚决地表明自己的态度"不可以"，直到孩子完全适应了独立睡一个房间的生活。

10. 孩子坐不住怎么办？

王子珏上2年级。有一天，妈妈去学校接他的时候，老师请她单独留一会儿。

在其他孩子都被接走之后，老师跟妈妈说："王子珏很活泼可爱，但他身上存在一个问题，就是坐不住。我们在进行教学活动的时候，他连3分钟都不能坚持，要么自己手里玩点什么，要么捅捅旁边的同学，跟人家说话。"

妈妈听后，急切地说："我也很发愁他这一点。在家里，从来就没见他稳稳当当地坐一会儿，干什么都风风火火，在屋里跑来跑去。他老坐不住可怎么办？多影响学习啊！他是不是得了多动症，要不要吃药？"

老师一边安慰她一边说："你也别太着急，我和其他老师根据王子珏的表现商量了一些办法，我都写在纸上了，你拿回家看看，在家里试一试，看能不能起点作用。"妈妈听后拉着老师的手，一个劲地说"谢谢"。

回到家后，妈妈跟爸爸商量了一下，开始按照老师提供的办法对王子珏进行安静训练，一段时间后竟然初有成效。

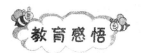

教育感悟

坐不住，这种现象在孩子中非常普遍。就好像椅子上有钉子一样，他们坐在上面不停地左右摆动，或者跪在椅子上，或者站起来又坐下；他们还特别容易亢奋，一有风吹草动就会受到干扰；他们做事情几乎没有善始善终的时候……

看到孩子这样爱动，有些父母甚至怀疑自己的孩子是否得了多动症。其实，这是对多动症的一种错误理解。多动症是一种神经系统紊乱，医学上也称之为注意力缺乏症。它有3种表现形式：第一，注意力不集中；第二，多动或者容易冲动；第三，兼有前两种的表现。事实上，学龄前儿童的正常好动、坐不住也有上述表现，所以，父母不能轻易给孩子贴上"多动症"的标签。孩子是否真的患有多动症，应该由专业人员经过专业检查才能确定。

既然孩子不会轻易患上多动症，那究竟是什么原因导致孩子坐不住呢？

首先，孩子的生理、心理发展决定了他们不能长时间地静坐不动。孩子能坐住的时间与他注意力集中的时间有关，而儿童心理学研究发现，孩子的注意力时间与年龄相关。通常情况下，2 岁的孩子，平均注意力集中的时间为 7 分钟；4 岁的孩子为 12 分钟，5 岁为 14 分钟。也就是说，孩子年龄越大，注意力集中的时间就越长。所以，如果要六七岁的孩子在 40 分钟内都集中注意力，那就是为难孩子了。

其次，孩子坐不住也与父母有一定的关系。如果父母总是处于焦虑情绪中烦躁不安，总是匆匆忙忙地静不下来，孩子也就难免会受到父母的影响。

另外，孩子坐不住可能也与老师讲课的生动性、孩子不感兴趣等有关系。

由于导致孩子坐不住的原因众多，所以，父母若想解决孩子坐不住的问题，就要根据孩子的实际情况对症下药。

参考建议

▲ 多和孩子玩安静的游戏

游戏是孩童时代的主要生活，孩子都喜欢玩游戏。对于坐不住的孩子，父母可以花一些时间和他一起玩安静的游戏。如果是男孩子，父母可以和他一起下跳棋、象棋等；如果是女孩子，母亲可以和她一起给娃娃缝一件衣服，可以让她给自己缝一个沙包等，这些都是既锻炼"坐功"又锻炼智力和动手能力的游戏。

▲ 让孩子远离诱发"好动"的电视节目

很多孩子都爱看电视，而且常常一两个小时地坐着看电视，这让父母误以为他能坐得住。其实，这是因为电视节目吸引人，他看电视时能坐得住，做其他事情未必就能坐得住。另外，孩子都有模仿的天性，如果总看一些打打杀杀的电视，孩子就会在生活中实际"演练"，结果就好动。所以，父母要让孩子远离诱发"好动"的电视节目，可以给他听一些柔和、舒缓的音乐，这样既陶冶了情操，又柔化了孩子身上"动"的因子。

▲ 利用定时器帮助孩子进行自我控制

孩子坐不住也说明孩子的自我控制能力比较差，父母可以利用定时器来帮助他。比如，让孩子从各种活动如搭积木、拼拼图、画画、读书等中选择一样，然后在 3 分钟或 5 分钟内持续做这种活动，大多数孩子都会控制着自己等到定时器响起。当 3 分钟或 5 分钟持续做一件事对孩子来说比较容易的时候，父母可以适当将时间延长到 7 分钟、10 分钟……久而久之，孩子的自控力逐渐增强，他

也就能坐得住了。

11. 孩子不讲个人卫生怎么办？

　　7岁的朱晨宇放学后没有回家，他先在外面跟同学疯玩了一会儿。他们在土地上挖战壕，又捡来木棍当枪，玩得不亦乐乎。

　　玩尽兴后，朱晨宇才感觉到肚子很饿，就飞奔回家。一进屋，抓起餐桌上的馒头就往嘴里塞，一旁的妈妈拍了一下他的手，说："先去洗手，你看你的手多脏。"朱晨宇又咬了一口馒头才恋恋不舍地去卫生间，他把手冲了一下就出来了，妈妈说："你好好洗了吗？你看那泥还在呢！"朱晨宇说："先让我吃饭吧，我都快饿死了。"

　　晚上，朱晨宇做完了作业，他打着哈欠准备上床睡觉，妈妈在卫生间喊他："小宇，热水烧好了，快来洗澡。"朱晨宇也大声喊道："妈妈，我真的很困，再不睡我明天就不能按时起床了。"听了儿子这个冠冕堂皇的借口，妈妈决定拉他去洗澡，可等她到朱晨宇房间，却发现儿子已经钻进被窝了。

　　妈妈很矛盾，硬拉他起来洗澡吧，他肯定是一百个不情愿；如果就让他睡吧，他又非常脏，明天怎么上学？想了一会儿，妈妈决定明天和朱晨宇"约法一章"，即以玩为条件来约束他，想玩就必须常洗手、洗澡。

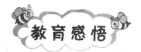

　　《弟子规》中说："晨必盥，兼漱口；便溺回，辄净手。"这是古人对讲究卫生的要求。今天，人们也都喜欢衣着整洁，讲究卫生的孩子，父母也都希望自己的孩子衣着整洁、讲究卫生。因为首先，这样的孩子能让人感觉到一种仪表美，能给人留下好的印象；其次，从健康的角度看，衣着整洁、讲究卫生的孩子也不容易生病，毕竟肚子有虫、长蛀牙等疾病都与饭前不洗手、饭后不刷牙的不良卫生习惯有关系。

　　但是，从孩子的角度来看，孩子天性喜欢玩水、玩沙、玩泥，如果父母不强行干涉，孩子都愿意在地上摸爬滚打。而且孩子都有很强的好奇心，地上的很多东西都想捡起来看一看、尝一尝，这都让他们看起来很脏并且不讲卫生。

　　另外，很多孩子还不喜欢洗手、洗澡、刷牙。有的是因为依赖性太强。如果父母在孩子小的时候包办他洗手、洗澡、刷牙等事务，而不是教他学习自己做这些事情，久而久之，孩子就会一直依赖父母帮他们做。一旦父母忙于其他事务，他们就表现出不讲卫生的一面。

有的孩子不喜欢洗手、洗澡、刷牙，是因为他们不明白为什么要这样做，因此觉得这些行为很麻烦。

虽然有很多原因造成孩子不讲卫生，但爱清洁、讲卫生不仅是讲文明、有教养的表现，还有利于身体健康，所以，父母还是要想办法让孩子养成爱清洁、讲卫生的好习惯。

参考建议

▲ 让孩子玩完后清清爽爽

有些父母为了让孩子保持衣着整洁、干净卫生，就不让孩子玩水、玩沙、玩泥，这样容易让孩子对干净卫生产生逆反心理。其实，孩子喜欢玩水、沙、泥和孩子讲卫生并不冲突。父母可以在孩子玩之前跟他说好，玩完后要洗澡，既是为了讲卫生，也是为了让身体清清爽爽。孩子能玩得高兴，他也就愿意接受父母的条件和要求。

▲ 通过故事让孩子明白讲卫生的道理

对孩子来说，任何道理都显得很枯燥，也不容易接受。但孩子爱听故事，父母可以买一些与讲卫生相关的故事书、绘本等，如《我爱洗澡》、《我要刷牙》、《小熊不刷牙》等，和孩子一起看，或讲给孩子听，这些故事既生动有趣，又能轻易让孩子接受。当孩子不讲卫生时，父母可以用这些故事来激励他。

▲ 教孩子讲卫生的方法

在父母看来，饭前便后洗手、洗澡、刷牙、剪指甲等都是自然而然的事，但孩子却需要学习。如果父母不教孩子正确洗手的方法，孩子很可能认为把手冲湿就等于洗手了；如果父母不教孩子刷牙的正确方法，孩子就会觉得用牙刷在嘴里随便刷刷就可以了……所以，要想让孩子讲卫生，父母还要教孩子讲卫生的方法，并在孩子实践的时候在旁边看着，让孩子逐渐形成一种习惯。

12. 孩子偏食、挑食怎么办？

周末的一天，于小宝和妈妈到菜市场去买菜。选菜的时候，妈妈遇到了以前的邻居王阿姨。王阿姨说："小宝今年有 4 岁了吧，时间过得真快啊！"妈妈说:"小宝都6岁了。"王阿姨惊讶地说:"6岁?6岁怎么这么瘦这么小啊?"

妈妈叹了口气,说:"这孩子净挑食,这个不吃,那个不爱的,能不瘦吗?"王阿姨想了想:"挑食啊,我这有个好办法,你回家试试。"然后,王阿姨趴在小宝妈妈的耳朵上说了一会儿,小宝妈妈边听边笑着点头。

晚饭时间,于小宝家的餐桌上多了两样他不爱吃的食物,牛肉和西兰花。牛肉剁碎后和土豆、面粉一起做成馅饼,由于牛肉细碎且量少,于小宝不知不觉吃了下去。面对西兰花,妈妈说:"这是海底的一种树,只有足够幸运的人才能吃到它。"于小宝尝了一口,又一口……

偏食、挑食是一种不良的饮食习惯,孩子经常挑食、偏食会导致某些营养元素摄入不足或过剩,从而影响到生长发育和身体健康,如免疫力低下、生长缓慢、情绪异常等。

另外,儿童营养专家还指出,偏食、挑食还可能导致孩子的生理或心理出现异常。如吃过多含有酪氨酸、水杨酸盐的食物以及含大量调味品、人工色素和受铅污染的食物,可诱发孩子多动症,或使多动症的症状加重;多吃肉类食品,会使孩子暴躁易怒,喜动好斗;而多吃甜食,容易出现情绪不良、爱激动、好哭闹、躁动等症状。

有关调研结果表明,我国大约2/3的孩子偏食、挑食。为什么会有如此多的孩子都偏食、挑食呢?据了解,其原因大概有四个。

第一,父母有独特的饮食偏好。如果父母有挑食、偏食的习惯,孩子就会受到最直接的影响。

第二,父母和其他家人迁就孩子的挑食、偏食。父母大都希望孩子多吃些东西,所以,有些父母就不考虑营养是否均衡,专挑孩子爱吃的做,有些父母还用孩子爱吃的食物来诱惑孩子多吃,这些做法都很容易使孩子形成挑食、偏食的习惯。

第三,烹饪方法单一。有些父母掌握的烹饪技巧、方法太少,致使做出的饭菜也很单一。总是吃同样的饭,孩子不仅不爱吃,还减少了食物种类的摄入,从而形成挑食、偏食的习惯。

第四,孩子有关于某种食物的不愉快的记忆。如,吃鱼时被鱼刺卡住,敏感的孩子可能从此就拒绝吃鱼。

对于生长发育正处在旺盛时期的孩子来说,偏食、挑食会造成非常严重的危害,所以,父母一旦发现孩子偏食、挑食就要及时想办法进行纠正。

参考建议

▲ 营造良好的进食氛围

良好的进食氛围是指全家人围坐在一起吃饭，边吃边聊一些轻松的话题；吃饭时不看电视；也不将焦点集中到孩子吃多吃少以及如何吃、孩子的学习等问题上……在这种良好的进食氛围中，每个人都很轻松，都觉得吃饭是一件很享受的事情，孩子也会有这种感受，对饭菜也就不会那么挑挑拣拣了。

▲ 给食物换个有趣的名字

英国的罗伦·乔尔德编绘过一个绘本叫《我绝对绝对不吃番茄》，里面的主人公萝拉说："我不吃豌豆、胡萝卜、土豆、洋菇、意大利面、鸡蛋、香肠。我也不吃花椰菜、高丽菜、大红豆、香蕉、柳丁、苹果、白饭、乳酪、炸鱼块。还有，我绝对、绝对不吃番茄。"对这个如此挑食的妹妹，哥哥查理说胡萝卜是"从木星上来的橘树枝"，土豆泥是"富士山上的云朵"，炸鱼块是"海底美人鱼们吃的小食品"……萝拉一一尝遍，后来，她主动向哥哥要番茄，说她要吃"喷水月光"。

孩子都是天真活泼，富有想象力的，父母可以和孩子一起给食物改换一些有趣的名称，来引起孩子的食欲，并逐渐习惯食用各种食物。

▲ 做个杂食且有高超厨艺的父母

由于父母的饮食习惯对孩子有重要影响，所以，如果父母想让孩子在杂食中获取均衡营养，首先自己要做个杂食父母，即各种食物都购买，用各种烹调方式进行加工，如胡萝卜可以蒸食，可以煮粥，可以榨汁，可以做成馅包包子等，这既是享受生活，又能让孩子远离挑食、偏食。

13. 孩子特别爱吃零食怎么办？

英英是个8岁的小女孩，人长得很可爱，但就是因为吃零食而比较胖。

下午放学的时间到了，妈妈去接她。一看到妈妈，英英就问："妈妈，有好吃的吗？我好饿啊！"妈妈说："忍一忍，一会儿回家吃晚饭。"英英撒娇道："不行，我都饿得走不动路了，就买一点零食好吗？"妈妈于是带她到学校附近的小超市，英英选了一块巧克力和一包薯片，并很快把它们都装入了腹中。

回到家，妈妈去做饭，英英看到桌子上有饼干，就边看电视边吃。妈妈做好饭喊她："英英，吃饭了。"英英懒洋洋地回答道："妈妈，我已经吃饱了，再也吃不

下饭了。"

晚上 9 点多做完作业的时候,英英又冲妈妈喊:"妈妈,我又饿了,让我再吃点饼干吧,要不然我睡不着觉。"妈妈怕影响英英第二天上学,就无奈地妥协了。

几乎每天都是这样,似乎已经成了英英的一种习惯。

周末,爸爸妈妈有时会带英英一起去超市。每次走到零食架前,英英就走不动了,恨不能把超市的零食都抱回家。

看着越来越胖的英英,妈妈不想伤害她的自尊心,但也实在没有比较好的办法能让英英拒绝吃零食。

零食是指一日三餐之外的时间里人们所吃的各种食物。孩子吃零食是一种非常普遍的行为,有关调查显示,我国 60％以上 3—17 岁的幼儿和青少年每天都不同程度地吃各种各样的零食。这种情况在其他国家也普遍存在,而且随着食品种类的增加和商业广告的宣传,孩子吃零食的比例还在不断地增加。那么,孩子为什么要吃零食呢?

一方面,一日三餐无法满足孩子的营养需要,所以要在三餐之间有两顿加餐,这些加餐往往以零食的方式体现。另一方面,现在的零食不仅种类丰富,而且很多都做得非常精致,成人对它们尚且都经不住诱惑,更不要说自制力比较差的孩子了。有些父母比较溺爱孩子,只要孩子提出要求就会尽力满足。

其实,零食在一定程度上能为孩子提供一些营养,起到补充体力,辅助孩子完成学习任务的作用,尤其是水果、干果类零食。但是,现在很多孩子吃的都是冰激凌、膨化食品、巧克力、糖果等高热量、高脂肪的零食,这些零食不仅不能增加营养,还会给身体带来一定的危害,如有些肥胖症、糖尿病、骨髓炎等就是因为常吃这类零食引起的。另外,有些孩子由于吃零食影响到正餐,毕竟正餐的营养素会更加均衡全面一些。

所以,父母对零食要有一个全面的看法,看到孩子特别偏爱零食时,就要想办法帮孩子调整,因为孩子的健康最重要。

参考建议

▲ 适时给孩子提供适量零食

由于某些零食具有一定的营养价值,再加上孩子有逆反心理,父母越是不让吃零食,孩子就越是要吃,因此,父母不能完全禁止孩子吃零食,而是要科学化、合理化，适时给孩子提供适量零食。一般情况下，孩子每天吃零食的次数不要超过 3 次，零食和正餐之间至少间隔 1.5—2 小时，睡前 30 分钟不要吃零食。当然，提供给孩子的零食最好是新鲜、易消化的，如奶类、水果、可生食的蔬菜、坚果或葡萄干等天然干果。另外还要避免孩子在看电视或者聚会的过程中大量吃零食。

▲ 尽量避免带孩子去超市购物

孩子的自制力都比较弱，尤其是特别爱吃零食的孩子，他们在零食面前很难控制住自己。所以，父母要尽量避免带孩子去超市购物，这样就能避免孩子被零食诱惑。父母中的一方可以陪孩子玩耍，另一方去超市购买必需的用品、食品。

▲ 控制孩子的零花钱

大多数上小学的孩子都有了自己的零花钱，很多爱吃零食的孩子往往会用这些零花钱购买零食，这也不利于父母控制孩子吃零食。所以，父母不仅要从数量上控制孩子的零花钱，还要经常询问孩子的零花钱是如何使用的，这样才能有效避免孩子过多食用于身体不利的零食。

14. 孩子装病怎么办？

每个周日的早上，妈妈都要送毛毛去学画画。这个周日也不例外，可是当妈妈催促毛毛准备出发的时候，毛毛却说他肚子疼，还表现出一副很痛苦的样子。妈妈便和老师请了假。没过多一会儿，毛毛就去玩儿了，妈妈也就放心了。

第二周的周日，毛毛又说他头疼，妈妈觉得事情有些蹊跷，可是她怕影响了孩子的健康，就又跟老师请了假。还是没等多久，毛毛就又没事儿了。

到了第三个周日，毛毛又在要学画的时候说他不舒服。这次，妈妈真的急了，冲着毛毛嚷道："你是不是骗我呢！没病装病，就是不想去学画！"妈妈越说越急，"今天不管你哪儿疼都得去学画！"说着就来拉毛毛，而毛毛却哭着喊着死活不肯去。

教育感悟

孩子装病确实是一个令父母感到棘手的问题。一方面知道孩子装病是想偷懒，不去上学；另一方面又怕孩子说的是真的，因而耽误了病情。

　　因为这样，父母就更应该重视孩子的这种行为。如果孩子是真的生病了，要立刻带孩子去医院，及时给孩子治疗；而如果发现孩子说的是假话，父母必须及时对孩子进行教育，因为孩子的这种做法会让他养成懒惰、撒谎的坏习惯，就像毛毛那样，为了不去学习，每一次都装病，最后直接影响的是孩子的学习。而且，这种不诚实的行为也必须及时给予批评教育。当然，如果孩子确实是因为对所学的东西没有一点儿兴趣才装病，父母就应该考虑给孩子换一个科目了。

　　有的父母可能要问：怎样才能分辨孩子是真病了还是装病呢？父母可以先察言观色，如果孩子真的生病了，一定会很痛苦，没有精神。装病的孩子虽然看上去也很痛苦，但是他的眼神、声音都会暴露出真实情况。父母可以详细地询问孩子的病情，如果孩子装病，他的回答往往会含糊不清，甚至自相矛盾，因此露出破绽。还有，装病的孩子通常过一会儿就会变得生龙活虎了……

　　父母可以参考这些方法来判断孩子是不是在装病，当然，更稳妥的办法是带孩子去医院，给他做全面的检查。如果发现孩子确实是在装病，就一定要严肃对待，不可纵容孩子。

参考建议

▲ 找出孩子装病的真正原因

　　有的时候孩子装病，是因为他发现以生病为借口可以留在家中，不用去上学，而且还会有好吃的；有的时候则是因为在学校过得不愉快，可能是学习跟不上，或者被老师批评了，与同学没有处理好关系；或者真的不喜欢所学的东西；等等，这时孩子就会用装病这种方式来逃避学校生活。所以，父母一定要先知道孩子为什么装病，然后再根据原因采取相应的教导方式。比如第二种情况，父母就应该及时与孩子的老师沟通，一起帮助孩子解决问题，让他过好学校生活。

▲ 给孩子讲装病的危害

　　如果父母发现了孩子装病，只是批评他可能不会取得很好的效果，因为孩子的谎言被揭穿会很没有"面子"。这时父母不妨对孩子"晓之以理"，告诉他如果总是装病，当他真的生病的时候，爸爸妈妈就不会相信，会耽误给他治病，让孩子知道装病的严重后果，他也就不会轻易说自己生病了。

▲ 孩子装病，就带他去"看病"

　　孩子装病，可能是他懒得上学，或者是这一天有他想看的电视节目，无论是出于何种原因，孩子都是想借装病而得到点儿"甜头"的。从这个角度出发，父母可以"将计就计"，既然孩子说他身体不舒服了，就带他去医院检查，同时也可以说"估计你的病得打针，可能还要吃药，那种药还很苦"这样的话，孩子听到这些后，发现自己不仅得不到"甜头"还要吃"苦头"，就不会随便说自己生病了。

▲ 让孩子明白，装病不是"万能的"

孩子可能是以前生病的时候得到了一些特权，比如不用上学，因此当他不想上学的时候，就会想到装病的方法。所以，即使是孩子真的生病了，父母也应该告诉他，吃了药继续上学，不要这么娇气。这样孩子也就不会再装病了。

15. 孩子经常咬指甲、吮手指怎么办？

然然出生不久就由奶奶带着。满3岁后，爸爸妈妈就为她选择了一家双语幼儿园。

然然刚入园时，每天哭得都很厉害。听说所有孩子都是这样，爸爸妈妈也没在意。慢慢地，老师说然然在幼儿园哭得次数少了，爸爸妈妈听后非常高兴。但是，妈妈没高兴几天，就发现然然多了一个习惯，经常咬指甲、吮手指。几个手指的指甲被啃得光秃秃的，大拇指也因为经常吮吸变得有些肿胀。

爸爸妈妈和奶奶都认为这是个坏毛病，开始纠正然然。刚开始还只是提醒她或者把她的手拉开，后来就骂她或者打她的手。结果，然然不仅没有戒除这种习惯，反倒越来越严重了，有时为了躲避责骂就偷偷背转身或者藏在被窝里咬指甲、吮手指。

爸爸妈妈很苦恼，究竟怎样才能把然然从咬手指、吮手指的习惯中解脱出来呢？

咬指甲、吮手指是发生在儿童身上的一种很普遍的行为。据统计，90％以上正常婴儿都有吮手指的行为，这是因为孩子出生后是先从口开始感知事物的。正常情况下，孩子吮手指的行为在两三岁之后就消失了。如果过了这个年龄阶段吮手指的行为还非常严重，就有些不正常了。至于啃指甲，则会发生在儿童时期的任何一个阶段，尤其是学龄期儿童出现这种行为的比率更高一些。

究竟是什么原因导致孩子不断地吮手指、咬指甲呢？这是父母普遍关注的问题。有关专家分析，主要原因有四个：

第一个原因是孩子的生活中出现了令他感到不安的因素。如搬家、更换保姆、爸爸妈妈闹离婚,等等。就如然然,她上幼儿园后,环境是陌生的,照顾她的老师也是陌生的,难免让她焦虑,于是用咬指甲、吮手指来缓解焦虑。

第二个原因是模仿。孩子到幼儿园或学校后,如果某个小朋友、同学有咬指甲、吮手指的习惯,孩子就会模仿。

第三个原因是无聊。孩子需要做游戏或者玩玩具,如果父母总是限制他做这个,不让他做那个,孩子就会因无聊而咬指甲、吮手指。

第四个原因是孤独。现在的孩子大都是独生子女,并且生活在楼房里,离开幼儿园和学校后便一个人玩耍、学习,有时难免感觉孤独,就会不自觉地咬指甲、吮手指。

除了这几个主要原因之外,孩子还有可能因饥饿、身体不舒服等原因而咬指甲、吮手指,以转移和分散注意力。如果父母没有及时引导,就会形成习惯。

当孩子成长到一定年龄阶段后还有咬指甲、吮手指的习惯,就会对孩子的身心健康造成影响,所以,父母一定要重视,仔细分析孩子的状况,找出原因,帮孩子从咬指甲、吮手指的状况中解脱出来。

参考建议

▲ 关爱孩子,让他有安全感

无论什么时候,父母都要关爱孩子,尤其是孩子的生活发生变化的时候。任何人在生活发生变化后都要有一个适应过程,更不用说孩子了。他由于生活经验比较少,对于生活的变化会比成人有更多的焦虑,所以,如果孩子的主要照顾人出现变化,父母一定要提前告诉他,并在父母的陪伴下跟新的照顾人熟悉一些时间;如果孩子将要入园或入学,父母也要带他去幼儿园或学校熟悉环境,这样就能减轻他的焦虑。另外,发现孩子有焦虑情绪后,一定要多多关爱他,跟他交流沟通,让他有安全感。

▲ 放松心态,不要吓唬孩子

孩子非常敏感,他能感觉到父母的情绪,即使父母内心焦虑而表面平静。孩子感觉到父母的焦虑后他会更焦虑,咬指甲、吮手指的情况就会更严重。此时,父母不能吓唬孩子,不要说"吮手指,肚子会疼"之类的话,否则会让孩子内心恐惧,而且当他发现吮手指肚子不会疼的时候,就会知道父母在撒谎。

▲ 用丰富的生活转移孩子注意力

当孩子咬指甲、吮手指的时候,父母不要强行制止,最好态度温和地引领孩子一起玩玩具、做游戏,或者多带孩子外出游玩,挖土玩沙子、找虫子……如果有太多有趣的事情要做,孩子自然会投入这些事情中而忘记咬指甲、吮

手指了。

▲ 带孩子交朋友，让他有玩伴

孩子需要做游戏，需要有人跟他一起玩，父母一定要多带孩子走出家门，让孩子在小区或居住地认识一些小朋友。孩子有了玩伴就会将精力投入与朋友的玩耍和游戏中，也就不会因为孤单、寂寞而咬指甲、吮手指了。

16. 孩子老爱挖鼻孔怎么办？

豆豆的妈妈正在收拾房间，忽然发现桌子上有一小团软软的东西，仔细一看，原来是鼻屎，这几天妈妈总能在家里的一些地方发现这种东西，可是她一直没有找到是从哪里来的。

有一天在看电视的时候，妈妈看见豆豆很自然地就将手指伸进了鼻孔里，并开始挖起来。挖完后顺手就在桌子上一抹。妈妈终于找到"元凶"了，便对豆豆说："豆豆，你怎么这么不知道干净呀！这东西能随便乱抹吗？还有，别老是挖你的鼻孔了，鼻孔都被你挖大了。"

豆豆这才意识到刚才自己的行为，不好意思地对妈妈说："对不起妈妈，我习惯了。"

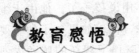

很多人都有挖鼻孔的习惯，在看书时，看电视的时候，或者是等车的时候都会不自觉地挖一挖。而许多孩子对"挖鼻孔"好像充满了浓厚的兴趣，以至于手指经常停留在鼻孔内。

其实，挖鼻孔对孩子来说是一个非常不好的习惯，医学研究表明，鼻腔内温暖、湿润非常有利于空气中的细菌繁殖。而且，鼻腔的表皮很薄，人们在挖鼻孔的时候稍不注意就会将其弄破，还会流鼻血，很容易造成感染，引起呼吸道疾病。如果孩子用挖过鼻孔的手去揉眼睛，拿东西吃，对健康就更不利了。

如果父母对孩子的这种行为不给予重视，那么孩子很快就会形成挖鼻孔的坏习惯，这时再纠正就会很费力了。就像豆豆那样，做出挖鼻孔的动作时，他自己都没察觉到。更严重的是，他还将鼻屎乱抹，破坏了家里的卫生。

而且挖鼻孔毕竟是不雅观的事情。如果挖鼻孔成为习惯，那么他在公共场合也很有可能会不自觉地去挖自己的鼻孔，这种行为不仅影响了孩子自己的形

象,对于其他人来说也是很不礼貌的。

所以,父母应该多用一些心思,帮助孩子改掉或者不要让孩子养成挖鼻孔的坏习惯。

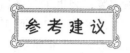

▲ 告诉孩子"鼻屎"很脏不要碰

孩子挖鼻孔,很多时候是他对"鼻屎"感兴趣,觉得它很好玩。这种情况下,父母就应该告诉孩子,鼻屎是很不干净的东西,上面有很多细菌和灰尘,也可以给孩子讲些故事。说得越夸张越好,最好是让孩子对鼻屎非常抵触,从此不敢随便去碰,也就改掉了挖鼻孔的坏毛病。

▲ 教孩子正确清理鼻腔卫生

人确实有清理鼻腔卫生的需要,特别是在生病的时候。父母要教育孩子在恰当的场合,用正确的方法来清理个人卫生。比如:鼻子不舒服时可以去卫生间洗一洗,或者用卫生纸擦干净,这样对鼻子也有好处。

▲ 及时提醒,转移孩子的注意力

大人在无聊的时候会有一些小动作,孩子也一样。他可能不是有意识地去挖鼻孔,而只是一个下意识的动作,自己都没有发觉。这时就需要我们及时提醒,阻止孩子挖鼻孔,并且让他去做一些感兴趣的事情,转移注意力。时间长了孩子就会改掉挖鼻孔的毛病。

▲ 不要当着孩子的面挖鼻孔

孩子的小毛病很有可能就是从父母那里学来的。孩子看到父母挖鼻孔,还一副"很享受"的样子,他就会觉得这件事情非常有趣,跟着学起来,时间长了就形成了习惯。所以,父母应当注意自己在孩子面前的行为,不要给孩子做不好的示范。

▲ 告诉孩子挖鼻孔很不"雅"

在孩子挖鼻孔的时候,父母可以告诉他这种行为很难看,也很不礼貌。如果在外面被别人看到了,别人也会笑话你。孩子也是十分在意自己形象的,不想在其他人面前出丑,所以就会主动克制挖鼻孔的行为了。

17. 孩子到处乱画乱涂怎么办?

嘉惠4岁了,最近像是着魔了一般,几乎每天从幼儿园回家就拿起笔开始画画，不仅在纸上画，房屋的墙壁上、门上、家具上也开始有了她的"杰作"。妈妈告诉她不能到处乱画乱涂，但一点作用都没有。

有一天，妈妈带着嘉惠去朋友家玩。妈妈和好朋友聊得很开心，嘉惠有些无聊，一摸口袋，里面竟然有一支笔，估计是在家画完顺手装口袋里了。嘉惠一高兴就拿起笔开始在墙上画。妈妈看到后急忙阻止，但雪白的墙上已经留下了嘉惠的"涂鸦"。虽然好朋友一个劲地说"没关系"，但妈妈还是觉得很难堪。

回家后，妈妈觉得再这样下去可不行，就开始想办法。她给嘉惠买来了纸、油画棒、蜡笔、颜料等，让嘉惠尽情地画，还允许在铺有瓷砖的厨房、卫生间的墙壁上画。这样嘉惠的"涂鸦"就被限制在了一定的范围。

教育感悟

我们到有幼儿的家中，大都能在墙壁上看到孩子乱涂乱画的痕迹。其实，孩子画画是很正常的，是值得父母骄傲并应该受到鼓励的事情。

大多数孩子到1岁半之后就开始对笔感兴趣，尤其是当他们发现笔能够画出线条、图案的时候，就会更加喜欢它。两三岁以后，更是会到处涂鸦。在心理学上，这段时期被称为"涂鸦期"，这段时期孩子画的画被称为"涂鸦画"。心理学家认为，孩子的涂鸦画是一种特殊的表达喜怒哀乐的方式。

孩子画"涂鸦画"对他有很多好处，不仅能使孩子练习手腕部诸多关节与小肌肉群的协调动作，还能发展孩子的想象力和创造力。

但是，让父母矛盾的是，孩子随处留下的"涂鸦画"会让家中显得脏乱，孩子到别人家或者公共场合也随处留下"涂鸦画"，会给别人带来麻烦，也破坏了公共场合的环境。

实际上，对于孩子的"涂鸦画"，父母只要开动脑筋，就一定会有应对的良方。用正确的方法引导孩子，不仅能满足孩子的兴趣，还能保证环境的干净整洁。

参考建议

▲ 鼓励孩子涂鸦

孩子都有逆反心理，父母越是不让，他越会乱涂乱画。而且父母如果制止，孩子会觉得画画是件不好的事情，打击了他画画的积极性。所以，父母要鼓励孩子涂鸦，主动给他买各种环保的画画工具和用品。通常情况下，受到鼓励的孩子内心会比较平和，更容易接受父母的建议。

▲让孩子明确知道"涂鸦区"

孩子都能够接纳规则,重要的是父母要给孩子一个明确的规则让他去遵守,不能只告诉他不能乱涂乱画,却不说清楚哪里可以画,这样孩子有了画画的冲动时,就只能乱涂乱画了。所以,在鼓励孩子涂鸦的同时,父母最好带孩子在家里转一圈,告诉孩子什么地方可以画画,什么地方不可以画,比如厨房、卫生间用瓷砖铺成的墙壁上可以反复擦反复画;在木质门和门框上可以用粉笔画,同样可以用抹布擦掉。还可以在房屋内选一面墙,粘上大张的纸,告诉孩子这是专门给他画画的"涂鸦区",孩子画满了再将纸换掉。

▲ 当孩子乱涂乱画时,告诉他"不可以"

孩子在慢慢地成长,需要一段时间来接纳"不能乱涂乱画"的要求,父母一定要有耐心。看到孩子要在非涂鸦区画画时,就走过去,蹲下来,温和地拉着他的手说:"不可以,这不是画画的地方。我们去画在纸上。"多次重复,孩子就会明白不能在非涂鸦区画画了。

▲ 让他清理乱涂乱画的地方

有时候,父母会发现不知什么时候孩子已经在非涂鸦区乱涂乱画了。对大一些的孩子,父母可以让他清理乱涂乱画的地方,如桌面、衣柜等家具上的画,这样既让他承担了责任,也让他意识到清理是很辛苦的,从而明白下次不能乱涂乱画。当然,这个过程中父母一定要温和而坚定,这样既不会吓到孩子,也能让孩子把注意力集中到他的错误上。

18. 孩子不愿意运动怎么办?

刘佳非常喜欢吃,总是"零食不离手,鱼肉不离口",而且还不喜欢运动,结果,刚刚8岁就成了一个小胖子。

妈妈为刘佳的"身材"操心,经常劝他到外面去运动运动,可是刘佳就是不愿意去。

这一天,天气非常好,妈妈看到小区旁边的公园里有好多孩子在踢足球,就对刘佳说:"刘佳,外面有好多孩子在踢足球,好像还有你的同学,你还不下去跟他们运动运动去?"

"我不去,我又不会踢。"刘佳懒洋洋地答道。

"不会踢你可以跟着跑跑,出出汗,大家一起乐一乐,多好啊!"妈妈继续劝道。

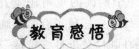

"出一身汗有什么可乐的！太累了！我不去。"刘佳固执地说。

教育感悟

现在，人们经常能够在街上看到"小胖子"，"小胖子"越来越多的现象跟孩子缺乏运动有关。

俗话说"生命在于运动"，对孩子来说更是如此。孩子正处于身体发育的关键时期，运动可以让孩子长得更快、更好。经常参加运动可以增强孩子的协调性，促进孩子肌肉、骨骼的生长，有利于循环系统和呼吸系统的发育。运动还可以增强孩子的免疫力，使孩子不常受到疾病的困扰。

现在的孩子吃得都好，如果再不爱运动，就很容易变得体重超标。再加上现在孩子的课业越来越重，许多父母忽略了孩子的体育锻炼，这些对孩子的健康成长是非常不利的。

运动不仅有利于孩子的身体发育，对孩子健康性格的培养也有积极作用。运动可以让孩子变得更乐观、更开朗，更乐于与他人交往，也会使孩子更加坚强。而不爱运动的孩子往往是孤僻、自卑、软弱的。不爱运动的孩子，经常赖在妈妈的身边，很少和小朋友一起玩儿。

所以说，父母应该重视孩子的体育锻炼，对不爱运动的孩子要想办法让他"动起来"，这对他的成长是很有好处的。

参考建议

▲ 身体力行，激发孩子对运动的兴趣

其实，不仅是有些孩子不爱运动，许多父母同样不喜欢运动。孩子每天看到的都是爸爸坐在书桌前读报纸，妈妈坐在沙发上看电视，他了解不到运动的乐趣，自然也就不爱运动了。所以，要想激发孩子运动的热情，父母首先应该热爱运动。比如，爸爸每天都去跑步，运动完后非常开心地回到家，再说上一句："跑一跑，出出汗，真舒服！"妈妈这时也可以对孩子说："你看爸爸多强壮，你也要像爸爸学习。"在这种氛围之下，孩子就可能会被爸爸的热情所感染，从而喜欢上运动。

▲ 在运动中给予孩子适当的鼓励

有些孩子可能是因为做不好某项运动，比如跑步跑得慢，而产生自卑心理，不再喜欢运动。这时，父母的鼓励就显得特别重要。父母可以让孩子自己和自己比，表扬他的进步，逐渐恢复孩子对运动的信心，有了自信，也就不会抵触运

动了。

▲ 给孩子买适合他的运动器材

如果父母只是让孩子跑步,那么孩子可能很快就会感到厌烦。在孩子看来,我们所谓的运动其实就是一种游戏,而没有"玩具"的游戏是十分无趣的。所以,孩子不愿意运动,很有可能就是因为没有能够吸引他的运动器械。父母应该为孩子精心挑选一些适合他年龄和能力的运动物品,比如孩子力气小,给他准备个乒乓球,力气稍大一些就可以让他玩儿排球。当然,最重要的是要符合孩子的兴趣。同时,安全因素也是挑选运动器材时必须要考虑的。

▲ 带孩子到大自然当中去

孩子总在屋子里面活动,是不会有运动的欲望的。这就好比关在笼子里的小鸟,渐渐会忘记飞翔的本领。父母应该多带孩子到室外去活动,看一看生机勃勃的大自然,利用周末、节假日的时候爬爬山,再受到一同郊游的人的影响,孩子可能就会释放出自己的活力了。

19. 孩子不愿意做家务活怎么办?

爸爸妈妈 40 岁的时候才有了壮壮,对他宠爱有加,真是捧在手里怕摔了,含在嘴里怕化了。他们什么都不要壮壮做,穿衣、洗漱等事情都是他们做,壮壮摔倒了也不用自己站起来,自有爸爸妈妈来抱他。就这样,壮壮一天天长大,越来越胖,而爸爸妈妈却日渐衰老、消瘦。

转眼壮壮 10 岁了,爸爸妈妈都多病缠身,有时候想让壮壮给他们倒点水,或者把脏了的地扫扫,把吃完饭的碗洗洗,壮壮从来都不干,要么看着电视说:"我一会儿还要学习呢!"要么说:"我上学一天多累啊,还让我干活!"要么说:"您不是说我什么都不用干吗?"……每当听到这些,爸爸妈妈只有无奈地摇摇头。他们不明白,自己付出了那么多,壮壮怎么一点都不懂得体贴他们,不愿意帮他们干点家务活呢?

很多父母都抱怨自己的孩子不愿意做家务活,但是,他们不知道根源在自己身上。

意大利著名儿童教育家蒙台梭利说:"教育首先要引导儿童沿着独立的道

路前进。"但是，我们的父母中有几个能做到这样？孩子的吃饭、穿衣、收拾玩具、整理书包文具等需要他自己完成的"活"全部都被父母包办了，孩子无法锻炼自理能力，久而久之，就变成了懒人一个，什么都依赖父母。这样的孩子怎么会独立？

父母还认为孩子做家务的愿望和能力到他们需要的时候会自然而然地具备，不需要练习。事实上，孩子的确有做家务的愿望，但那是在幼儿时期，孩子想要参与到做饭、洗碗、扫地、擦地等活动中，而父母却认为这个时候的孩子不会做这些家务，只会"添乱"，所以采取的态度就是制止。这样不仅扼杀了孩子做家务的愿望，还错失了培养他做家务能力的机会。

另外，我国古人就有"劳心者治人，劳力者治于人"的观念，在当前知识大爆炸的时代背景下，父母更是不愿意让低级的体力劳动占据孩子高级的脑力劳动的时间，父母的这种认识影响到孩子逐渐形成好逸恶劳的习惯。

俗语说："解铃还须系铃人。"既然孩子不愿意做家务活是父母自己造成的，那么父母也可以通过改变自己的观念，想出一些巧妙的办法来让孩子爱上家务劳动的。

参考建议

▲ 从"自己的事情自己做"开始

无论孩子多大，父母都可以让他"自己的事情自己做"。年龄小的孩子，可以让他自己穿衣、吃饭，自己刷牙洗脸，自己收拾玩具，自己给宠物如鱼、乌龟、小鸡等换水、喂食……年龄大一些的孩子要让他整理自己的文具、书包，自己想好每天穿什么衣服，自己洗小件衣物，如手帕、内裤等……习惯于依赖父母的孩子刚开始一定不愿意做，这时父母一定要有耐心，温和地跟孩子念叨"自己的事情自己做"，并拉着他的手跟他一起做，等他熟悉如何做之后就可以彻底放手了。

▲ 父母示范家务活的做法

任何人对于没做过的事情都比较打怵，孩子也一样。想让孩子扫地、擦桌子、做简单的饭、洗碗，父母首先要给孩子示范。用一个孩子感兴趣的话题吸引他在旁边看着你做，然后手把手地教他。当孩子掌握了做家务的技能后，他就愿意做了。

▲鼓励孩子，说他是个"好帮手"

媛媛第一次帮妈妈洗碗的时候，打碎了一个碗，妈妈对她说："没关系。虽然你打碎了一个碗，但妈妈却不用洗其他的碗了，你真是妈妈的好帮手。"媛媛

听后非常高兴,她感受到了自己对这个家庭的价值。

孩子刚开始学习做家务的时候,可能不会做得很好。这时,父母一定不要批评、责骂或者嘲笑孩子"笨",而是要积极地鼓励他。

▲ 分配一项家务劳动给孩子,"逼"他做

当父母决定要孩子做家务活的时候,可以开一个"家庭会议",给每个家庭成员分配一定的家务活,当然,分配给孩子的一定要是他力所能及的。比如,让6岁的孩子每天承担倒垃圾的家务,如果他不倒,那家里将弥漫着异味,这种不好的气味会"逼"着他做的。当他习惯于做分配给自己的家务后,就会主动一些。

20. 孩子不整理卧室和床铺怎么办?

"妈妈,我的袜子放哪儿了? 我找不到了!"李磊冲妈妈喊道。

"我上次不是给你放在你的衣柜里了吗,怎么又找不到了?"妈妈一边说着一边向李磊的卧室走过来。

一进门屋里的景象却吓了妈妈一大跳。只见李磊的书桌上乱堆着一大摞书,旁边是一大堆瓜子皮。床上的被子也没有叠,就那么随便一卷。地上也是"一片狼藉",有李磊刚刚翻出来的衣服、打球穿过的脏衣服和昨天脱下来的臭袜子。

看到这幅景象,妈妈的气就不打一处来:"告诉你多少次了,起来就把被子叠好,你的脏衣服不要和干净的衣服放在一起,你看看这屋子让你给弄的,唉,你怎么这么不听话啊!"妈妈已经被气得语无伦次了。

"您烦不烦啊! 您给我收拾了不就得了。"李磊却不耐烦地说道。

不仅仅是父母,相信许多孩子看到李磊的卧室都会皱紧眉头,产生厌恶感。的确,卧室是孩子生活、学习、娱乐的重要场所,卧室的整洁与否直接反映出孩子的生活状态。卧室干净、明亮,说明孩子的自理能力强,办事有条理;相反,卧室乱七八糟,给人的感觉孩子是懒惰的,自理能力不强,做事也没有条理。

人们生活在良好的卧室环境中会感到温馨舒适,东西摆放井井有条,想使用什么马上就可以找到;而混乱的卧室让人无法进入,浓重的气味,胡乱摆放的

物品,这样的卧室环境,不仅对人的身体健康十分不利,还会给生活带来很多麻烦,想想看,急需一件物品却怎么也找不到的时候会是个什么样的心情,你又还有什么心情做好事情呢?

所以,孩子不整理卧室和床铺这个问题应该引起父母的重视。现在的孩子大多是独生子女,收拾卧室这类事情都是由父母包办,从小就习惯了别人给收拾屋子,自己自然是什么也不会做了。因此,父母应该花些时间和精力,培养孩子收拾卧室的良好习惯,如果孩子已经养成了不收拾房间的习惯,父母要尽早纠正。

参考建议

▲ 为孩子做出整洁房间的示范

如果孩子从记事起看到的就是父母杂乱的卧室,他也就不会将自己的卧室收拾整齐。所以在这方面父母要发挥好带头作用,首先把自己的卧室以及家中的各个房间收拾干净,让孩子习惯于生活在一个整洁的环境中,这样一来,如果孩子的卧室很乱,他自己都会感到不舒服,也就会整理卧室和床铺了。

▲ 和孩子一起整理房间

孩子肯定不是生下来就会整理房间的,所以父母应该经常同孩子一起整理他的卧室。这样做的目的,一方面是教会孩子整理房间的技巧,比如怎样叠被子,怎样叠衣服,怎样摆放东西,桌子应该多长时间擦一回,等等;另一方面,也是更重要的一方面,就是要让孩子养成经常收拾卧室的好习惯,只要养成习惯,那么事情就好办了,孩子会自己按时整理自己的卧室。

▲ 经常邀请其他孩子到家里来玩儿

父母可以经常邀请邻居家、朋友家的孩子,或者是孩子的同学到家里来玩儿。这样一来,很多孩子就会看到自己孩子的卧室,如果孩子的卧室特别乱,他会在他的小伙伴面前感到很丢脸,尤其是在有异性同学在场的情况下。这样,不用父母催促他就会乖乖地把自己的房间收拾得整整齐齐,欢迎小伙伴的到来。

▲ 鼓励孩子自己安排卧室的布局

孩子的卧室就是孩子自己的小天地,父母应该鼓励孩子自己布置这个空间。比如,床放在哪里?书桌放在哪里?桌子上面要放什么东西?等等。这些事情,父母完全可以交给孩子自己去决定,这样做有一个好处,那就是孩子有了主人翁的感觉,他会更乐于收拾自己的卧室,同时也减少了对父母的依赖感。在形成自己的小想法的过程中,孩子已经开始有了整理房间的意识。当然,父母要发挥好监督的作用,鼓励孩子行动起来,否则他很可能会说:"我觉得卧室乱乱的也没什么不好啊!"

21. 孩子特别爱看电视怎么办?

点点今年8岁,家中亲朋好友无人不知道她是个电视迷。

点点从3个月大的时候就开始由奶奶带,奶奶每天在她睡醒了没事做的时候,就抱着她看电视,以至于哪天家里没开电视,点点就会指着电视"啊、啊"叫。

后来,妈妈开始有意识地减少点点看电视的时间,如在周末的时候带点点去游乐场玩。但游乐场也有电视在播动画片,点点玩一小会儿就开始坐在电视跟前。妈妈很无奈,但工作忙也没有采取更多的办法,只是暗暗希望点点大一些就能有所改变。

但是,如今点点已经上2年级了,喜欢看电视的状况不仅没有丝毫改变,反而更加严重。一回家,她就先开电视,不是妈妈强制要求做作业,她绝对不会主动把视线从电视上转移开。周末妈妈带她串门,她也是走到哪里看到哪里,以至家中的亲戚好友都管她叫"电视迷"。别人叫完也就完了,只有妈妈最发愁,不知道该怎么办。

大多数孩子都比较爱看电视,其中的缘由大概可以归纳为:孩子可以轻易接触到电视;父母纵容看电视;电视对孩子有吸引力。

第一,电视在现代社会中非常普及,几乎成为家家必备的家用电器,而且商场、超市等地方也有类似的媒介,这让孩子很容易接触到电视。

第二,在孩子年纪尚小的时候,父母为了把自己暂时解脱出来,会让电视承担一会儿"保姆"的责任,而且父母认为孩子能从电视中学到知识,这构成了对孩子看电视的一种"纵容"。

第三,电视频道很多,节目种类也很繁杂,快速变换、丰富多彩的画面对我们成人都有很大的吸引力,更不用说对孩子了。

尽管有如此多的理由,但看电视给孩子带来的伤害远远大于孩子获得的一星半点知识。

有资料显示,人在看电视时的脑电波和睡眠时的脑电波非常接近,坐在电视机前，只需被动接受信息，而不要大脑主动去作出任何反应，身体也处于一种松懈状态，这对于大脑和身体都处于发育状态的孩子来说是非常不利的，它会侵吞孩子积极思考并解决问题的动力。

另外，电视还会给孩子带来一些身体和精神方面的病症。孩子总是坐着看电视，缺乏运动，从而导致儿童肥胖症和智力发展缓慢。总是看电视，缺少和他人交往的机会，从而导致孤僻，难以和别人形成正常的人际关系。电视上看到一些凶杀、暴力的场面，会刺激他出现反社会行为。

总之，爱看电视是不好的习惯，父母一定要想办法将孩子带离电视。

参考建议

▲ 让电视成为偶一为之的娱乐休闲方式

电视，是供人们学习、工作之余休闲娱乐用的。但是，有的家庭只要有人在电视就会开着，这就让电视成了家中人做任何事的背景，孩子长期生活在这种背景中也会不由自主地去看电视。所以，父母要关掉家中的电视，只在收看某些必看节目时才打开。

▲ 循序渐进，由电视过渡到阅读

大多数孩子看的都是动画片，但也有个别喜欢看电视剧，无论是动画片还是电视剧，它们大多都有同名的书，如《喜羊羊与灰太狼》、《虹猫蓝兔》等，父母在孩子看某个动画片的时候，可以买来相应的书，跟孩子一起阅读，让书将孩子的注意力逐渐吸引过去。

▲ 利用闲余时间，丰富孩子的生活

无论孩子上幼儿园，还是上学，他们都有一些闲余时间，父母一定要利用这些闲余时间，丰富孩子的生活，比如，和孩子一起做手工、玩游戏，带孩子外出亲近大自然，带孩子去动物园、博物馆等没有电视的地方，在这些地方孩子一样可以获得大量知识。

▲ 接纳安抚孩子，而不要批评指责

习惯看并特别爱看电视的孩子，在父母限制他看电视的时候都会情绪不稳定，甚至离开电视后无所适从，父母一定要接纳孩子的这种状态，并安抚他，和他一起找些事情做，让他度过最初的不适应。如果孩子确实减少了看电视的时间，父母要鼓励他，比如跟他说："你今天少看了5分钟电视，我很高兴。相信你明天可以少看10分钟。"这样孩子就会对远离电视越来越有信心。

22. 孩子迷恋电脑游戏怎么办？

为了不让东东总是缠着自己，妈妈就给他打开电脑，玩起电脑游戏来。果然，不一会儿东东就安静下来，妈妈也终于可以松口气了。从此以后，只要东东再缠着妈妈，妈妈就给他打开电脑，玩儿电脑游戏。

可是这一阵子妈妈却发现有些不大对劲了，放假在家时，东东一大早起来就嚷着要玩儿电脑游戏，而且一坐就是一个上午，弄得原本明亮的眼睛现在总是红红的。连妈妈给他做的好吃的都不能把他从电脑游戏中"拉"出来。吃过饭后还要继续玩儿，如果妈妈不允许，他就大哭大闹。

看着儿子现在这样，妈妈真后悔当初让东东接触电脑游戏。

电脑游戏是这个时代一种非常普遍的娱乐方式，特别是对孩子来说，电脑游戏具有不可抗拒的吸引力。

的确，电脑游戏能给我们的生活带来很多乐趣，而且在一定程度上可以培养孩子眼手的协调能力，锻炼孩子的反应能力，有利于孩子智力的发育。有些孩子正是通过电脑游戏很轻松地学会了使用电脑。而如果孩子总是缠着我们，让他玩一玩电脑游戏，也确实可以让我们省去很多麻烦。

然而，一旦孩子从简单地玩一玩电脑游戏变成了迷恋电脑游戏，就会造成很严重的不良影响。孩子迷恋电脑游戏就会长时间坐在电脑屏幕前面，这会对他的眼睛产生很大的伤害，以一个姿势久坐对孩子正在发育的身体也没有好处。更严重的是，迷恋电脑游戏还会使孩子产生许多不好的行为，比如为了玩儿游戏不吃饭、不睡觉，不写作业，还对老师、父母撒谎，有的孩子甚至在网吧玩电脑游戏彻夜不归，还有的把自己想象成游戏中的人物，上街杀人、做"飞天"状而跳楼，等等。

所以，父母一定要对自己的孩子负责，最好不让孩子玩儿电脑游戏。如果孩子已经上瘾，就力争让孩子戒掉这个瘾。

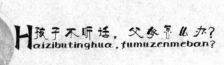

参考建议

▲ 给孩子讲迷恋电脑游戏的危害

父母应该在孩子刚刚接触电脑游戏时就告诉他，可以玩儿游戏，但是不可以玩儿得太久，否则眼睛会疼。也不可以总想着游戏的事情，这样会变"傻"的。孩子听到了这些玩儿电脑游戏的危害，就会有所顾忌，不至于变成迷恋电脑游戏。

▲ 严格控制孩子玩儿游戏的时间

孩子迷恋电脑游戏，一方面是因为游戏本身的吸引力，另一方面就是由于父母的放任不管，任由孩子去玩儿，以至于孩子离不开电脑游戏。所以，父母应该从孩子开始接触到电脑游戏的时候起，就严格控制游戏的时间，让孩子玩儿一会儿就去干一些其他事情，使他不会上瘾。当然，如果能不让他接触就尽量不让他接触，因为一旦接触，很容易上瘾。

▲ 为孩子选择适合他的游戏软件

现在的电脑游戏种类繁多，异彩纷呈，但是其中也有很多充满暴力、血腥的游戏，不适宜小孩子来玩儿。但如果孩子对这类游戏已经上瘾了，强行禁止未必会收到好的效果。这时应该为孩子挑选好有益于他身心发展的电脑游戏。比如知识性非常强的游戏，让孩子在玩儿的过程中还可以学到知识。这样有助于缓解孩子直接从上瘾的游戏中脱身出来而产生的巨大心理落差。

在为玩游戏上瘾的孩子挑选替代游戏的时候，父母千万不要选择那些让孩子扮演成一个角色，又有很长故事情节的游戏，这种游戏很容易上瘾，一旦开始，就想知道接下来会发生什么，也就会重新陷入其中而无法自拔。

▲ 可以使用一些小"手段"

如果孩子已经沉迷于电脑游戏，为了能够让他摆脱这种境况，父母可以用一些小"手段"，比如在电脑上设定密码，或者在电脑中装上那些可以控制孩子玩儿游戏的软件，当达到设定的时间时就会自动关闭游戏，这时父母可以对孩子说："你看看，电脑都累了，你也该让它歇歇了。"或者对孩子说："你摸摸，电脑都'发烧了'，赶快让它休息一下吧，要不明天你就不能玩儿了。"

23. 孩子经常丢东西怎么办？

6岁的琳琳参加了一个绘画班，妈妈专门给他准备了一个学具箱，里面放着油画棒、彩笔、蜡笔等工具。一个月内,妈妈已经给她买了3盒油画棒了,昨天她又和妈妈说油画棒没有了。

后来,妈妈才知道老师那里收集了很多学生丢的学习用品,但让他们认领的时候,没有一个人能认出自己的东西来,因为他们根本就不知道哪个是自己的。

于是,妈妈想了一个办法,在她的学习用品上贴上带名字的标签,这样她就能辨认出是自己的了。从此,她改掉了丢笔的坏毛病。

教育感悟

在学校门口,经常会见到这种情况:父母接孩子时问:"你的衣服呢?"有的孩子听了转身跑回去找,有的孩子干脆说"不知道"。接着,父母开始忙起来,一边帮他找衣服,一边抱怨孩子。对于孩子这种丢三落四的毛病,父母应该从哪些方面入手纠正他呢?

面对孩子的这个毛病,很多父母最初还耐心地讲道理,可是后来道理变成数落,依然没有什么效果,最后父母束手无策。

孩子丢三落四是天生的吗?肯定不是的,它完全是后天形成的一种不良习惯。而造成这种习惯的原因大致有3个:一是孩子年龄小,生活自理能力比较差,尤其是在家都是父母包办,所以不懂得保管好自己的东西;二是父母总是无条件地满足孩子的要求,旧的东西"去"得太快,新的又"来"得太急,导致孩子不懂得爱惜物品;三是孩子从小没有节约意识,不懂得东西来之不易。

父母可以对照以上3个原因,帮孩子找到爱丢东西的根本原因,然后试图改变生活中消极因素对孩子的影响,从而在根本上帮他改掉"丢三落四"的坏毛病。

参考建议

▲ 不训斥孩子,培养他的自理能力

对于孩子丢东西的行为,父母不可过分斥责他,更不可打骂他,否则以后他丢了东西也不敢和父母说了。在日常生活中,父母应该有意识地培养他的自理能力,试着让他收拾玩具、整理图书、叠放衣服等,同时让他养成物品摆放有序、用完及时放回的习惯。

▲ 在孩子易丢的物品上做记号

有些孩子面对自己丢过的东西不认得或者怕别人说自己粗心、不愿意承认

是自己丢的。这时候，父母可以在东西上做特有的记号，在标签纸上写上孩子的姓名，贴在孩子的水杯、铅笔、橡皮等文具上，再在上面贴一层透明胶带，防止字被蹭掉，这样有人捡到也能"对号入座"。

▲ 孩子丢东西了，不要急于给他买新的

孩子有丢东西的习惯大多是因为不知道东西的珍贵，反正丢了之后，父母也会给自己买新的，也就不愿意再仔细找。针对孩子的这种心理，当他丢了东西后，父母不能立刻给他买新的，应该鼓励他仔细找一找。如果找不到，可以惩罚他体验一下东西丢了之后带来的不方便。当然，惩罚归惩罚，父母还是要把握好"度"，当他意识到应该保管好自己的物品时，父母还是应该给他买新的。

▲ 督促孩子检查自己的物品

每次接孩子放学回家的时候，父母可以利用这段时间，让他整理自己的物品，检查一下是否有东西落在了教室。当孩子确认物品都带齐了再回家。如果发现有东西不见了，父母可以提醒他东西是在哪丢的，或者借给谁了，等等，试着帮他找回物品。总之，父母要让孩子养成放学前检查物品的习惯。

▲ 和老师多沟通，找到解决方法

孩子在幼儿园的表现，老师最清楚。父母不妨把孩子的这种情况反映给老师，请他配合纠正孩子的毛病。父母也可以建议老师组织一个以"丢东西"为主题的活动，让孩子各抒己见，指出丢东西的坏处，从而在幼儿园倡导一种自我管理的氛围。

24. 孩子爱乱发脾气怎么办？

小海是李家的"独苗"，爸爸妈妈十分疼爱，爷爷奶奶更是将他视为心肝宝贝，处处宠爱着他。可是小海却还总是不满意，经常冲着长辈大发脾气。

有一天，小海正在看电视，忽然，他将遥控器重重地摔在地上。爷爷赶快走过来问道："这是怎么了？看得好好的，为什么摔东西啊？"

"这是什么破东西，我想换台都换不了！"小海大声嚷道。

这时爸爸妈妈也走了过来。爸爸捡起小海扔在地上的遥控器，看了看已经被摔出来的电池说道："可能是电池没电了，爸爸这就给你换新的。"

"都是你们不好！一会儿我看不到动画片的开头就都赖你们！"小海继续发着脾气嚷道。

孩子乱发脾气实际上是他意志力薄弱，自控力差的表现。如果孩子不能克服乱发脾气的不良习惯，就可能经常处于易怒、烦躁的状态中，这对他的成长自然是没有好处的。再有，一旦孩子将自己乱发脾气的毛病带到学校中，会不利于他与老师，与其他孩子的相处，会对他的学校生活产生很大的负面影响。

孩子乱发脾气，往往是遇到了不顺心的事情，如果遇到问题就开始着急，他就不能静下心来思考问题，问题无法解决，他就更着急，这样形成恶性循环。

有些孩子在外面表现还好一些，一回到家里就开始随便乱发脾气，这其实是过于依赖父母的一种反映。这样的孩子是缺乏涵养的，连尊敬长辈，孝敬父母都做不到，在其他方面就可想而知了。

所以父母一定不能放任孩子乱发脾气而不加管教，否则只会害了孩子。

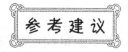

▲ 对孩子的行为进行"冷处理"

很多时候，孩子乱发脾气是因为父母没有满足他的要求，而在他发脾气之后，他发现父母通常会心软下来，答应自己的要求，于是，下次再遇到要求不能够得到满足的时候，他还会大发脾气。对待这种情况，父母不妨"冷"他一回，没有父母作为发脾气的对象，他也就会慢慢冷静下来，这时父母再过来跟他讲道理。当孩子意识到自己乱发脾气得不到他想要的，他也会觉得这样做十分无趣。

▲ 不要事事都由着孩子

孩子乱发脾气的坏毛病可以说都是父母给"惯"出来的。现在许多孩子在家中都是被几代人捧着，他的要求更是"有求必应"。长此以往，孩子稍有不顺心就会大发脾气，而如果父母再顺着他，就会让他觉得不顺心时发脾气是很正常的。所以，父母不能一味地娇惯孩子，任何事情都由着他的性子。在孩子做错事情或是提出无理要求的时候，父母应该严厉一些，有智慧地批评孩子的行为。

▲ 对孩子讲清楚规矩

如果发现孩子乱发脾气，父母可以在孩子冷静的时候跟他说清楚家里的规矩，比如：只要他能够做到一天之内不乱发脾气，就答应给他一块糖，如果他每天都能够坚持这样做，就给他买不同种类的糖；如果他做不到，将一个也不能得到。当然这只是个例子，父母可以根据孩子的实际情况灵活掌握规矩的制定，关键是规矩定好之后父母要严格执行，用实际行动告诉孩子，大家都要按规矩办事，发脾气也没有用。这样，不断强化规矩在生活中的权威性，孩子就不会只随着自己的性子做事了。

▲ 不要当着孩子发脾气

很多父母在遇到烦心事的时候也无法冷静，会大发雷霆。这样的行为如果让孩子看到，将会对他产生不好的影响，很可能让孩子觉得，在遇到烦心事的时候就可以大发脾气。有些父母更是在孩子发脾气的时候也对孩子发脾气，这样不仅不能解决问题，还会影响父母与孩子之间的感情，更不利于今后对孩子的教导。

25. 孩子老是爱哭怎么办？

小洁今年 5 岁，平时聪明伶俐，能说会道。但是，在妈妈眼里，小洁是个爱哭的孩子。

星期日，妈妈带小洁在小区内玩耍。阳光很温和，也没有什么风，小洁玩得很开心。突然，她摔倒了并开始哇哇大哭。妈妈跑到她跟前检查后发现她没有受伤，耐心抚慰了她一会儿，小洁才止住了哭。

小洁和小朋友又开始玩儿游戏了，正玩着，她看到有小孩儿动她的滑板车。小洁用手指着那个小孩儿，就张嘴哇哇大哭。虽然妈妈跟那个小孩儿要来了滑板车，小洁还是一副很伤心的样子。妈妈显然烦了，拉着哭哭啼啼的小洁回家了。

下午，妈妈带小洁去超市。小洁看上一个芭比娃娃非要买。妈妈认为那个芭比娃娃很贵，而且家里已经有了一个，所以不同意给她买。小洁撇撇嘴又开始哭。妈妈好言相劝，无奈小洁不为所动。看到众人纷纷投来的眼光，妈妈都快疯了，一气之下，选购的东西也不要了，拉着小洁就向超市外面快步走去。

类似这样的"哭戏"，天天在小洁家上演着，妈妈很苦恼，怎么做才能让小洁不这样爱哭呢？

🐝 教育感悟

哭是孩子的一种表达方式，这很正常。我们成年人有时候还会无缘无故地心情不好,想要通过哭或其他方式发泄一下,更不要说孩子了。孩子在成长的过程中遇到的困难、障碍比较多,运用哭这种表达方式的次数也比较多,以至父母会给自己的孩子贴上一个"爱哭"的标签。

孩子爱哭的原因有很多种,先天神经类型偏抑郁质的孩子很容易哭闹,找不到玩具时会哭、穿不到喜欢的衣服时会哭、不想洗澡也会哭,甚至白天困了想睡觉也要哭……

孩子的生活中发生了一些类似上幼儿园、搬家、父母离婚等的变动,孩子内心就会有严重的焦虑感,他会用哭的方式来释放这种焦虑。

父母工作繁忙,把孩子交给老人或保姆带,当孩子见到父母的时候,就想赢得父母的关注,常用的方式就是哭。

父母比较娇宠孩子,孩子想要什么得不到的时候,只要一哭父母就会妥协,慢慢地,孩子就学会用哭的方式来要挟父母。

孩子在4—6岁期间会经历一个情感的敏感期,他对父母的依恋会增强,对父母的态度、外界的人事都会很敏感,之前平常的事在敏感期内也会成为他哭泣的导火索。

孩子在一段时期内饮食不合理,出现上火、积食、大小便不通畅等相对隐性的疾病,这会影响孩子的情绪,让他变得爱哭闹。

……

面对如此众多的原因,父母究竟该怎么办呢? 那当然是对症下药了。父母一定要耐心观察孩子,从身体健康状况到精神、情绪状态,找出孩子爱哭的根源,进而采取相应的措施。

参考建议

▲ 孩子哭的时候,父母"抱一抱"

父母都不喜欢孩子哭,所以,孩子只要一哭,大多数父母都会立刻去哄孩子,尽量阻止他哭,这样孩子就得到了关注;如果孩子继续哭,父母可能开始烦躁,并发脾气,这让孩子感觉到他控制了父母。一次成功,他下次还会使用哭来牵制父母,所以,当孩子哭的时候,父母要想着孩子哭很正常,然后温和地对他说:"来,抱一抱。"这样孩子就得到了正向的关注,父母也容易调节他的消极情绪。

▲ 不要过多批评和约束孩子

父母想要保持家的整洁干净,让孩子整洁干净,保护孩子不受伤害……为此父母对孩子的语言中多了许多"不"、"不要做"、"不能做"……什么都不能做,孩子的时间都用来干什么呢？于是他用哭来表达他的焦虑、烦躁。有人说："在一切爱的关系中，自由最重要。"所以，父母不要过多批评和约束孩子，当他整天忙忙碌碌时，他就没有时间哭闹了。

▲ 告诉孩子：我喜欢你笑的样子

孩子总有不哭的时候，那时候他温和，喜欢笑，父母可以趁机告诉孩子："我喜欢你笑的样子，我更愿意跟这种状态下的你玩耍。"说出这些，是对孩子的一种正向引导，能让孩子明白他的什么状态是为父母所喜欢的，从而促使孩子逐渐向积极的方向转化。

26. 孩子懒惰不勤快怎么办？

小东准备利用暑假读完《西游记》，根据时间和小说的章节数量，他给自己做了一个计划，打算每天读两章，这样到假期结束时就可以读完整本书了。

第一天，小东读完一章就懒得读了，他想：假期还长着呢，今天就先读这么多，明天我可以多读点儿，把今天的补回来。想到这里，他就去玩儿了。

可是到了第二天，写完了这一天的作业，小东拿起书，只读了几段就又懒得读了。这时楼下又传来了一群孩子的叫喊声，他便合上了书，下楼玩儿去了。

就这样一拖再拖，最后假期都快结束了，小东也才只读了全书的四分之一。最后小东还遗憾地说了一句："唉，这个假期是读不完了，留着下个暑假读吧。"

教育感悟

懒惰是一种可怕的东西，不经意间把你的时间"偷走"，就像小东那样，读书计划被一拖再拖，最后假期都过去了，书也没有读多少。

人都有一定的惰性。可是如果任凭惰性发展，办事拖拖拉拉，总是希望不劳而获，人将会变得无能，一事无成。

懒惰的习惯会对孩子的成长产生很不好的影响。孩子懒惰，就不爱做事情，自理能力不能得到锻炼，只能依赖父母，很难做到自立；再有，孩子如果是懒惰的，很可能连事情都懒得想，思考能力得不到锻炼，体现在学习上，老师让记什么他就记什么，甚至都懒得去记，而不主动地去想一想知识之间的联系，当然，也就不会在学习上取得多好的成绩。

所以父母一定要小心，千万不要让"懒惰"这个恶魔接近孩子，别让它吞噬

孩子的时间。

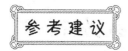

参考建议

▲ 多让孩子做他力所能及的事

要想改掉懒惰的坏习惯,父母得让孩子多做事情。有些父母很娇惯孩子,从不让他帮助家里做事情;总是对孩子说:"你好好学习就成了,家里活不用你管。"这样一来,孩子在家里就只有学习和休息了,结果衣来伸手,饭来张口,养成了懒惰的坏习惯。父母不要揽下家里所有的事情,应该让孩子多做一些力所能及的事,并且让他坚持下去。

▲ 告诉孩子再多做一点儿

拿孩子学习来说,存在懒惰思想的孩子恨不得赶快写完作业可以休息,所以能省略的地方就省略,可以少写一个字就决不多写。对待这种行为,父母可以有意识地多让他做一点儿,告诉他写完作业,还要复习,复习完再预习一下明天要学的东西。一开始不用太多,一点一点地增大量,并且孩子做完后要鼓励他,让孩子习惯"多干一些",他就会慢慢变得勤快了。

▲ 孩子的事情要他自己去做

孩子懒惰的一个重要表现就是习惯于依赖他人。在家里依赖父母,在学校依赖老师。生活上遇到了困难就去找父母,作业中有了不会做的题目就去问老师,按照老师说的做完就完了,动动脑筋想一想,自己为什么不会。对待这样的孩子,父母越是帮他,他的依赖性越强,也越懒惰。所以,父母不要担心孩子处理不好自己的事情,应该让他自己去想办法,培养孩子的自立精神,这样他才能远离懒惰。

▲ 把孩子的生活安排得更有规律

如果一个孩子经常很晚才起床,早饭也不吃,也不收拾屋子,一上午无精打采,或者看电视看到要睡觉了,才想起还有作业没写。这样的孩子一定不是勤快的。没有生活规律也是孩子懒惰的一个表现,他没有时间意识,不知道要做什么或者是先做什么,就这么耗着时间,最后什么也没做成。父母应该帮助孩子形成良好的生活规律,给孩子制订作息时间表。当孩子习惯了每天固定的时间做固定的事情之后,也就不会懒惰了。

27. 孩子过于贪玩怎么办？

乐乐今年5岁半，特别贪玩。只要让他出去玩，不等爸爸妈妈叫他回家他绝不会主动回家。

眼看着乐乐一天天长大，快到入学的年龄了，妈妈认为应该教乐乐识字和简单的加减法，还应该让他背一些诗词。可是每次将乐乐拉到书桌前，乐乐都坐不了几分钟。妈妈教乐乐识字等内容时，乐乐也心不在焉的，总想着玩玩具，或者到外面跟小伙伴玩。

看到乐乐这个样子，妈妈很焦虑：总是这么贪玩，不爱学习，上了小学肯定学不好，以后怎么能有出息呢？

教育感悟

父母总希望孩子能够安静地坐下来，做一些在父母看来是"学习"的事情，如看书、画画、写字、听故事等，其实这是对孩子"学习"的一种误解。对孩子而言，玩耍不仅是他们的天性，也是他们学习的一种方式。无论是玩玩具，还是玩游戏，他们都要调动全身的感觉器官，去获取知识、获得经验。所以，玩有助于孩子的智力开发，也有助于许多非智力因素的发展，爱玩、会玩的孩子往往更加聪明伶俐、乐观愉快，他们既乐于与人交往，又富有想象力，且勇敢大胆。冰心就曾说："淘气的男孩是好的，淘气的女孩是巧的。"因此，只要孩子的贪玩在正常的限度以内，父母都应该鼓励。

当然，有些孩子确实过于贪玩，而且玩的方式也是父母无法接受的，如带有破坏性的游戏。孩子玩这种游戏往往是有原因的。比如，有些孩子的表现欲极强，想获得父母的关注，有些孩子，尤其是男孩精力旺盛，父母提供给他的玩耍空间和玩耍方式不足以消耗他的过剩精力，孩子平时多吃鱼、肉、蛋等高脂肪、高蛋白的食品，多吃人工合成色素类食物，或者多喝含振奋性成分的饮料等，会使孩子有使不完的力气，从而显得比较贪玩。对于上述几种原因导致的孩子贪玩，父母一定要采取相应的措施，将孩子的贪玩约束在正常的范围内。

另外，孩子上学后，如果玩的时间仍然占据很大的一部分，必然会影响到学习，这时父母也要借助一定的方法来引导孩子。

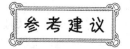

▲ 关注孩子,和孩子一起玩

孩子想要跟别人一起玩,希望能边玩边交流。所以,如果孩子在家玩,并想和父母一起玩儿时,父母一定要抽出时间来陪他,这样既满足了孩子获得关注的要求,也能了解孩子的思想和情绪状态,同时,玩得尽兴的孩子也能集中注意力去学习。

▲ 提前与孩子约定玩的时间

有些孩子放学回家会要求先玩一会儿,父母在答应的同时,可以和孩子约定好玩的时间,如半个小时、45 分钟等,还要商量好如果超出约定时间该怎么办。如果孩子按照约定时间回来了,父母要及时表扬他;如果违背了约定,也要按照商量好的方法惩罚他。这种提前约定会对孩子的贪玩起到约束作用。

▲ 将贪玩的孩子引向学习

贪玩的孩子往往更聪明,对待他们不能采取强制的办法,只能是"润物细无声"。

小刚有一次天黑了还在外面玩,爸爸有点生气,决定揪着他的耳朵将他提回家。可是看到小刚的时候,小刚正在路灯底下跑来跑去,好像在研究影子。

爸爸灵机一动,走到小刚跟前问他:"这个影子为什么忽长忽短,有时候还会有很多影子呢?"小刚一脸困惑地看着爸爸说:"我刚想回家问您呢?"爸爸没有直接回答小刚的问题,只说:"你那本《十万个为什么》里应该有科学的解答。"

小刚立刻跟爸爸回家。翻出了《十万个为什么》,给自己解疑。以后,这本书就成了小刚的最爱,他的很多问题都通过它得到了解答。

贪玩的孩子,好奇心都比较强,父母可以利用他的好奇心,将他引上自主学习的道路,这样既约束了孩子的贪玩,也使他获得了更多的知识。

28. 孩子喜欢顶嘴怎么办?

李浩 8 岁了,随着一天天长大,妈妈感觉到他越来越不听话了,经常和自己顶嘴。

有一天,吃完晚饭很长时间了,李浩却还坐在沙发上看电视。妈妈有些生气地对李浩说:"小浩,怎么还看电视啊,快进屋写作业去!"

"我看完这一集就去。"李浩仍然没有关掉电视的意思。

"你这孩子怎么这么不听话啊！再不关以后就不允许你看电视了！"妈妈更生气了。

"凭什么不许我看！我就看！"李浩顶嘴道。

"你气死我了！马上给我写作业去！"妈妈已经开始嚷了。

"我看完再去！"李浩也冲着妈妈嚷起来。

妈妈气急了，终于没有忍住，打了李浩一下，结果李浩哭着回到了自己的房间。

教育感悟

在父母教育孩子的过程中，经常会发生上面的这种情况。父母说一句，孩子顶一句，最后使得矛盾越来越激化，弄得父母和孩子都很不开心。

其实，父母首先应该正确认识孩子顶嘴的行为。孩子跟父母顶嘴，并不是他存心想不听话，故意捣乱，而是说明孩子开始有自己的思想了，学着自己思考问题了。从这个角度来看，孩子知道顶嘴不一定就是一件坏事，至少说明孩子慢慢地在长大。认识到这一点，父母就不必因为孩子的顶嘴而感到没有面子，甚至对孩子"大打出手"了，因为这样解决不了根本问题。

但是，顶嘴确实是一个不好的习惯。是不尊重父母的表现。即使孩子有道理，顶嘴也不是讲道理的正当方式。如果孩子习惯了跟大人顶嘴，可能用同样的态度去对待其他人，是很不礼貌的行为。

所以，在对待孩子顶嘴的问题上，父母不必把它看得过于严重，不要因为孩子顶嘴就把他说成不懂事的孩子，甚至是坏孩子。但是，也不能放任不管，影响到孩子良好品质的形成，影响他未来的人生发展。父母应该做的，是要用正当的方式来纠正孩子的这种行为。

参考建议

▲ **跟孩子耐心地讲道理**

有些父母对孩子说话总是习惯用命令的口气，这种强硬的口吻很容易引来孩子的顶嘴行为。比如，妈妈想让孩子去睡觉，说："现在就去睡觉！快点儿！"听到这样的话，孩子很可能就会说："不，我就不去！"而如果妈妈温柔地对孩子说："宝贝，该去睡觉了，睡觉才能长大个儿呀！"孩子可能就乖乖地去睡了。所以父母平时跟孩子说话也要注意方式，不要因为孩子小，就对他"乱发指令"，孩

子也是讲道理的,只要父母把道理讲清楚,他是不会随便顶嘴的。

▲ 对孩子的顶嘴行为表示很伤心

孩子在成长的过程中会对许多事物充满好奇心,其中也包括和父母顶嘴。有时候孩子顶嘴就是觉得好玩儿,喜欢逆着父母说。面对这种情况,父母可以假装表现得很伤心,暂时不去理睬孩子,让孩子感受到他那么做并不好玩儿,这样他就不会跟父母顶嘴了。

▲ 听一听孩子的想法

有时候孩子顶嘴是因为他已经有了一定的自我意识,在做一些事情时有自己的想法,而当父母让他用别的方法做事情时,孩子就免不了会顶几句。对待这样的孩子,父母应该耐心听一听他是怎么想的,他打算怎么做。如果孩子有机会将自己的想法说出来,就不会再跟父母顶嘴了。

▲ 在孩子面前树立威严的形象

现在人们经常提倡父母要以对待朋友的心态来对待孩子,让孩子感受到人格上的平等,这样做确实会对孩子的健康成长有很多好处,但是父母还是应该在孩子面前保留一种威严的姿态,让孩子知道,对待父母,有些事情是不可以做的。当然,父母的威严是要以教育好孩子为出发点,而不是对着孩子大发脾气,大摆父母的架子。

▲ 教导孩子听父母的话

根本解决孩子顶嘴问题的方法还是教育孩子懂得孝顺父母、尊敬父母,让孩子心中想着父母,听从父母的教导。即《弟子规》所讲的"父母教,须敬听;父母责,须顺承"。孩子知道听话了,也就不会顶嘴了。

29. 孩子不服管教怎么办?

王翔13岁,爸爸妈妈觉得他最近越来越不服管束了。

星期日早晨9点,王翔还在睡觉,妈妈叫他起床。可是王翔只是翻了个身,用被子蒙住头接着睡。妈妈摇着头从王翔房间里出来了。

下午,王翔做完作业要出去玩。爸爸妈妈都不同意,想让他把自己的房间整理一下。王翔说什么也不整理,而且执意要出门。爸爸气急了,说:"我看你今天敢跨出这个家门!"王翔"哼"了一声,说道:"我怎么不敢?"

看着王翔走出家门的身影,爸爸很生气,嘴里不停地念叨着:"这个孩子真是越来越不听话了。"妈妈也发愁地说:"该怎么办呢?"

教育感悟

每一个做父母的都想要一个听话、懂事、乖巧的孩子，可是，现实生活中常常听到的是父母埋怨孩子不服从自己的管教，跟自己顶嘴、和自己对着干，据统计，这样的孩子大约占70%。

为什么这么多的孩子都不服从父母的管教呢？其原因大概有以下几种。

第一，父母过于娇纵孩子。如果在孩子小的时候，父母过于娇惯纵容他，什么事都顺着他的心思，那么孩子长大后，父母的约束就不能被他接受。

第二，父母过于苛责孩子。有些父母从孩子小的时候就严格要求，不容许他犯任何一点小错误，有一点过失就会严厉批评。当孩子渐渐长大，独立意识和自我意识逐渐增强后，就会对父母的管教表现出反抗情绪。

第三，孩子处于特殊时期。心理医生认为，从12岁开始，孩子进入"心理断乳期"。这一时期他们认为自己已经长大了，再加上接触范围逐渐扩大，知识面逐渐增加，他们的内心世界变得丰富起来，对社会、对人生有了不同的看法。他们要表达自己的这些看法，所以对父母的管教产生了"逆反心理"。

无论是哪种原因，父母不能采取以暴制暴的方法，而要耐心了解孩子不服管教的真正原因，并采用适当的方法使亲子关系融洽。

参考建议

▲ 尊重孩子，给孩子辩驳的机会

很多父母都认为孩子年少，没有自尊，也没有心理感受，所以，只要孩子犯错误便不分青红皂白、不分时间场合地批评、责骂，这不仅伤了孩子的自尊心，还会渐渐引起孩子内心的愤恨、对立、不服等情绪。

所以，父母发现孩子犯错误后，先冷静下来，给孩子辩驳的机会，让他说出自己的理由，然后再循循善诱，使他心甘情愿地接受。另外，如果在公共场合，或者有孩子的同学、朋友在场，一定要给孩子留面子，受到尊重的孩子往往更容易接受父母指出自己的错误。

▲ 做一个"听话"的父母

俗语说"父母是孩子的榜样"，但是，这个榜样也有好、坏之分。

很多父母都想要孩子"听话"，对于生活中的任何事都只想说服孩子按照自己的意思来办，让孩子服从自己，这实际上是给孩子做了一个不好的榜样，即教孩子模仿这种方式来对待他人，这其中也包括父母。也就是说，孩子想让父母

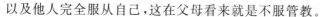

以及他人完全服从自己,这在父母看来就是不服管教。

所以,父母有时候也要做一个"听话"的父母,当孩子表达出他的想法、建议时,如果合理,不妨欣然接纳。这样孩子就会减弱和父母的对立情绪,当父母再有建议时,他也不会一味地拒绝了。

▲ 父母管教孩子的意见要统一

在管教孩子这件事上,很多父母之间存在不同意见,有些父母会避开孩子去探讨,而有些父母却当着孩子的面发生争执,一方占上风之后,孩子就会觉得另一方的管教不必理睬。所以,父母在探讨如何面对孩子出现的各种问题时,要避开孩子,达成一致后再去跟孩子谈,孩子才会更好地听从父母的意见。

▲ 给孩子有度的自由

孩子渐渐长大,总让他毫不犹豫地接受父母的管教,不仅不现实,也是不合理的。孩子是一个独立的人,有自己的想法,也需要一定限度的自由,所以,父母要根据孩子的情况,给他有度的自由。比如,7 岁的孩子可以独自到小区内的同学家玩,但到了之后应该打个电话给父母,10 岁孩子可以安排自己的周末,等等。

30. 孩子无理取闹怎么办?

帅帅吃起冰激凌来就没完没了,有好几次都因此肚子疼。可是病一好,又开始大吃起来。如果妈妈阻止他,或者不给他买,他就大哭大闹。

这一天,帅帅已经吃了 3 碗冰激凌,准备再拿一碗。妈妈看到了马上跑过去挡住了冰箱,说:"帅帅,你今天已经吃得够多的了,不能再吃了!"

看到妈妈不让自己吃,帅帅开始蛮不讲理地向前冲,嘴里还嚷着:"我就要吃!我就要吃!"可是妈妈死死地挡住了冰箱,帅帅怎么都够不到。突然他躺在地上打起滚来,还一边哭喊着。

妈妈被弄得不知所措,赶快对帅帅说:"好了好了,起来吧,再让你吃一个。"

很多父母都会有这样的感慨:孩子小的时候盼着他长大,可是大一点儿他就开始不听话!的确,孩子大一些后有了自己的"主见",对父母的话也不是言听计从了,甚至要起小性子来,做无理取闹的事情,让父母感到头痛。

孩子经常是闹起来什么都不顾及，就像上文中的帅帅那样，使蛮劲往妈妈身上冲，还在地上打滚。还有些孩子闹得更凶，不仅不听父母的话，还冲着爷爷奶奶大喊大叫，没有一点规矩，甚至乱摔家里的东西，把家里弄得一团糟。

孩子的这些行为需要引起父母的高度重视，用恰当的方法进行教育。否则他的行为会经常扰乱和谐的家庭氛围，更严重的是，如果孩子遇到不顺心的事情就开始胡闹，很不利于健康性格的培养，从而影响孩子今后的发展。

参考建议

▲ 给孩子定规矩并严格执行

孩子有时候不能主动约束自己的行为，进而演变成为无理取闹。针对这种情况，父母可以根据自己孩子的具体情况，制定一些规矩，比如不可以乱喊乱叫，不可以乱摔东西，等等。并且严格按照这些规矩做事帮助他约束自己的行为。

▲ 让孩子为他的行为付出"代价"

孩子无理取闹肯定都是针对一些事情，父母可以根据具体情况，让孩子知道自己这样做的后果，让他付出一定的"代价"。比如，孩子因为玩儿得不顺心就把玩具给摔坏了，那么父母就不给他买新玩具，并告诉孩子：父母这么做都是由于他的无理取闹，让他尝一尝失去玩具的滋味。这样，孩子会有所顾忌，有所收敛。

▲ 适当地对孩子严厉些

俗话说"棍棒底下出孝子"，虽然我们现在不主张对孩子进行体罚，但是对一些行为必须给予严厉的批评教育，对孩子无理取闹的行为更应该如此，否则他就会无视父母的教导，行为更加肆无忌惮。父母应该用严厉的方式对待孩子的无理取闹，比如适当地对孩子瞪一瞪眼睛，适当地打几下，告诉他这样是不对的。

▲ 用伤心和失望来对待孩子的无理取闹

对待孩子无理取闹的行为，有时父母表现得很生气，并且严厉地批评，孩子反而会得寸进尺，更加放纵。这时，父母不妨反其道而行之，让孩子看到，他的行为让父母很伤心、很失望。当孩子看到父母"软"下来，还很悲伤，他的情绪也会受到影响，反省自己的错误。

▲ 多关怀一下孩子

有些孩子的无理取闹是被父母"惯"出来的，而有些则是被"冷"出来的。孩子的一些正当要求得不到重视，或者父母因为工作太忙，对孩子的关心过少，都会使孩子产生不被重视的感觉。为了体现自己的存在,有些孩子便采用了无理取闹的方式。对待这样的孩子,父母应该抽出时间来多关心一下他,倾听他的心声,让孩子体会到家庭的温暖。这样他就不会无理取闹了。

31. 孩子嫌礼物便宜怎么办?

8岁的丽丽还有几天就要过生日了,她问爸爸妈妈今年会送给她什么生日礼物,爸爸妈妈故作神秘地说:"现在还不能告诉你。"其实,不是他们不想告诉丽丽,实在是想不出能买什么既经济又实惠的礼物。

生日这天,丽丽起床穿戴一新,就跑到爸爸妈妈跟前,爸爸妈妈说:"丽丽生日快乐!"然后递给她一个包装好的小盒子。丽丽说完"谢谢"就开始拆盒子,拆开一看就放到了一边,撅着嘴说:"怎么才是一个芭比娃娃啊?"

妈妈有些生气了:"这一个芭比娃娃就要200多块钱呢。"丽丽带着哭腔说:"可是我想要那套500多块钱的芭比娃娃,它配着好几套漂亮的衣服和鞋子。"

本来应该快乐的一天被丽丽嫌礼物便宜而破坏了气氛,爸爸妈妈不明白,他们当年能有一份礼物就已经很欣喜了,可是今天的丽丽为什么竟然会嫌200多块钱的礼物便宜呢?

教育感悟

过年要送新年礼物,过生日要送生日礼物,过节要送节日礼物……送礼物是人际交往的需要,也是表达情感的一种方式。

但是,在今天这个注重物质、崇尚金钱的商品社会环境影响下,人们不仅要送礼物,还要看礼物的金钱价值,似乎越昂贵才越有意义,才能表明送礼人的感情深厚。

成人之间的这种观念也影响到了孩子。原本把一支铅笔、一个自制贺卡都当做宝贝的孩子,今天也开始互相攀比,比谁送的礼物昂贵,谁送的礼物是名牌,等等。这种对礼物的攀比和挑剔,不仅会造成物质和金钱的浪费,还会给家庭增加额外的经济负担,更重要的是扭曲孩子的价值观,认为一切都是能够用金钱衡量的,从而意识不到真正的亲情、友谊是无价的。

所以,无论是孩子嫌父母亲人送的礼物便宜,还是嫌朋友送的礼物便宜,父母都要及时纠正孩子的这种想法,让他认清礼物的真正意义。

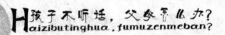
参考建议

▲ 父母自身不盲目攀比

孩子受父母的影响是非常大的，如果父母对礼物的态度也是以金钱来衡量，孩子也必然会如此。所以，父母自身一定不要盲目攀比。对于别人送的礼物，无论昂贵还是便宜都一视同仁，强调"礼轻情意重"；在送别人礼物时，也尽量选有实用价值的，而不是一味地追求贵，这样做能给孩子潜在的影响。

▲ 只送对的不送贵的

父母在送孩子礼物以及教孩子送礼物时，一定要坚守一项原则，那就是只送对的不送贵的。

小洁的生日正好是在暑假。9岁生日时，爸爸妈妈送她的礼物是一个"6天独立生活活动"的报名表。小洁非常高兴，激动地抱了爸爸又抱妈妈，还说："爸爸妈妈，你们太好了，这正是我想要的。"

爸爸妈妈看到小洁的样子很感慨：这份礼物可比8岁生日时的钢琴便宜多了，可当时小洁一点儿也不兴奋。看来，贵的不一定是好的啊！

礼物只是一种外在的形式，背后是送礼人的关爱，真正关爱他人的人就能送对礼物，收礼物的人也会由衷地高兴，孩子发现自己的好朋友缺少一个发卡，买一个好朋友喜欢的发卡送给她，这样的礼物不仅是对方需要的，也是父母承受能力范围之内的。

▲ 让礼物的形式多样化

有些父母觉得很无奈，感觉孩子不能免俗。我们可以换种方式送礼物，让礼物的形式多样化。如，父母可以鼓励孩子在好朋友过生日时送书籍，书籍有价，但书中的知识却是无价的。孩子过生日时，让孩子捐一些自己的衣服、学习用品等给贫困地区的孩子，这样的举动既有重要意义，孩子也能从中获得助人的快乐。可以带几个生日邻近的孩子一起出去野餐，孩子不仅过一个集体生日，还能玩得愉快。

32. 孩子做事敷衍应付怎么办？

马东的妈妈前不久被老师叫到了学校，原因是马东的家庭作业写得很不认真。老师指着他的作业对妈妈说："您看看他的作业，抄题时能省就省，答题之前也不写'答'字,数学证明题跳过好多步,明显是在应付老师,敷衍了事。这么做,对他的学习是很没有好处的。在学校我会多教育他的,您在家也要好好督促督促他。"

妈妈很是无奈地说:"这孩子越来越不好管教了,他也总是应付我,我叫他收拾他的屋子,他就把被子一卷,书本往桌子角上一推就告诉我收拾完了,没想到他在作业上也是这个态度。可是我该怎么管教他呢?"

接着,老师与马东的妈妈一起探讨了应对的方法。

父母经常让孩子做一些事,也经常能够听到孩子这样的回答:"我知道了,您就别操心了。""我一会儿就去做。""我马上就关电脑。"等等。当孩子说这些话的时候,往往是在敷衍父母。

孩子敷衍的行为不光表现在对待父母的口头教导上,还会体现在他做一些事情的态度上。就像马东,在做家务的事情上应付妈妈;而在做作业方面又应付老师。其实,应付来应付去,最后他应付的还是他自己。养成懒散的坏习惯,在学习上敷衍,不能真正理解和掌握知识,当初草草了事所花的时间也就白白浪费了。

敷衍是一种很不负责任的做事态度。如果孩子学会了敷衍了事,应付他人,就不能完成好任务就很难得到其他人的信任与认可,老师也不会给这样的孩子更多做事的机会。

不能认为做事敷衍应付是一件小事,应该及时纠正这种行为,告诉孩子认真负责地去做事。

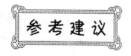

▲ 给孩子制订做事要达到的标准

有时孩子做一件事的时候并没有想敷衍,但他不知道应该做到何种程度。人都是有惰性的,既然没有一个标准,做这件事时就会省些力气,一来二去他对待这件事情就很有可能用敷衍的态度了。所以,父母可以给孩子制订一些做事情的标准,比如说收拾屋子,告诉他每次应该达到这样的整洁程度。一旦有了一个标准作参考,孩子做事就不会敷衍应付了。

▲ 对待孩子"苛刻"一些

孩子敷衍的任务通常是他不喜欢但必须要做的事情,比如写作业,做家务等。而当孩子草草了事之后,父母或者老师没有提出异议,那么孩子下一次还会这样去做,所以,父母检查孩子的这些"任务"时,不妨提高一下标准,让孩子做得再好一点儿。当然也要根据孩子的实际能力来制定标准,不可定得过高。

▲ 让孩子体会认真做事的好处

孩子敷衍了事是因为他没体会到认真做事带来的好处。拿写作业来说,孩子可能因为要看动画片,对待作业就敷衍了事,结果错误百出,事后还要花费大量时间改正。这时父母就可以告诉孩子,只要他认认真真写完作业,就不用花很多的时间去改正错误,会有更多的时间自由支配,认真书写的作业干净、漂亮,还会得到老师的夸奖。孩子真正体会到认真做事带来的好处后,就不会再敷衍了事了。

▲ 告诉孩子:要说到做到

父母让孩子关上电视马上睡觉,孩子很可能敷衍上一句:"我马上就关。"可迟迟不关电视,最后在父母的再三催促下才恋恋不舍地把电视关上。

对待这种情况,父母应该主动进行监督,告诉他,既然说了,就应该马上做到,而不要等着父母说第二遍。这样可以改掉孩子应付性的行为。

33. 孩子总是爱抱怨怎么办?

晶晶才上3年级,可很多人都说她显得老气横秋。为什么呢?原因就是她不像其他孩子一样活泼、爱笑,总是愁眉苦脸的,像她妈妈一样喜欢唉声叹气、爱抱怨发牢骚。

星期一早晨,妈妈叫她起床,晶晶说:"唉,怎么又要去上学了。"看到早餐,她问妈妈:"怎么又是牛奶荷包蛋?"妈妈不高兴了:"给你做就不错了,你还挑三拣四的。我要起那么早,多辛苦啊!"

傍晚放学回到家,晶晶看见妈妈说:"老师又给我们留了好多作业。学习太苦了,我都快累死了。"过了一会儿,她又说:"我同桌真讨厌,下课我要出去,他的椅子差点把我绊倒……"妈妈听烦了,数落她:"你哪来这么多的牢骚,都是人家不对,就你好?我工作一天都快累死了,还得听你发牢骚。"

晶晶哭丧着脸回自己屋里去了,而妈妈嘴里还在嘟囔着:"一个小孩子,为什么这么爱抱怨呢?"

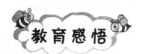

抱怨是发泄不满情绪的方式。生活中不会总是阳光灿烂、晴空万里，也会有风、雨、雷、电，孩子也一样。上学的早晨，他们不能睡到自然醒，而要听从闹铃的指挥；他们不能自由自在地玩耍，而要规规矩矩地坐在课堂上听老师讲一些抽象的知识；他们不能只学习自己感兴趣的东西，而要强行"咽下"所有必学的科目；终于结束一天的学习回到家，还不能放松，还要完成作业，并复习、预习功课；他们可能遭受老师的批评、同学的恶作剧；他们可能不小心摔了个跟头，也可能丢了自己心爱的铅笔……所有这些都足以引起孩子的负面情绪，让他们去抱怨。

抱怨很正常，一个人如果有了不满情绪而压抑着不发泄，可能造成严重的心理疾病，但是，不断地通过抱怨的方式发泄也同样不好，因为它不但不能解决任何实际的问题，而且还会让人长久地陷入负性情绪之中，更有可能因为过度抱怨而形成悲观的性格。所以，父母如果发现孩子总是爱抱怨，一定不能掉以轻心、顺其自然，而是要想办法既让孩子发泄了不满情绪，又积极乐观地面对现实生活。

参考建议

▲ 做"会抱怨"的父母

从晶晶的事例中，我们不难看出，一个孩子是否爱抱怨，与父母有直接的关系。晶晶的妈妈就很爱抱怨，她抱怨晶晶对自己做的早餐挑三拣四，抱怨工作累，甚至抱怨晶晶的牢骚多，这严重影响了晶晶。当然，要求父母绝对不抱怨也有些难，只是父母一定要做"会抱怨"的父母。如，对于周末加班，父母可以说："真遗憾，不能好好地放松休息了，不过，加班至少说明我们单位暂时不会面临破产，我也不会面临失业。"这种抱怨既说出了自己想休息的愿望，又给了加班一个积极的结果；既发泄了不满情绪，又不至于陷入负性情绪中。如果父母是这样"抱怨"，孩子也会受到积极影响的。

▲ 在倾听中让孩子释放不愉快

芳芳满脸不高兴地回家了，妈妈问："宝贝女儿，这是怎么了？"芳芳撅着嘴："上体育课，后面的杨红推了我一个跟头，膝盖都青了。"妈妈揉着芳芳的膝盖问："怎么会推你一个跟头呢？"芳芳说："站队的时候，最后的那个同学没站稳，不由自主推了前面一个同学一把，结果一个推一个，我站最前面，就倒下了。"妈妈点头道："这样啊。"芳芳又接口说："其实杨红也是不由自主的。好香啊，妈，您做了什么好吃的？"

妈妈没说什么，她只是在倾听芳芳的抱怨，让芳芳在不愉快事情的回放中给这件事一个积极的归因。这种方式让孩子既发泄情绪，又能重新积极对待生活。

▲ **鼓励孩子写幸福快乐日记**

抱怨是因为有了不愉快，但"生活＝少量不愉快＋大量平淡＋少量幸福快乐"，我们可以通过整天抱怨放大不愉快，也可以通过其他方式放大幸福快乐，相信大多数人都会选择后者，尤其希望孩子选择后者。所以，父母可以让孩子选一个精美的本子，记录幸福快乐的事情，不愉快的时候看一看，抱怨就会减少。

▲ **让孩子体会助人的快乐**

有些孩子抱怨是因为他们对生活不满足，如抱怨衣服不是名牌，抱怨不能顿顿进餐馆等，父母可以带孩子去孤儿院、福利院，或者贫穷的地区，让他看看那里孩子的生活，他就会知道自己的生活有多么幸福。同时，让孩子捐出自己的旧衣服、学习用品或者一点儿零花钱去帮助那些孩子。当他感觉到助人的快乐后，内心的抱怨也会逐渐减少的。

34. 孩子吵着要买新玩具怎么办？

小伟的父母很疼爱他，从他出生后就开始给他买玩具。现在，小伟的玩具已经摆了满满的两柜子。可是小伟却总是不满足，哭着喊着要爸爸妈妈给他买新玩具。

有一天，小伟在街上看到一个小朋友拿着一个崭新的变形金刚，于是又开始吵着让妈妈给他买。

"前两天不是刚给你买过一个吗？你先玩儿那个。"妈妈拒绝了小伟的要求。

"我就想要这个，这个好玩儿。"小伟仍然吵着要买。

"不行！家里的玩具都那么多了，够你玩儿的了！"妈妈有些生气了。

小伟一屁股坐在地上哭了起来。妈妈没有办法，只能先答应了他的请求。

　　每个孩子都希望得到许多玩具。男孩子想要各种各样的玩具枪,女孩子想的则是各种样式的布娃娃。

　　可是有时候孩子的玩具已经很多了,或者是新玩具没玩儿几天就嚷着要买新的,这就让父母感到颇为头痛了:给他买吧,家里有这么多的玩具,再买新的就是浪费,买吧,又不忍心看孩子哭哭闹闹,所以,最后往往是以父母的妥协而告终。

　　可是父母的一再妥协却使得孩子养成了不好的习惯。首先,孩子总是"喜新厌旧",不懂得珍惜,不懂得节俭,不知道感激父母为他的付出;其次,父母一再满足孩子的要求,会让他觉得只要是他想要的父母就应该给他,一旦父母没有满足他的要求,就会大吵大闹,他在今后的生活中遇到稍不顺心的事,就会为此乱发脾气,不利于培养应对挫折的能力。

　　所以父母对待孩子买新玩具的要求一定要慎重,不可因为他的一时吵闹而迁就。

参考建议

▲ 让孩子学会与他人分享玩具

　　很多时候孩子是看到了别的小朋友的玩具,因此自己也想拥有。面对这种情况,父母可以告诉孩子拿自己的玩具去和别的孩子交换着玩儿,这样,不用花费那么多就可以玩到很多玩具,而且培养孩子与他人分享的品质,增强他的交际能力。

▲ 用旧玩具玩出新花样

　　一个玩具玩久了,孩子会慢慢失去兴趣,自然地对新玩具产生兴趣,叫喊着要买。所以,关键是抓住孩子的兴趣,如果父母教会孩子利用旧玩具也能玩出新花样,孩子就不会非得要新玩具了。比如,父母可以与孩子一起利用旧的布娃娃演出有趣的故事,就好像演电视剧一样,孩子可以自己编故事,操纵着手中的玩具,享受着旧玩具带给他的乐趣,还可以培养创造力和想象力。

▲ 教会孩子爱惜玩具

　　许多父母买了玩具后就任凭孩子随便玩儿,有些调皮的孩子用破坏性的方式对待玩具,或者是把玩具给拆了,再让父母给买新的。所以,父母不光是要给孩子买玩具,还要教育孩子爱惜玩具。告诉孩子玩具脏了擦一擦,玩完了要归位,摆放整齐,等等。通过这些行为使孩子对旧玩具更有感情,从而减少他买新新玩具的要求。

▲ 不轻易地给孩子买玩具

许多父母担心孩子不快乐,于是就给他买了许多玩具,或者以一种"赶时髦"的心态,让孩子总能玩儿到新款的玩具。这些行为都会增长孩子的欲望,使他想要更多的玩具,最后让父母在经济上不堪重负。

所以,不要没有原则地给孩子买玩具,而是要挑选那些适合孩子的玩具,适量地买。如果孩子自己提出想要某件玩具,父母也不要轻易答应,或者跟孩子说好,这次可以给他买,但是在短期内就不会再买了。

35. 孩子爱赌气怎么办?

8岁的肖龙是个个性极强的孩子。平时聪明伶俐,很有主意,小伙伴们玩游戏常常以他为中心。爸爸妈妈对此也比较满意,认为这样可以培养他的领导能力。但是,肖龙身上有一点让爸爸妈妈非常头疼,那就是喜欢赌气。

星期六早晨,爸爸看肖龙在玩,就对他说:"你去楼下帮我拿一下报纸。"肖龙头也不抬地回答:"我正忙着呢。"爸爸嘲笑他:"你那也叫忙?赶紧去,我等着看呢。"肖龙明显不高兴了:"就不去,您要看报纸,凭什么让我去拿?"爸爸也火了:"臭小子,还使唤不动你了。"他揪着肖龙耳朵让他起来,可肖龙龇牙咧嘴站起来后还是不去,爸爸气急败坏之下打了肖龙一巴掌,就自己下楼拿报纸去了。

回来后,他发现肖龙不抬眼看他,也不跟他说话。一连两天都是这样。爸爸和妈妈沟通后,也知道自己错了,但就是拉不下面子主动去跟肖龙说话。而肖龙因为爸爸打他就赌气不跟爸爸说话,也让爸爸很寒心。

教育感悟

赌气在当下孩子群体中是一种比较普遍的现象,越大的孩子越容易赌气。孩子赌气之后的表现各不相同,有些是不和父母说话,有些是不吃饭,还有些会离家出走,无论哪一种表现都有损于孩子的身心健康。

孩子为什么会赌气呢?这与我国目前独生子女比较多的现状有关。独生子女往往被宠着、惯着,父母以及其他家人的爱都集中在他身上,他容易恃宠而骄,和父母发生一点冲突就赌气不说话、不吃饭等,以此来让父母内心不安。赌气可以说是一种被动攻击的方式。孩子是弱势群体,无论力量上还是言语上都无法与父母对抗,于是采取另外一种方式来对抗、攻击父母。

孩子喜欢赌气还与父母的教养方式有关。有些父母比较强权,说让孩子干什么孩子就必须干什么。在强权的威压下,孩子既不能申辩,更不用说表达自己的想法,个性强的孩子就会选择借助赌气的方式表现不满。

当然,造成孩子喜欢赌气的原因还有其他一些,如父母不停地唠叨等。不管是哪一种原因导致的,赌气都是一种于孩子、于父母、于亲子关系不利的行为,父母一定要想办法因势利导,使孩子逐渐摆脱赌气的任性行为。

参考建议

▲ 及时对冲突喊"暂停"

赌气通常都是冲突的结果,所以,父母在和喜欢赌气的孩子发生冲突的时候,一定要及时冷静下来,对冲突喊"暂停"。"暂停"能让父母有时间去反省自己的行为,也能让孩子从冲突状况中短时间地脱离开来,恢复正常而不是滑向赌气阶段。

让冲突"暂停"的方式可以是让孩子先单独待一会儿,这是对情绪的"冷却",之后父母要主动提供一次和平解决问题的机会,如对孩子说:"你现在好些了吗?"这时不那么容易激发冲突。

▲ 和孩子保持良好的沟通

能有效减少孩子赌气的方式是父母和孩子保持良好的沟通。在良好沟通的基础上,父母和孩子彼此比较了解,就不那么容易在意见、想法方面发生冲突了。所以,父母可以在餐桌上、散步途中多和孩子交流生活、学习、交友、时事等方面的看法,保证沟通渠道的畅通。

▲ 少一些唠叨,多一些点睛之语

在大多数孩子眼里,父母就是唠叨的代名词,生活、学习、安全等各个方面都要唠叨。唠叨太多其实很容易让孩子产生逆反心理:孩子要慢慢长大,生活要自理、学习要自主,所以,父母要少一些唠叨,多一些点睛之语。如孩子习惯在9:30睡觉,却一直在看电视,父母只需适时提醒一声"9:20了"就可以了。虽然刚开始父母可能很难管住自己的嘴,但一定要时时提醒自己"少一些唠叨",当然,父母还可以沉浸在自己喜欢的读书、画画等事情上,不把关注的目光始终投向孩子。

36. 孩子死缠烂打怎么办？

军军十分喜爱他的汽车模型。可是有一天，他一不小心，把玩具汽车摔到地上，一个轮子被摔了下来。军军伤心得哭了起来。

妈妈听到哭声赶快跑过来看了看摔坏的玩具，对军军说："这个可能修不好了，不过没关系，过几天妈妈再给你买一个新的。"

"不，我就要这个！您修不好我去找爸爸！"军军嚷道。

果然，爸爸刚一到家，军军就缠住了他，让他帮着修玩具。爸爸也觉得修不好了，可是军军不肯罢休，依然缠着爸爸，并且把工具拿了过来，非要爸爸修好不可。爸爸一再表示已经修不好了，可是军军依然不肯罢休，又是哭又是闹，弄得爸爸也不知该如何是好。

教育感悟

随着年龄的增长，孩子开始有了自己的想法。他非常想做好一件事或者得到某件物品，可是凭借他自己的能力又无法办到的时候，就会求助于父母。可是父母有时也不能满足他的请求，他可能就会一直缠着父母，直到自己的想法得到满足。

从正面意义上来讲，孩子死缠烂打的精神用在恰当的地方，比如对知识的探索，对真理的追求上，那么对今后的发展有积极的作用。

可实际情况经常是孩子为了得到喜欢的零食、玩具，或者去游乐园玩而跟爸爸妈妈死缠烂打，不达目的誓不罢休。

经常为了自己的"小利益"死缠烂打，会形成错误的价值观，也会养成固执、任性的性格，使孩子在今后的生活和学习中碰壁。

父母面对着孩子死缠烂打的行为，最后常常是妥协，答应孩子的要求。这种做法反而助长了孩子的不良行为。所以，父母不能因为孩子的纠缠而"大发慈悲"，也不能对此"大发雷霆"，而是要根据孩子纠缠的原因，耐心教导。

参考建议

▲ **要理解孩子，不要指责他**

有些父母面对孩子的死缠烂打表现得很不耐烦，经常用一句恶狠狠的话——"一边玩儿去,不要来烦我"就把孩子给打发了。这种做法确实很"有效",多数孩子马上就会走开,不会再缠着父母。然而这种做法却严重伤到了孩子的心。孩子死缠烂打肯定是为了某些事,并且有他的理由。如果父母这时指责孩子,会让孩子觉得很委屈,以后有问题也不再愿意同父母讲。所以父母一定要从孩子的角度去考虑,了解孩子的真实想法,理解他,从根本上解决问题。

▲ 不要轻易答应孩子死缠烂打的事情

孩子对父母死缠烂打,一定是他想得到些什么。如果孩子的要求不是很合理,那么父母一定不能轻易答应孩子的请求。否则会使他觉得通过死缠烂打这种方式能够得到自己想要的,就会接二连三地使用这种手段,不利于父母对孩子的教导。

▲ 父母要懂得开导孩子

有些孩子死缠烂打的行为是出于良好的愿望,就像军军,因为喜爱的玩具坏了,而缠着爸爸给他修。对待这种情况,父母应该细心开导他,不要让他固执于此事。军军的爸爸不妨同军军一起修理,讲一讲玩具到底是哪里坏了,让他直观地认识到玩具是修不好了,同时给他一些建议,比如把这个汽车模型摆在某个地方,也可以发挥它的价值;以后再玩玩具的时候,应该小心一些,等等。这样一来,军军可能就不会一直纠缠着爸爸了。

▲ 制定规矩,赏罚分明

对待经常与父母死缠烂打的孩子,父母可以跟孩子讲好一些规矩,告诉他如果他表现得好,做到不缠着父母,而是用合理的方式提出请求,就可以考虑满足他合理的要求;如果他仍然死缠烂打,就肯定不会答应他的要求,让他自觉回避"死缠烂打"的伎俩。

37. 孩子的要求不合理怎么办?

盛夏的一天,浩浩的爸爸妈妈带他去超市买生活必需品,路过玩具专柜时,看到促销的夏日玩水设备,其中有一支水枪非常漂亮,但价格也不菲。浩浩说什么也要买。妈妈说:"太贵了,不能买。"浩浩不同意,大哭着喊:"不行,我就要买,就要买。"妈妈又说:"咱们家已经有好几支水枪了。"浩浩嚷道:"那些都旧了,这支又新又好看,我就要买。"

爸爸伸手要拉浩浩离开,浩浩竟然坐在地上又顺势躺下,在地上打滚。以前每次妈妈不给他买东西时他就这么干的。可是,这次爸爸非常生气,一把揪

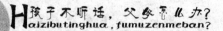

起他，走出了超市。

玩具柜台的售货员看着他们的背影摇摇头说："又是一个。现在的孩子怎么都是有了的东西还要再买新的呢？"

教育感悟

很多孩子会提出这样、那样的要求，其中有很多是不合理的。比如，已经有很多水枪了，还要买新的；父母已经做好饭菜了，却要求去饭馆吃饭；五六岁的孩子出门还要求父母抱着。孩子为什么会提出这些不合理的要求呢？

首先，以自我为中心。孩子在初生的头几年都是以自我为中心，自己的感受是最重要的，有什么要求就要说出来，想要得到满足，这本是正常的。但是，当孩子慢慢长大后，无论他提出的要求是否合理，如果父母还依然满足他，孩子就会长久地以自我为中心，从而不利于他的成长。

其次，有很强的占有欲和控制欲。会把自己看中的东西都收入囊中，无论这个东西是否真的需要。或者想让别人都听从他的指挥，这也会使他的要求显得不合理。

再次，有较强的攀比心理。如果父母在孩子小的时候有攀比心理，认为别的孩子有的，自己的孩子也要有，那么孩子受此影响，也会这么认为，而不管这个物品自己是否真的需要。

此外，使孩子提不合理要求的原因还有好逸恶劳，五六岁的孩子出门还让父母抱的要求就是最直接的体现。

父母不仅要了解导致孩子提不合理要求的原因，还要想办法真正解决问题。无论采用什么办法，都要坚守绝不满足孩子不合理要求这一原则。

参考建议

▲ 购物之前和孩子协商好

到了超市，看见琳琅满目的商品，大多数孩子都想要买东西，如果父母不想措手不及，最好在去超市之前和孩子协商好。比如，说好只买一样10块钱以下的东西，如果他答应就带他同去，不答应就让他留在家里，也可以列一个需购买物品的单子，列单子的时候，让孩子说出他的需求，如果父母觉得合理就为其购买，否则就拒绝。

▲ 坚定地说"不"并解释理由

孩子提出不合理要求时，父母要表情温和而坚定地说"不"，并解释拒绝他要求的原因。比如,对于浩浩要买新水枪,父母就可以说:"这个水枪的功能和家里水枪是一样的,家里的水枪都还能用,所以,不能给你买这个水枪。"

对孩子说"不"后孩子一般会哭闹,这时有些父母为了面子就会服软,这样恰恰让孩子抓住了父母的"软肋"。所以,父母可以将孩子带到角落或者任凭孩子哭闹而不要理他,他觉得哭闹没用,下次就不会使用这种方式了。

▲ 跟孩子说悄悄话

当孩子在公共场合或别人家里提不合理要求,如在朋友家吃饭时要单独吃某种食品,这时父母可以在孩子耳边跟他说悄悄话,如:"你是个很有礼貌而且愿意和其他人分享食物的孩子,对吗? 如果你非常喜欢那道菜,可以让阿姨教我们,我们自己回家做。"说悄悄话时,孩子往往能够专注地听,而且因为父母维护了孩子的尊严,孩子也会接纳父母的建议。

38. 孩子在外游玩要赖不回家怎么办?

最近,小区旁边新建好一个小公园,修了一条人工小河,河里放了许多小鱼。所以这些天小雨吵着让妈妈带他去河边看小鱼。

这天是周日,吃过早饭,小雨又让妈妈带他来到小公园。小雨在河边看着鱼群游来游去,还拿馒头喂它们,玩儿得十分开心。

不知不觉快到中午了,妈妈对小雨说:"咱们该回家了,妈妈还要给你和爸爸做饭呢。"

"不! 我要再玩儿一会儿!"听到要回家,小雨不高兴地说。

"小雨听话,妈妈下午再带你来。"妈妈又劝道。

"我不走! 我还没看鱼吃完呢。"小雨还是不肯走。

"你怎么这么不听话啊!"妈妈生气了,过来拉小雨。只见小雨往地下一蹲,嘴里还不停地喊着:"我就不回去! 我就不回去!"

教育感悟

本来带孩子出去玩是一件挺好的事情,可让很多父母烦心的是,到了该回家的时候孩子死活也不肯回去。看着孩子在外面要赖,想着家里还有很多事情要做,父母就会更加心烦,硬把孩子拉回家,最后弄得大人和孩子都不高兴。

如果孩子在家要赖,父母还可以批评他,甚至不去理睬。可是在外面就不一样了，在大街上当着许多人教训孩子怎么想也不是一件好事。父母更不可能把孩子放在外面置之不理，因为外面有很多不安全因素，孩子很有可能会遇到危险。

其实父母可以换个角度来看孩子不愿意回家的行为。孩子喜欢在外面玩，说明他对外面的世界产生很大的兴趣，开始探索这个未知的世界，就像小雨，他正是因为想去观察、了解鱼群的活动才不想回的。如果父母利用孩子的这个兴趣点，会对孩子智力的发育、认知水平的提高产生积极的作用。

当然，父母也不能为了满足孩子"探索世界"的好奇心而任由孩子在外边玩耍，如果孩子经常耍赖不想回家就需要父母多花些心思来教导孩子改掉这种行为。

参考建议

▲ 事先跟孩子讲好规定

父母可以在带他出去之前讲好：几点钟之前必须回来，否则下次就不带他出来，并且要说到做到。孩子一旦又耍赖不回家，父母就有意减少孩子外出的时间。让孩子了解到在外面玩儿要准时回家，否则就会受到惩罚。

▲ 把孩子的注意力转移到家里

孩子在外面不想回家，可能是因为他正在玩儿的东西很吸引他父母不妨提醒一下孩子，告诉他家里还有他更喜欢的东西在等着他，将他的注意力转回到家里，比如："你最喜欢的动画片快开始了。"这样很可能不用父母劝，孩子自己就主动要求回家了。

父母也可以利用孩子在外面感兴趣的那件事物来转移孩子的注意力。比如，前面小雨的妈妈就可以对孩子说："小雨你是非常喜欢小鱼吗？走，咱们回家让爸爸给你买几条自己养。"相信小雨听到妈妈这样一说，一定会要求妈妈快点儿回家的。

▲ 不跟孩子提"回家"

有些孩子在外面玩儿的时候不能听到"回家"这两个字，只要父母一说回家，他就开始耍赖。针对这种情况，父母可以不跟孩子说回家，而是用其他方式"引"他回家。比如，父母估计到了该回家的时候，可以对孩子说："你看每棵树的树皮上的花纹都不一样，咱们来看一看都有多少种吧！"领着孩子一棵一棵地观察，并往家走去。当然，父母选择的这件事情一定是要让孩子觉得有意思的，并且能够在回家的路上一直做。

39. 孩子坐姿、走姿不端正怎么办?

13岁的陈熙总觉得腰疼,爸爸妈妈带他去医院,检查结果竟然是脊柱侧弯,需要通过康复治疗来矫正。爸爸妈妈惊呆了,怎么会这样呢?

他们向医生询问缘由,医生反问:"孩子是不是学习时的坐姿和走路时的走姿都不端正啊?"

"好像是不端正。他看书写字的时候经常会歪着头,有时还头枕着胳膊写字。走路也是,歪着肩膀、塌着胸。"

医生听后说:"那就难怪了,脊柱有一定的柔韧性,但也不能总歪着,否则,时间长了会变形的。你们做父母怎么也不提醒孩子?"

爸爸妈妈辩解道:"刚开始我们也说他,他又不听,我们就干脆不说了。"

医生责怪他们:"孩子不听,你们就不管了?你们要想办法让他听,这是你们的责任。"听到这里,爸爸妈妈惭愧地带着陈熙去做康复治疗了。

读书人站有站相,坐有坐相,站姿坐相是他们风度、气质、修养的体现。今天,除了在礼仪场合,很少有人会在意自己的坐姿站相。很多父母,也很少关注孩子的坐姿和走姿。

实际上,小学阶段的孩子,身体和骨骼正处于发育过程中,有关资料显示,小学生一天在学校平均要坐4个小时,如此长时间地坐着,如果坐姿不端正,对身体的影响将是非常大的,不仅会出现脊柱侧弯,影响生长发育,还会出现胸闷、心慌、口唇发紫、食欲减退等病症。另外,坐姿不端正,也会影响孩子的视力。我国目前小学生戴眼镜的人数越来越多,这不仅与学生的学习时间长,用眼不卫生有关,与坐姿不端正也有很大关系。

很多孩子不仅坐姿不端正,走姿也不端正。有些孩子习惯于自由散漫、松松垮垮,另一些孩子则是由于缺乏自信,走路时都会呈现出弯腰驼背、歪歪斜斜的样子,影响骨骼的生长发育,导致真正的驼背。

总之,孩子坐姿、走姿不端正是一种不良的生活习惯,父母一定要想办法及时予以纠正。

孩子不听话，父母怎么办？
Haizibutinghua，fumuzenmeban？

参考建议

▲ 教孩子端正的坐姿和走姿

孩子的坐姿、走姿不端正，有时候并不是他们不想端正，而是因为他们不知道端正的坐姿、走姿是什么样的。父母一定要示范给孩子。

端正的坐姿：眼要离书本一尺远，胸要离书桌一拳远，手要离笔尖一寸远。

端正的走姿：上身保持正直不动，两肩相平不摇，两臂自然摆动，两腿直而不僵，两脚落地一线，眼睛目视前方。

▲ 让孩子定时休息

孩子长时间学习，身体会比较疲累，就容易改换坐姿，即歪着、趴着，父母最好每40分钟就让孩子起来休息一会儿，向远处眺望以缓解眼睛疲劳，活动活动身体各个部位等。休息结束再学习时，孩子就容易继续保持端正的坐姿。

对于走姿，父母也要时时提醒孩子，让他抬头挺胸地走路，走得时间太长了，就坐下来休息一会儿，这有助于他保持端正的走姿。

▲ 通过简单运动矫正孩子的坐姿站相

有些孩子由于坐姿、走姿不端正已经有些驼背或八字脚了，就要通过简单运动来纠正。如，对于有点驼背的孩子，背靠墙壁站5分钟，休息一下，再站5分钟，每天坚持做两次。靠墙站的时候，要做到后脑勺、肩、小腿肚、脚后跟四个部位都贴着墙壁。对于走路有些八字脚的孩子，可以让孩子踩着直线向前走，每天都走几次。

▲ 和孩子观察不同的走姿坐姿

不同走姿坐姿的人显现出来的精神状态是不同的。父母可以抓住一切机会，在公共场合和孩子观察不同走姿坐姿的人，让他看到走姿坐姿端正的人往往身体发育正常，身姿挺拔，体态优美，他就会因心向往而主动表现在自己的行动上。

第二章　社会行为问题

　　对孩子来说，有些问题是属于社会行为方面的，比如在外面受了委屈，爱搞破坏，在公共场所乱跑，说脏话，乱花钱，争强好胜，向客人乱要东西，爱打人，非常任性，爱打小报告，喜欢跟人攀比，等等。其实，只要父母能深入了解孩子这些行为背后的原因，就一定能够找到有效解决这些问题的好方法。

40. 孩子在外面受了委屈怎么办？

妈妈给乐乐买了一个新书包，上面有一个大大的奥特曼，乐乐非常喜欢，许多同学也都夸乐乐的书包好看。

可是，第二天乐乐回到家却闷闷不乐。在妈妈的再三询问之下，乐乐才说出了原因。原来，班上的一个同学想看一看乐乐的书包，乐乐不同意，那位同学就伸手过来抢，乐乐顺手一拽，书包带断开了。那位同学见惹了祸，赶紧跑开了。

"那后来呢？"妈妈追问道。

"后来就放学了，我就回家了。"乐乐委屈地说。

"你怎么这么窝囊啊！人家把你的书包弄坏了，你竟然什么也没说，活该你受委屈！"妈妈气愤地说。乐乐则更加委屈了。

教育感悟

孩子一个人在外面，最让父母放心不下的就是会不会受委屈。孩子在身边时，父母可以保护孩子，可是在学校，他难免会与其他同学产生小摩擦，也可能被人欺负，从而受委屈。

听到孩子在外面受了委屈，有些父母就开始埋怨孩子："你怎么这么笨啊！就这么让别人欺负！""他打你，你怎么不打他啊！""真没出息！净给我丢脸！"……有些父母则干脆带着孩子来到学校，找当事人"报仇"。

这两种做法都是不对的，都会对孩子的成长产生不良影响。孩子受了委屈，本身心里就很难受了，父母再埋怨他，心里就会更加不好受。而且，这些埋怨之词很可能给孩子一个误导，认为要想不受委屈就要去欺负别人，就要"以牙还牙"。父母擅自来到学校的做法更不理智，很有可能把事情闹大，影响到孩子与其他同学的关系。

正是因为父母都不愿意看到孩子在外面受委屈，就更需要理智面对，教会孩子如何面对这样的事情。这对孩子的健康成长非常重要。

▲ 问清事情的真相

孩子受了委屈，父母要及时了解孩子受委屈的真实情况，针对不同的情况使用不同的疏导方法，告诉孩子正确的处理方式。如果孩子所受的委屈是由于误会，父母就可以告诉孩子，人与人交往的过程中产生误会很正常，不必放在心上。如果孩子真的被其他同学欺负了，就应该找老师帮助孩子解决问题。

▲ 倾听孩子的诉说

有时候孩子受了委屈，最需要的是有一个地方释放委屈情绪。而父母就是孩子最好的诉说对象。父母听孩子说一说，再表现出信任、支持的态度，并且根据孩子的诉说及时地加以指导，孩子很快就将委屈给忘了。而如果父母一听说孩子受了委屈就指责他，反而让孩子更加委屈。

▲ 告诉孩子去和当事人说清楚

如果孩子对于他所受的委屈总是无法释怀，父母可以告诉他去找让他受委屈的那个人把事情说清楚。父母可以先听一听孩子打算怎么说，给予指导。如果是误会，父母就告诉孩子解释清楚；如果真的是对方不对，可以让孩子给对方写一封信，或打个电话，表示愿意与他做朋友，并表示原谅他，不再计较。总之，要鼓励孩子说出自己的委屈，以正当的方式解决。

▲ 培养孩子成熟的心理

如果孩子有一点儿小委屈就受不了，那么很难变得成熟。孩子受委屈其实也正是父母的好机会。父母应该告诉孩子受委屈不是什么大不了的事情，不要总是耿耿于怀。孩子在父母的教导下能够把这些看淡了，下次再遇到类似的情况就会应对得更从容。

41. 孩子老爱搞破坏怎么办？

5岁的航航是个精力旺盛的小男孩，整天蹦蹦跳跳、爬上爬下，他最喜欢的玩具是车，却连一辆完整的车都没有。爸爸妈妈给他买了很多类型的车，如工程车、火车、小汽车、遥控车等，每一辆都被他拆了个七零八落，他又安装不上。为此，妈妈非常头疼，不知道这个孩子为什么这么爱搞破坏。

航航不仅破坏自己玩具，有一天，他甚至用爸爸的剃须刀把妈妈爱猫的毛给剃掉了一部分。妈妈问他为什么这么做，航航理直气壮地说："我看爸爸用剃须刀剃胡子，咱家的猫可能嫌热，就给它剃毛了。"听着航航的说辞，妈妈哭笑不得。

航航的破坏行为还有更离谱的。有一天他把爸爸的一份文件撕破了，爸爸批评他后就用双面胶把文件粘好了。航航又想试试双面胶能不能粘碗，他就把自己吃饭用的瓷碗摔碎，然后用双面胶粘，碗的裂口把他的手都划破了他也不嫌疼。发现双面胶粘不好碗后，他又拿来胶带将碗缠上。妈妈看着这个碗和航航流血的手，又是心疼，又是无奈。妈妈管航航叫"破坏王"，不知道怎么才能阻止航航的破坏行为。

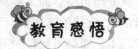

教育感悟

孩子都会有一些父母眼中的破坏行为。其产生的原因不尽相同。

有些孩子爱搞破坏，是受好奇心的驱使。就如航航把自己的车拆开，就是因为好奇车是怎么工作的，它为什么会跑，会转弯等，但是他的能力有限，不仅拆开了无法重新安装上，还有可能在拆的过程中，将车的材料、零件损坏。

有些孩子爱搞破坏，是因为活泼好动。如有些孩子到商场超市、别人家，会到处乱摸、乱碰，而他们手的控制能力又不够，造成一些破坏。

有些孩子爱搞破坏是为了发泄自己的不良情绪。有些父母会在吵架的时候摔盘子砸碗等，这是通过毁坏东西来发泄不满，孩子也会这样。生气或对他人不满的时候，通过毁坏物品来释放这种不满。

有些孩子爱搞破坏是因为不在意这些物品。现在大多数家庭是六个大人照顾一个孩子，孩子的玩具、生活用品等都非常丰富，往往是旧的未去新的已经来了，这就使孩子不懂得爱惜物品，认为反正有人买，破坏了也无所谓。

有些孩子爱搞破坏是为了达到自己的目的。如有的父母不给孩子买新衣服，孩子就会想办法把现在穿的衣服弄破，逼迫父母买新衣服。

对于上述不同原因，父母要采取相应的措施加以引导。

参考建议

▲ 保护孩子的好奇心，和他一起"破坏"

好奇心是孩子学习知识的动力，父母不能因为孩子破坏了玩具就扼杀他的好奇心。孩子想要拆玩具时，父母可以跟他一起"破坏"，协助他拆玩具，并重新组装好,在这个过程中告诉孩子一些相关知识,这样有效保证玩具完好无损,也保护了孩子的好奇心。

▲ 给孩子有限的玩具和生活用品

即使家里经济条件富裕,给孩子的玩具和生活用品依然应该是有限的,而且在他破坏或丢弃后也不要及时购买新的,他品尝到没有玩具或某种物品的感觉后,才能懂得珍惜,不至于再次随便搞破坏。

▲ 教孩子正确表达不满情绪

如果父母习惯用破坏东西来发泄情绪,那一定要学会控制自己,因为孩子会模仿。毕竟物品是供我们使用的,不是我们发泄情绪的工具。

发现孩子在通过破坏物品发泄自己的负面情绪时,要告诉孩子有不满情绪很正常,同时教孩子用正确的方式来表达这种情绪,如向父母或者朋友诉说,或者痛哭一场,或者听听舒缓的音乐,或者安静地独处一会儿,等等。

▲ 让孩子为自己的破坏行为负责

孩子不断搞破坏有时候是因为父母会为他们"善后",如,他们把超市里摆放整齐的物品推倒后,父母会一面责骂一面赶紧收拾整齐;再如,他们负气把衣服剪破后,父母也在责骂后会买来一件新的……,父母要让孩子为自己的破坏行为负责,如让他自己整理好在超市推倒的物品,让他自己缝剪破的衣服。

42. 孩子疯狂地追星怎么办?

小雪最近迷恋上韩国歌曲,对一位韩国歌手更是喜欢得不得了,不仅在MP3里存满了他的歌,还买了许多他的海报,贴在卧室墙上和门上,甚至连生活用品上都是那位歌手的照片。

可是这段时间小雪的学习成绩却直线下降,班主任老师找到了小雪的妈妈反映情况。

老师说:"小雪之前学习挺认真的,可是最近不知道为什么,上课经常走神,下课也不主动问老师问题了,总和几个同学讨论着一个人,好像是一个唱歌的。她现在的学习状态很不好,在学校我可以多说说她,在家就要靠您了。"

妈妈无奈地说:"这孩子最近老是听一个韩国人的歌儿,我说她也没用。有一次因为我动了那个人的海报,她还跟我急了。"

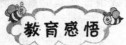

教育感悟

崇拜是人类的一种正常心理需要。人们在心理上都会崇拜那些具有迷人魅力、近乎完美的人。通过崇拜形成正确的价值观，让自己奋发上进，获得战胜困难的勇气和力量。

孩子追星正是源于这种心理需求。适当的追星对孩子是有好处的，可以缓解孩子的压力，让生活更有乐趣，同时也会起到一定的正面教育作用。

然而追星行为逐渐变得疯狂的时候，就会产生不良影响。就像小雪那样，过度地追星影响到她的学习。还会影响家庭的和谐，孩子把那个与他的实际生活没有太大关系的明星看得比谁都重要，很可能在不经意间就伤害到父母的心。更有甚者，一些孩子因为追星而选择极端的方式，给家庭带来了永久的伤害。

孩子的思想还不成熟，追星可能让孩子形成错误的人生观和价值观，比如穿奇装异服，追求外表的华丽，等等。这些东西在孩子真正遇到困难的时候不能给予他任何帮助，还有可能让孩子走入歧途，从而影响他的一生。

参考建议

▲ 给孩子讲自己小时候追星的故事

其实父母小时候也会有自己崇拜的明星，完全可以跟孩子讲自己小时候追星的事情。父母毕竟是过来人，在这方面的感受会更深刻、更全面，也会给孩子更好的建议。更重要的是，父母用自己追星的故事来和孩子交流，会使孩子感到亲切，从而容易听从父母的教导。

▲ 寻求老师的帮助

孩子追星往往是受到周围人的影响，特别是在学校，喜欢哪位明星经常是同学之间的话题。说到某位明星孩子不知道时，他会受到其他同学的嘲笑。在这种氛围下孩子就会不知不觉关注某位明星，发展成追星。所以，父母可以与老师多沟通，让老师也想办法，比如开主题班会，让孩子讨论对追星的看法，使孩子对自己的行为有更清醒的认识。再加上父母的教导，追星行为就不会过于疯狂了。

▲ 告诉孩子崇拜明星要理性

许多孩子对明星的崇拜是盲目的。你要是问他为什么崇拜这个明星，相信得到最多的回答就是："喜欢呗！"正是这种无理由、无目的的崇拜，更容易变成疯狂地追星。所以,父母要告诉孩子:崇拜一个明星必须要知道为什么崇拜他,也要分清他哪些地方做得好,哪些地方做得有问题。有了理性认识,追星就不会疯狂了。

▲ 向孩子推荐一些"明星"

父母还可以让孩子多接触一些学识渊博,在某一领域内有所建树的人,或历史上的名人,或当今对社会、国家做了突出贡献的人,如袁隆平、钱学森等。如果孩子能够崇拜这样的明星,从这些人的身上学到许多对他的成长有帮助的东西,也就不会疯狂地追逐那些"肤浅"的明星了。

43. 孩子在公共场所乱跑怎么办?

4岁的小男孩李兵非常好动,爸爸妈妈非常不愿意带他去公共场合,因为他总是到处乱跑。

有一天,妈妈一个人带李兵去超市,妈妈挑选商品的时候,李兵还在身边,可是挑选完后一看,李兵已经不知道去了哪里。妈妈着急地喊着"李兵"到处寻找,后来有个超市服务人员说:"玩具柜台那里有个男孩,你赶紧去看看是不是。"妈妈跑到那里一看,果然是李兵,妈妈长出一口气。

还有一次,爸爸妈妈带李兵去逛庙会,逛庙会的人真可以用人山人海形容。刚开始爸爸妈妈一直拉着他的手,后来不由自主松开了。当爸爸妈妈注意到的时候,李兵已经不在身边了。爸爸妈妈赶紧四处张望,还好李兵没能跑多远,就在临近的小摊上看摊主捏面人。

有过几次经历,爸爸妈妈再带李兵去公共场所就非常打怵,他总是在公共场所乱跑而不紧跟着爸爸妈妈该怎么办呢?

教育感悟

父母免不了要带孩子到公共场所如购物中心、超市、公园去,也会乘坐公共交通设施,带孩子去公共场所,对孩子来说有益处,因为那里或者物品多,可以满足孩子的好奇心,让他见多识广;或者地方大,可以供孩子自由玩耍。但是,带孩子到公共场所也有一些安全隐患。

首先,公共场所容易传染疾病,尤其是婴幼儿。

其次,公共场所会有一些旋转门、玻璃门、栏杆、尖角等,大多数公园都有水池、小湖，孩子如果乱跑、乱动，就可能受伤害，如夹住手指，磕破身体某部位，不慎落水等。

再次，公共场所也会有一些心怀叵测的人，如果孩子乱跑，可能被这些人盯住，出现拐带孩子的情况。我们常常在一些大型公共场所、娱乐场所听到"广播找人"的声音，而被寻找者大多是孩子。

列举这些安全隐患，是要让父母明白带孩子到公共场所不能掉以轻心，父母不仅要注意不让孩子离开自己的视线，还要想办法让孩子不乱跑。

参考建议

▲ 和孩子约定公共场所应遵守的规则

对于4岁左右的孩子，父母可以开始约定在公共场所应遵守的规则，如不能大声喧哗、不能乱扔垃圾等，尤其要强调不能乱跑乱闹。每次带孩子去公共场所之前一定要跟他重复一遍这些规则，因为孩子小，只有多次重复的规则才能真正被他接受。

▲ 监督并及时表扬孩子

孩子的自控能力比较弱，一看到自己感兴趣的东西，难免会将约定忘至一旁。所以，父母还要监督他，提醒他遵守约定。如果孩子遵守了约定，一定要及时表扬他，这能起到强化约定的作用。

▲ 告诉孩子，看到新鲜好玩的东西请叫我

父母和孩子关注点和感兴趣的内容不同，如果孩子感兴趣的不让他看，不让他动，他可能会哭闹或者不愿意再去公共场所，或者趁父母不注意自己跑去看。所以，父母在公共场所也要关注孩子感兴趣的内容，告诉孩子："看到新鲜好玩的东西请叫我。"这样孩子既看到了自己感兴趣的东西，也不会乱跑了。

▲ 必要时批评孩子并让他反省

有些孩子个性非常强，父母多次重复不能乱跑可能都不起作用。为了孩子的安全，父母要让他认识到问题的严重性，并带他到比较偏或静的地方，让他反省3分钟。然后重申规矩。如此反复才能让孩子意识到"在公共场所不能乱跑"这个规矩是必须遵守的。

44. 孩子满口脏话怎么办？

琪琪5岁了，是一个活泼可爱的小女孩儿，谁见了都会夸她几句。可是有

一天琪琪冲着妈妈嚷了一句,却让家里人十分吃惊。

那天吃过晚饭,妈妈从冰箱里拿出切好的西瓜,准备一会儿给家里人吃。琪琪看到了,拿起一块儿就往嘴里塞,妈妈赶忙阻止道:"琪琪,瓜太凉了,放一会儿再吃。"没想到琪琪张口就冲妈妈嚷道:"你这个混蛋! 你这个大混蛋! 不让我吃东西。"

妈妈愣了一下,马上生气地说:"琪琪怎么说话呢! 怎么能这样说妈妈! 是谁教你的?"

琪琪被妈妈突然地发火吓了一跳,委屈地说:"电视里就是这么说的。"

日常生活中,父母经常会发现孩子突然冒出一两句脏话来,对此很多父母会感到很疑惑:他这些话都是从哪里学来的呢?

其实,孩子都会经历一段特殊的时期,在这个时期内,孩子对语言表现得异常敏感,感知到语言是可以表达一定意思的,而脏话往往也从孩子的嘴里说出来。这是孩子学习语言过程中的一部分。

然而从孩子的口中听到脏话总归让人不舒服。特别是如果孩子把脏话当成了口头禅,会让人产生厌恶之感,不仅觉得这个孩子不懂礼貌,也会觉得孩子的父母素质不高。

有的时候孩子说脏话是因为要发泄心中不满的情绪。比如自己的愿望没有实现,或者是与同学吵架吃了亏等。这种情况要引起父母的高度关注了,因为此时孩子已经知道了脏话有这样的"功能",即让他讨厌的人生气,而使自己的心里好受,也就是说孩子开始有意识地说脏话了。

为了使孩子成为他人眼中有教养的人,父母一定要尽早改掉他说脏话的习惯。

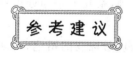

▲ 告诉孩子,说脏话的孩子是坏孩子

孩子的是非观念虽然还不是很强,但是已经知道应该做一个好孩子而不能做坏孩子,父母可以利用孩子的这种心理特点,告诉他说脏话不是好孩子。孩子往往很看重"好孩子"这个称呼,听到父母的教导,他就不会再说了。

▲ 注意自己日常的语言

孩子不可能生下来就会说脏话,一开始他也不会意识到自己说的是不文明的话。导致孩子学会说脏话，并逐渐成为习惯的往往就是父母的不文明行为。父母可能随口说脏话，甚至把它当口头用语说出来。孩子听到父母总是重复着说某个词时，他就很自然地学会了。因此父母应该刻意改正一下自己的这些习惯，不要让这些不文明的语言污染了孩子纯洁的心灵。

▲ 孩子说脏话，就给他一张"冷面孔"

早期时候孩子是不知道他说的是脏话的，更不知道这么说是不对的。之所以说脏话是因为他觉得这么说有意思，特别是在看到自己说这些话时，父母的反应很强烈，孩子觉得这些话是有"魔力"的，他会觉得这么说很好玩儿，所以越不让他说，他反而说得越多。这时最好的处理方法是不要理睬他，孩子看到说出脏话后父母没有什么反应，他就会觉得很无趣，也就不会再说了。

▲ 注意孩子周围的语言环境

孩子说脏话一定是通过某种渠道学来的。如果家中没有人说脏话，父母就一定要弄清楚孩子是从哪里学来的，从根源上入手，帮助孩子改掉说脏话的坏习惯。

比如，现在的许多影视剧中，为了突出角色的性格特点，经常有一些脏话的台词，孩子很可能就会学着说起来。父母应该为孩子选择那些适合的节目观看，让孩子多接触美好的语言。

45. 孩子胡乱花钱怎么办？

过春节了，7岁的孙一楠和爸爸妈妈都很高兴。走亲访友几天之后，孙一楠的口袋里就有了2000块钱的压岁钱。爸爸妈妈每天忙，暂时也没问孙一楠准备如何使用这些压岁钱。过了几天，他们惊奇地发现家里多出了很多东西。

看一看家里的沙发上，摆了几本动画片主题的贴画，茶几上是随处可见的零食：QQ糖、薯片、薯条、腰果、榛子、山楂卷……

看一看孙一楠的房间，书桌上摆了各式各样的文具，带橡皮的铅笔、自动铅笔；各种花色的橡皮好几块，不同的钻笔刀也有三四个。孙一楠的头发很短，她的床上却摆着一些头花和价格不便宜的卡子……

妈妈问她："楠楠，你这些东西都是哪来的？"孙一楠回答："我用自己的压岁钱买的啊！"妈妈让她拿出自己的压岁钱数了数，竟然剩下不到1000块钱。

妈妈质问她："你怎么能胡乱花钱呢？"孙一楠很有理地反问："这是我的压岁钱，为什么不能自己花呢？"妈妈张嘴想说什么却没说出来，只是心里嘀咕：

"这孩子胡乱花钱可怎么办呢?"

教育感悟

现在的孩子,除了婴幼儿之外,手里都会有一些压岁钱、零花钱等。孩子如何看待这些钱,以及如何使用这些钱呢? 有人做了一个调查,很多孩子都认为"钱就是用来花的,有了钱就应该花掉",常常是"想要什么东西时就去购买",并且"喜欢购买广告上的商品"、"进商店时,总是把身上的钱都花光"。在这些想法的支配下,九成以上的孩子都存在胡乱花钱的行为。

其实,孩子之所以胡乱花钱,跟父母有很大关系。孩子小,他的很多行为都是模仿父母的。如果父母在花钱时没有规划,常常买一些不必要的物品,孩子耳濡目染,也就认为一时想要就可以购买,买完了扔着不用、不穿也没有关系。另外,有些人家中比较富裕,父母在花钱时没有节制,孩子自然也没有不该乱花钱的概念。

以上两种情况是父母对孩子的无意识影响,另外一种情况是父母间接引导,有些父母工作或生意忙,没有时间陪孩子,就用金钱来弥补。既不在量上限制孩子,也不在使用方式上监督孩子,导致孩子胡乱花钱。

要纠正孩子这种习惯,父母首先要反省自己是否有胡乱花钱的行为,其次要想有效的方法引导孩子理性消费。

参考建议

▲ 父母带孩子去理性购物

所谓理性购物,就是购物不盲目、不冲动、不随意。去超市、商场之前,父母和孩子一起先列出清单,仔细考虑这些物品是否必须购买。购买必需的物品时,最好能货比三家,选到价廉物美的东西。这样相信孩子在购物时也会比较理性。

▲ 让孩子体验管理家庭财政

孩子每天只看到爸爸妈妈去上班挣钱,就以为爸爸妈妈很有钱,没钱就向父母要,有钱就乱花,他们不知道家中的钱还要用于正常的开支。所以,父母可以让大一些的孩子尝试着管理家庭财政,如告诉孩子当月的家庭收入,除去必需的水电燃气等费用,必需的家庭存款额度,剩余的是当月的生活支出,这部分钱让孩子管理、支配。也许这个月会超额支出,但通过管理财政,孩子明白钱是不能乱花的。

▲ 给孩子零花钱要有限度

有些父母给孩子零花钱没有规律，只要孩子要就给，这是不对的，会助长孩子乱花钱的不良习惯。父母可以每周或者每月给孩子一定量的零花钱，让孩子自由支配。即使提前用完，也不能再给，这样孩子才能学会控制花钱。另外，可以让孩子将何时以及为何使用零花钱记录下来，方便父母检查是否乱花钱了。

▲ 送孩子一个存钱罐作为礼物

在孩子生日时送他一个存钱罐作为礼物，告诉孩子将用不完的零花钱存在里面，当存钱罐满了并凑够一定数量的时候就在银行开一个户头。有自己的存款是孩子向往的事情，所以孩子会减少乱花钱的行为。

46. 孩子没有自制力怎么办？

娜娜特别喜欢看书，这本来是一件好事，可是妈妈却为了此事发愁。

原来娜娜经常躺着看书。妈妈因此说过她好几次，每次娜娜坐起来看一会儿，没过多久就又躺下了。

有一天，妈妈批评她说："跟你说过多少次了，不要躺着看书，这样对你的眼睛不好。快坐起来！"

"我看见床就想躺下。"娜娜说道。

"那你就不要在卧室看书了，到客厅去看。"妈妈命令道。

娜娜拿着书来到客厅，起初还能端坐着看书，可是过了一会儿，她又在沙发上躺下了。

教育感悟

娜娜的行为就是缺乏自制力的表现。孩子缺乏自制力还体现在很多方面，比如看起电视来没完没了，不停地吃零食，写作业注意力不集中，等等。

这些行为都会对他的健康成长产生不好的影响，无节制地看电视可能会损伤视力，也会占掉大量的时间，使他不能专心学习；总是吃零食会影响他正常的饮食，也可能因为营养过剩而变成一个"小胖子"；写作业时精力不集中会直接影响到孩子的学习。

孩子自制力差有一定的生理原因，可能是神经系统还没有发育健全，但最主要的原因是父母没有能够及时培养孩子的自制力。

很多父母对自己的孩子疼爱有加,不能看到孩子吃一点儿苦。结果,孩子想吃零食就给他买很多,想看电视就全家陪着他看。在这么优越的环境中成长起来的孩子,几乎没有机会锻炼自己,又怎么能有很强的自制力呢?

所以,父母不要一味地娇惯孩子,应该有意识地培养孩子的自制力。

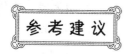

▲ 先帮助孩子"制",再让他"自制"

既然孩子做不到"自制",父母就可以先来帮助他"制一制"。采取引导、督促、鼓励的方式让孩子知道节制自己的行为,当他做得很好时给予他精神上的奖励,如果孩子没有控制住自己的行为,父母可以根据他的性格特点,适当惩罚他一下或者是鼓励他继续努力。这样循序渐进地培养,试着让他自己控制自己的行为了。

▲ 为孩子制订一些具体的规矩

自制力可以慢慢地培养。一个方法是为孩子订一些具体的规矩,当然要遵循循序渐进的原则,不可操之过急。比如孩子爱看电视,并且无法管住自己,可以从两方面制订具体规矩,一个是作业完成到一定水平才可以看电视,另一个是规定看电视的时间,有了这些规矩,孩子可以看到努力的方向,有利于他集中注意力做事情,也能培养自制力。

▲ 减少对孩子不利的干扰

有些孩子自制力差是因为总是被什么东西诱惑着,比如写作业时总是分神,在于周围有太多诱惑他的东西:玩具、漫画等,都在"考验"着孩子的自制力。要让孩子在这样的环境中做到集中注意力就太难了。应该减少这些不利的干扰因素。

▲ 让孩子有意识地再坚持一会儿

许多孩子缺乏自制力,行为表现得很散漫。明明知道看书的时候不能有小动作,可是就是因为自制力差,坚持不住。父母可以在孩子读书又开始走神的时候,提醒他再坚持一下,对孩子说:"集中注意力!看这次能坚持多长时间。"孩子能够逐渐延长这段时间,就表明自制力在慢慢提高。

47. 孩子特别爱争强好胜怎么办?

4岁的王子墨是一个非常爱争强好胜的男孩。在幼儿园里,吃饭要第一个吃，洗手要第一个洗，坐板凳要坐最漂亮的……否则就大哭大闹。老师很头疼，跟他的妈妈说过很多次了。

不仅如此，王子墨在小区里和小朋友玩的时候也处处争第一。一天傍晚，他们在王子墨奶奶的带领下玩"摸摸这摸摸那"的游戏，即按照指令，摸完某样东西再跑回来。王子墨起跑得慢了，落在后面，他就不玩了，开始大哭。奶奶过来搂着他说："一个男子汉还这么爱哭，跑不了第一你得争第一啊，哭有什么用啊？"王子墨还是大哭不止，奶奶就牵着他回家了。

对于王子墨的争强好胜，奶奶认为没什么，她的孙子就一定要争取成为最优秀的，但妈妈却有些焦虑，孩子总这样争强好胜，他内心就得不到真正的快乐，可一时也没有更好的解决办法。

教育感悟

现在社会竞争激烈，父母就希望孩子能够立于不败之地。怎样才能做到这一点？很多父母就在孩子很小的时候培养他的竞争意识，让他事事努力争第一。父母对孩子有希望无可非议，但这种做法却值得商榷。

孩子自两三岁开始有了自我意识，会本能地希望自己足够强大，做好所有的事情，父母这时再刻意灌输争第一的概念，孩子就会变得更加争强好胜。争强好胜虽然能增加孩子做事的动力，但是，时时处处都争第一是不现实的。"山外有山，人外有人"，对孩子来说，争得第一固然高兴，但是，争不到第一，他会因挫败感而极度痛苦。另外，孩子也很少能体会到游戏本身的乐趣，因为只关注最后的结果，这对于孩子的成长也是非常不利的。

很多事实都表明，过于争强好胜的孩子比较孤傲，目中无人，情感也非常脆弱，很容易走极端。相信每一位父母都不希望自己的孩子是这样的。

所以，父母要保持一颗平常心，既鼓励孩子的上进心，也要想办法让孩子坦然面对其他孩子的优秀之处。

参考建议

▲ 引导孩子正确评价自己

现在人们主张赏识教育，父母对孩子多有夸奖、表扬，容易让孩子觉得自己最好，别人都没有他优秀，从而不能接受别的孩子某个方面比自己优秀。

父母要引导他正确评价自己，即当孩子表现突出时，告诉他这是他的长处，当他暴露出弱点后，也让他认识到自己的不足之处。父母还可以现身说法，告

诉孩子自己的强项和弱项等。

▲ **让孩子少参与不必要的比赛**

三四岁的孩子在一起玩,有时候父母也会参与其中,组织孩子玩一些有比赛性质的游戏,如"看谁第一个骑到那条白线那里"、"看谁第一个跑到楼门口"等,这些比赛性质的游戏都会促使孩子争强好胜,父母要有意识地减少孩子参与不必要的比赛。孩子们在一起玩就让他们自由玩耍,或玩一些真正有乐趣的游戏,如老鹰抓小鸡等。

▲ **将"你最棒"换成"你真棒"**

"你最棒"和"你真棒"虽然只一字之差,但含义却有很大差别,"你最棒"包含着孩子比其他人都强的意思,而"你真棒"则是针对孩子将某件事做得很好。对于孩子,父母称赞最好用"你真棒"而不是"你最棒",这样既能让孩子感受到来自父母的肯定,也能避免孩子认为自己比其他人都强而目中无人。

▲ **让孩子明白"胜败乃兵家常事"**

父母都明白"胜败乃兵家常事"的道理,并常用它来进行自我安慰,但争强好胜的孩子不明白,他的世界里只有"胜"而没有"败",所以,父母要将这种道理告诉孩子,如父母在和孩子玩游戏或下棋的时候,不要总是输,并为孩子的赢感到高兴,而要既有输又有赢,赢了自然高兴,输了就说一声"胜败乃兵家常事",向孩子示范如何面对输赢。重复次数多了,孩子自然会接受这个观点。

48. 孩子偷拿人家东西怎么办?

东东今天的行为有些怪异,回到家后就一个人躲在自己的房间,也不吵着看电视了。而且,妈妈发现今天他的书包有些沉。也不知道他在搞什么名堂,问他也不说。

妈妈终于忍不住推开房门,只见东东手里捧着一本非常精致的恐龙画册,正在津津有味地看着。那本画册就是上次东东要买的那本,但是自己没有同意。没想到他现在看上了。

"东东,跟妈妈说,这本书是哪里来的?"妈妈有点严肃地问道。

东东因为看得太投入,直到这时才注意到妈妈进来了。看到已经瞒不住了,东东低下头小声地说:"这是同桌的,放学时我偷偷地放在了自己的书包里。"

妈妈听到后十分生气,赶紧打电话给那位同学的家长,说明情况,并让东东主动将书还了回去，向人家道了歉。

教育感悟

孩子如果有偷拿别人东西的行为，父母就一定要注意了，这种行为是很危险的，将来很有可能会把孩子引向犯罪的道路。

孩子偷拿别人的东西如果用"偷盗"来形容可能严重了。因为孩子并不是有意识地想通过这种方式来损害他人的利益。他可能只是对那件东西感兴趣，拿来玩儿，结果玩儿得太投入，忘记放回去。当然也不排除孩子舍不得放回去，而将东西拿回来。

虽然孩子不是有意识地偷盗，但是物质对人的吸引力是巨大的，一个孩子偶尔一次偷拿别人的东西，而没发生什么问题，那么再次看到他想要的东西时，还会用同样的方式来满足自己的欲望。多次之后，就会走向犯罪的深渊。

所以父母一定要对孩子偷拿东西的行为重视再重视，不能让孩子因为儿时的一次偷拿行为毁了他的一生。

参考建议

▲ 让孩子主动还回偷拿的东西

一旦发现孩子偷着拿别人的东西了，最好的处理方式就是让孩子主动将物品还给人家，并向人家道歉。千万不可觉得这样做没面子，否则会纵容孩子的这种行为。当然，父母也要注意孩子的自尊心和脸面，在孩子主动还回去之后，适当地表扬他，但是要严肃地告诉他绝不可以再偷拿别人东西。

▲ 严厉批评孩子的行为

父母对待孩子偷拿东西的行为绝不能心软。现在人们通常都强调用温和的方式来教育子女，但是对于孩子的有些行为采用严厉的教育方式更有好处。父母应该用严厉的态度告诉孩子，偷拿东西的事情是绝对不可以做的。他做出这样的事会让爸爸妈妈很不高兴，并且非常失望。甚至可以适度地打孩子几下，让孩子深刻地记住，绝不能再有这样的行为。

▲ 给孩子讲偷拿东西的严重后果

孩子可能还不明白犯罪、判刑一类词的意思，父母可以用孩子能够理解的语言告诉孩子，偷拿别人东西的后果是很严重的。在讲这些后果时，可以讲得适当夸张一些，告诉他："你偷偷拿了别人的东西，人家要是发现了，就不会再相信你，也不会再跟你玩了，而且人家还会笑话你，就连爸爸妈妈都会被人家笑

话。"孩子知道偷拿东西的后果很严重，就心有余悸，不这样做了。

▲ 考虑给孩子买一些东西

如果孩子偷拿的东西是他非常想要的，父母可以考虑实际情况，给孩子买一件，免得他总是惦记着。同时也可以利用这个机会对孩子进行教育，只要是他提出的合理要求，父母可以满足他，但是不要用偷拿的方式来获得。

49. 孩子动手能力差怎么办？

佳琪在幼儿园上大班，老师对佳琪的评价是：能说会道，但动手能力比较弱。对于这点，妈妈有所察觉。

星期一下午，妈妈去接佳琪的时候，佳琪兴高采烈地跑出来，一路上唧唧喳喳不停地跟妈妈说话，她说："今天下午，老师让我们每人讲个故事，我讲了'白雪公主和七个小矮人'的故事。讲完后，老师夸我讲得好，说我讲得什么——嗯，对了，是'绘声绘色'。"听到女儿被老师夸奖，看着女儿兴奋的样子，妈妈也很高兴。

第二天下午，妈妈又去接佳琪回家，佳琪却嘟着小嘴慢吞吞地出来了。妈妈问佳琪："宝贝女儿，你这是怎么了？"佳琪吭哧了一会儿说："今天下午，老师教我们做风车，好多小朋友都做完了，可我怎么都折不好，最后也没做成。"妈妈安慰佳琪的同时，心里也在发愁，怎么才能提高佳琪的动手能力呢？

今天是电子信息时代、网络时代，父母可以通过电子产品、网络获取优质的资源来教育孩子，如让孩子听光盘上的故事，听手机上的儿歌，看电脑、电视上的动画片等。据全球知名防毒软件开发商 AVG 公司的研究人员调查，在 11 个国家的 2200 名 2 岁至 5 岁的幼儿中，有 73％的孩子知道如何操作鼠标，70％会玩网络电子游戏，23％能用手机打电话等。借助电子产品和网络资源教育孩子无疑具有其优势，但同时也导致孩子动手能力差，毕竟动鼠标或者键盘时，孩子对手的使用是非常有限的。

孩子动手能力差，也与父母过于"勤劳"有关系。当孩子生活不能自理的时候，父母给予照料，是责任和义务，但是，随着孩子渐渐长大，很多父母并没有减少对孩子的照料，依然包办代替，这相对就减少了孩子动手做事的机会。几十年前，著名儿童教育家陈鹤琴就说："做母亲的最好只有一只手。"这话在今天仍然具有警醒意义。

父母都希望孩子聪明好学，多动手是促使孩子变得更加聪明的有效手段，因为手的运动能推动大脑更好地发育，所以，父母要重视孩子的动手能力，想办法让孩子多动手。

参考建议

▲ 让孩子动手做自己的事情

在孩子的生活中，有很多能锻炼动手能力的事情，如穿脱衣服、系扣子、系鞋带、整理自己的书包等，让孩子自己做这些事情，就能锻炼他的动手能力。孩子刚开始做的时候，可能会比较慢，也可能因为做不好而发脾气，这时，父母要耐心一些，给予指导或者提供有限的帮助，让他完成整件事。慢慢地，孩子就会熟练起来。

▲ 给孩子提供需要动手的玩具

孩子的成长离不开玩具，如今的玩具市场上真是无所不有，声光电的、机械的、电动的、积木类的、拼插类的……父母可以多买一些需要动手的玩具，如拼插类的、橡皮泥、积木等，还可以买一些价钱便宜的玩具，鼓励孩子拆卸，孩子在玩和拆卸的过程中，手会越来越灵活。

▲ 和孩子一起做手工

晚饭之后，父母可以和孩子一起做手工，用纸折一只小船、一件衣服、一只千纸鹤、一把茶壶等，用泥捏一个小人、小桌子、小椅子等，用剪刀剪出漂亮的花朵……做手工的过程，既是孩子动手的过程，也是融洽亲子关系的过程，何乐而不为呢？

▲ 鼓励孩子自制玩具

贫穷年代过来的人们，对童年自己手工制作的玩具往往津津乐道。受当时的条件所限，很多玩具都是他们自己制作的，一把笨拙的木头枪、一个缝得皱皱巴巴的娃娃、一只花布拼凑的沙包等，这些玩具因为是自己制作的，包含着感情，不仅玩得长久，而且非常爱惜。今天，父母也可以鼓励孩子自己做玩具，如用废旧鞋盒做小拖车、用废布条做抛抛伞等，孩子动了手，父母省了钱，废物得到利用，真是一举多得。

50. 孩子当着客人面缠着父母玩怎么办？

李阿姨来到晴晴家做客，晴晴的妈妈沏好了茶，和李阿姨开心地聊着天。

这时，晴晴跑了过来，非要让妈妈陪着她玩儿电脑游戏。妈妈劝道："妈妈要陪李阿姨，晴晴先去自己玩儿，好不好？"

"不好！那个游戏是两个人玩儿的，我就要你陪我玩儿。"晴晴依然缠着妈妈。

"那你先去玩儿一个别的游戏，听话啊，要不李阿姨都会觉得你不懂事了。"妈妈继续劝导着。

"我就想玩儿这个，我就想玩儿这个！"晴晴开始闹起小情绪来。

妈妈也有些生气了，冲着晴晴嚷道："你怎么这么不听话啊！回你自己房间去！"

听到妈妈的训斥，晴晴哭着走开了。李阿姨也显得很尴尬。

家里来客人的时候，最让父母心烦的就是被孩子缠着，无法安心陪客人。批评他吧，当着客人的面儿不礼貌；不管他的话，又会影响与客人的交谈，孩子的纠缠是令父母左右为难啊！

孩子的这种行为也让客人感到为难，想跟主人交谈，可是孩子总在旁边捣乱；管教孩子吧也不妥。所以，客人只能坐在一旁等着孩子的父母进行教导。如果赶上客人有重要的事情要跟主人谈，孩子的行为还会造成更加不好的影响。

孩子之所以在客人面前敢缠着父母玩儿，有可能是因为孩子看到父母当着客人的面不会对自己发脾气，于是更加纠缠；或者客人为了缓和气氛，经常会说一些纵容孩子的话，比如"对，让你妈带你去游乐场玩儿，给你买好吃的。"

面对这些情况，父母一定要清醒地认识到，孩子这么做是没有礼貌的，长此以往会使孩子变得不懂事，养成任性的坏毛病。所以，父母应该采取一些措施，教育孩子不要在客人面前缠着自己。

参考建议

▲ 将孩子的注意力转移到客人身上

当孩子缠着父母时，父母劝说都没有效果，可能是因为这样做反而把孩子把注意力都吸引到父母自己的身上。跟父母撒娇、耍赖，对于孩子来说是再正常不过的事情了。而这时如果父母将孩子的注意力转移到客人的身上，比如对孩子说："你还没给客人倒水呢！"孩子就会意识到旁边还有客人，可能就不好意思再缠着父母了。

▲ 加强对孩子待客礼仪的教育

学会如何招待客人是孩子必须要懂得的一项基本礼仪。父母应该在日常生活中多多培养孩子这方面的素质。客人来了要主动问好，请客人到屋里坐，给客人倒水，不能在客人面前吵闹，等等。当孩子将这些待客之道变成自己的习惯时，就不会当着客人的面缠着父母了。

▲ 客人走后要及时教育孩子

当着客人的面训斥孩子是不礼貌的，可以等到客人走后，趁着孩子对这件事的记忆还比较深刻，教育他以后不要这么做。教育时可以又软又硬，"硬"的是用严厉的态度告诉孩子，这样做是不对的，不礼貌的，今后一定不能再这么做了；"软"的是，跟孩子讲道理，对他说："你在玩儿的时候希望被打扰吗？大人之间谈话也不希望被打搅。你看今天那位客人看着你老缠着我，都有些不高兴了。所以你今后在客人面前不可以再缠着爸爸妈妈了。"这样，孩子就会改掉在客人面前缠着父母的毛病了。

▲ 带孩子去做客

孩子在家里要随便得多，没有太多顾忌，所以会缠着父母，即使是有客人在场的情况下。而在一个陌生的环境里情况就会不一样，他往往会表现得很乖巧。所以，父母不妨带孩子去别人家做客，孩子若是表现得很好，父母就可以趁机对孩子说："今天表现得真好！你看，妈妈和那位阿姨聊天，你自己在一边玩，这样不是很好嘛！以后你在家要是能这样就更好了。"对孩子是一种表扬和鼓励，孩子以后也就不会再当着客人的面纠缠父母了。

51. 孩子趁客人在提出不合理要求怎么办？

6岁的小男孩星星家里，爸爸妈妈正在发愁，原因是妈妈的几个大学同学第二天要来家里做客。这本是好事,发愁是因为星星总是趁客人在的时候向他们提一些要求,如果不答应,他就哭闹,如果答应,他的要求又不合理,所以常常弄得很尴尬。

两个星期之前,爸爸的一个远亲到他们所住的城市来出差,顺便来看他们。准备吃午饭的时候,星星突然对爸爸说:"爸爸,明天你给我买那把我喜欢的枪吧。"爸爸装糊涂:"哪一把啊?我不记得了,改天再说吧。"星星不放弃:"就是在商场看的啊,你想想。"爸爸只好说:"那把枪太贵了,我考虑考虑。"星星揪着爸爸胳膊:"不行,就要买,就要买。"说着就要哭,爸爸赶忙说:"好,好,明天去买。"得到满足的星星乖乖吃饭了。

这样的事情在星星家发生过好几次了,所以,他们唯恐明天客人来了星星又提要求,可是如果让爸爸把星星带出去,妈妈一个人招待客人又忙活不过来,真是为难!

教育感悟

很多父母都有这样的体会,和孩子是在斗智斗勇中相处的。父母必然会经常跟孩子说"不",孩子面对这些"不"也会动脑筋,如何让父母的"不"变成"好"。多次观察中,孩子能感觉到父母在平时和有客人来时对待他的态度是不一致的,父母比较在乎面子,会照顾客人的感受,所以,孩子就把平时会得到"不"的要求移到客人来时再提。

这种做法是对父母感受的一种绑架,是对父母的要挟。如果在父母这里获得了多次成功,孩子甚至可能将这种方法用于其他人身上。所以,父母如果发现孩子刻意趁客人在提出不合理要求,就一定要想办法纠正。

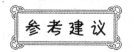

参考建议

▲ 让孩子明白:不能满足的要求,何时都不会满足

孩子趁客人在的时候提要求,说明他吃准了父母在乎面子的心理,对此,父母一定要用事实让孩子明白:不能满足的要求,何时都不会满足。父母要温和而坚定地说"不",并再次说出不能答应的理由。

如果孩子哭闹,父母可以先向客人道歉,然后由其中一方将孩子带离客人面前。如果来客是非常熟悉的朋友,父母还可以提前说明情况并道歉,这样孩子在提要求并哭闹时,客人也不会觉得意外。父母这样做,孩子就会知道趁客人在提不合理要求是行不通的。

另外，在客人面前拒绝孩子后，孩子如果哭闹也不要叱责、打骂，否则会伤他自尊，要把孩子抱到另外一个房间，耐心开导劝说。

▲ 提前约定满足要求的条件

小玉已经两次趁客人在跟妈妈提要求了，一次是要去吃肯德基，一次是要买公主裙，妈妈无奈都答应了，但心里也不舒服。有一天跟同事说起这件事时，同事教了她一个办法。妈妈回家跟小玉约定："每星期帮家里做7件事，可以提一个要求。"

又一天，家里来客人了，小玉又跟妈妈说："妈妈，明天给我买有史努比的铅笔盒吧。"妈妈反问她："你这星期帮家里做了几件事了呢？"小玉什么也没说，转身就离开了。

随着孩子年龄和见识的增长，他们的要求会越来越多。对于这些要求，父母觉得合理的就及时满足，别逼着孩子非要以客人为挡箭牌；同时也可以像小玉的妈妈一样，跟孩子提前有个约定，有效避免客人和自己的尴尬。

▲ 告诉孩子要懂得尊重客人

父母要告诉孩子：尊重客人，考虑客人的感受，不能在客人面前吵闹，父母和客人交谈的时候不能随意打断等。只是说出来，对孩子来说还是很抽象的，当客人到来后要告诉孩子具体怎么做，当客人夸赞孩子"懂礼貌"时，孩子也就不好意思再"要挟"父母并哭闹了。

52. 孩子向客人乱要东西怎么办？

贝贝是一个聪明可爱的孩子，很招人喜爱。来到贝贝家做客的客人经常会给他买一些东西，有吃的，有玩具。

可是最近父母却注意到：有客人来了，贝贝马上会跑过去问："给我带什么好东西了？"让客人感到很是尴尬，贝贝的父母也很不好意思。

有一次，一位叔叔来到家里做客，贝贝一眼就看见了那位叔叔西服上别着的一个小装饰品，亮晶晶的非常好看。于是指着那个小装饰物喊道："叔叔！我要这个！我要这个！"

妈妈赶忙制止道："贝贝！不许乱要东西！"那位叔叔也有些尴尬，但还是把那个饰物摘下来给了贝贝……

孩子伸手向客人要东西确实是一个很不好的习惯,不仅会使客人不知所措,也会影响客人对孩子以及孩子父母的印象。更严重的是,可能使他变得看重物质,形成错误的价值观。

孩子一开始可能是因为不懂事,看到一件好玩儿的东西就开口向客人索取,这时有些父母不但没有阻止,还有些得意地说道:"这么小就知道东西是好的了!"这么做会使孩子不懂事的行为变成故意的行为。

一些客人的做法也会让孩子养成索要东西的坏习惯。就像贝贝那样,家里来的客人多,每个人都给他准备礼物,一个客人没有带礼物时,反而让贝贝觉得很不习惯。同时他也会认为向客人要东西是很正常的事情,自然看到喜欢的东西就伸手去要了。

参考建议

▲ 教育孩子别人的东西不能乱要

孩子可能还没有物品归属的概念,看到一个新奇的东西时就想要过来自己玩儿。父母应该不断地向孩子灌输别人的东西是不可以乱动的,也不能够要过来自己拥有。向客人要东西是不礼貌的行为,懂事的孩子,都不会这样做的。有了这样的概念之后,孩子自然就不会向客人乱要东西了。

▲ 告诉客人不要随便给孩子东西

其实通常情况下孩子对待家里来的客人还是会保持一定距离的,那么,为什么有的孩子还会伸手向客人要东西呢?原因很可能是客人经常给孩子东西,使孩子觉得有客人到家里来,就应该给我些什么。渐渐地养成了孩子要东西的坏毛病。可是客人出于礼貌,总会给主人一些礼物,特别是主人家有孩子的情况下,也会给孩子准备些礼物。父母这时可以主动跟客人说一下,不要特意给孩子东西,防止孩子养成向客人乱要东西的坏习惯。

▲ 让孩子懂得礼尚往来

当孩子接受客人给他的礼物时,父母应该告诉孩子,礼物代表客人对你的关爱,你也应该送给客人一些小礼物,表示对客人的尊敬。让孩子送给客人一些他画的画、做的手工物件。并且告诉孩子,这种互相送礼物是表达情感的方式,绝不是简单的交换。

▲ 事后要严厉教导孩子

孩子如果向客人要东西,父母要及时制止,等客人走后父母应该严厉教导孩子，告诉他刚才的这种事情是不对的，一定不能再做这种事。事情过后马上教导孩子会使他记忆深刻，再加上父母严厉的表情，孩子就会知道不能向客人要东西了。

53. 孩子喜欢打人怎么办？

学校门口，妈妈等着接6岁的坤坤回家，可是同班的孩子都走了还不见坤坤出来，妈妈有些着急。这时，妈妈看见老师领着儿子出来了。一看儿子垂头丧气的样子，妈妈就知道他又闯祸了。

果不其然，老师说："坤坤今天又打人了，不仅把那个男同学推倒在地，还骑在人家身上，如果不是我及时拉开，还不知道会怎么样呢！"妈妈向老师道谢后就带坤坤回家了。

回到家，妈妈跟爸爸说了这件事，爸爸站起拉住坤坤就要打，坤坤大声哭着说："你打，你打，你打我我就打别人。"听到这话，爸爸愣住了，他想："难道坤坤爱打人是从我这里学的？"想了一会儿，他平和地对坤坤说："我以后不打你了，咱有话好好说。你以后也别打别人了，行吗？"坤坤哽咽着说："好。"

教育感悟

打人是一种不良的攻击性行为，但是，即使是天性温和的孩子也可能打人。这是有一定缘由的。总体来看，大致包括以下几种：

第一，幼小的孩子不知道如何解决冲突，如别人抢他的玩具，就会本能地伸手打对方，如果这种方式没有得到父母有效纠正，他就可能一直延续这种方式去解决冲突。

第二，孩子是在模仿中成长的，如果父母之间解决冲突的方式就是互相打斗，或者父母用打的方式对待孩子的错误，孩子也会学习用这种方式来对待其他让他不满意的小朋友或同学。另外有一种模仿对象是电视，现在很多动画片中都有暴力镜头，孩子难免会被濡染得暴力起来。

第三，有些孩子最初与其他小朋友交往时会挨打，如果父母告诉他："他打你，你就打他。"孩子就认为打人这种方式是被允许认可的。父母的纵容、误导会促使孩子"爱"上打人这种行为。

第四，有些孩子打人，是因为内心缺爱，他用打人这种行为来引起父母的注

意。因为父母可能在他很乖的时候忙于其他事而不关注他,只有在他打人闯祸后才跟他有交流、沟通等。

打人终究是一种不良行为,父母一旦发现孩子喜欢打人,一定要理性制止,同时采取积极有效方法来引导孩子正确解决与他人的冲突。

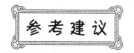

▲ 父母反省,消除孩子的模仿源

和孩子相处时间最长的是父母,所以,在发现孩子喜欢打人后,父母首先要像坤坤的爸爸一样反省,自己首先要改变,以消除模仿源。另外,还要反省孩子所看动画片的内容,如果多以暴力为主,就要引导孩子逐渐远离这个主题,一起看温馨感人的《龙猫》等。

▲ 每天都关注孩子

对孩子,尤其是打人的孩子,父母要每天都给予适度的关注。如问问孩子在幼儿园、学校过得怎么样,聊一聊开心的或者不愉快的事情,和孩子一起做做游戏或者手工等。如果每天都有 30 分钟左右的时间全身心地陪孩子,孩子一定能在情感上得到满足,也就不会通过其他方式,尤其是打人等不良行为方式来获取父母的关注了。

▲ 告诉孩子打人的后果并让他换位思考

父母最好是在孩子动手打人之前,及时拉住他的手,温和地制止他。如果已经打人了,那不仅要带孩子向对方道歉,还要告诉孩子打人的后果,打人会让对方身体疼痛、心里难过;是大家都不喜欢的行为,大家会因他打人而远离他。

父母还可以让孩子想想:“如果别人打你,你会是什么感受?”这样教育引导,相信孩子一定会慢慢改变的。

▲ 教孩子正确解决冲突的方式

有些孩子打人是因为他不知道除了打还能用其他方式解决冲突,这就需要父母教孩子。平时,父母可以告诉孩子,如果别人打他,他可以郑重地跟对方说:“你打我是不对的,请你跟我道歉。”如果别人抢他的玩具,他可以跟对方说:“你不能抢我的玩具,如果你想玩,你要征得我的同意,或者拿玩具跟我换。”……经常教孩子用语言沟通的方式解决冲突,孩子会逐渐放弃打人。

54. 孩子老受别人欺负怎么办？

宁宁最近回家衣服总是脏兮兮的，精神状态也不大好，妈妈问他是怎么弄的，他总是说自己不小心摔倒了，弄脏了衣服。可是妈妈总觉得事情有些奇怪，于是悄悄地找来宁宁的一位同学，向他询问情况。

原来宁宁这几天总是被同班的几个调皮男生欺负，他们经常追着宁宁到处跑，追上了就把他压在地上，还威胁他不准告诉老师，否则就每天都揍他。

得知真实情况之后，妈妈非常生气。回到家后就把宁宁叫了过来，对他说道："你怎么这么笨啊！被别人欺负了也不知道还手，到家还跟我说瞎话。你真是气死我了！"

宁宁被妈妈这么一说，心里更难受了，大哭起来。

教育感悟

孩子都是父母的"心头肉"，父母都不愿自己的孩子受欺负。可是在生活中，孩子总会"受些气"，许多孩子在一起，难免会有一些小矛盾，或者有的孩子特别淘气，总喜欢欺负别的同学，这时，如果孩子不懂得如何保护自己就很容易受到欺负。

更让父母放心不下的是，有些孩子受了欺负也不敢跟老师或者父母讲，就像宁宁那样，使得自己一而再再而三地被欺负。有些孩子一受到欺负就哭，反而助长了欺负他的那些人的胆子。

有些父母担心自己的孩子受到欺负，便把孩子保护起来，甚至很少让他跟其他孩子玩儿，结果孩子因为接触人少，又有父母惯着，性格变得软弱，将来更容易受别人的欺负。

要知道，孩子总有一天要自己面对这个世界，而父母一味地保护不会让孩子变得更强。所以父母还要让孩子学会自己面对。

参考建议

▲ 首先要安慰孩子

孩子在外边受到了别人的欺负，心里肯定不好受，这时父母如果再指责他，就像宁宁的妈妈那样,说"你怎么这么没出息"之类的话,孩子的心里就会更不好受了。孩子感受不到关爱,觉得世界上没有人理解他、支持他,以后受到欺负时也不会同父母说了,这样很可能使孩子自暴自弃,失去自尊心,以后还会受到别人的欺负。所以父母在得知自己的孩子被别人欺负时,一定要先安慰自己的孩子,对他表示关心。

▲ 问清楚事情的真实情况

许多孩子在外面受欺负后都不敢对父母讲,或者是撒谎说"没事儿",孩子这样做,无法从根本上解决问题,以至于以后还会受到欺负。所以,如果父母发现孩子受到欺负了,一定要主动、耐心地询问是怎么一回事,了解清楚具体情况后,才能够帮助孩子。

▲ 教会孩子懂得寻求他人的帮助

有些孩子受了欺负只会自己忍着,不知道可以寻求其他人的帮助来使自己免于受到伤害,这就需要父母在平时教会孩子如何保护自己,以及怎样寻求别人的帮助。比如,父母可以告诉孩子:上学要是有人欺负你,就去找老师;在路上受到欺负可以喊周围的大人,让他们来帮助你,回到家后要主动跟爸爸妈妈说。总之,不能让孩子受了欺负还不知道怎么办。

▲ 培养孩子开朗的性格

孩子在一起玩儿难免会发生磕磕碰碰,比如不小心撞到。有些孩子比较敏感,性格内向,可能会觉得这些小碰撞是别人欺负了自己,因而很难和其他孩子玩儿到一起,然而孩子越是这样越可能受到欺负,所以父母发现孩子具有这种性格特点时,要告诉孩子这些游戏中的小意外,不是别人在欺负他,不要把这个当回事,孩子看得开了,性格开朗了,能够和别的孩子成为好朋友了,也就不会受到欺负了。

▲ 教孩子学会与人交往的原则

有些孩子被人欺负是因为他不懂得与人交往的正确原则。比如,与同学聊天的时候总是喜欢说别人的缺点,或者揭对方的短,或者开玩笑不分轻重,结果激怒了对方;还有的孩子,爱显摆,就爱讨人嫌,专门惹人家,把人家惹烦了,可能就会打他,等等。父母应该告诉孩子该说什么,不该说什么,教给孩子一些为人处事中应当遵循的原则,而不要让孩子总是触动对方的底线。

55. 孩子不懂得"动物归原"怎么办?

星期日的早晨,5岁的雯雯吃完早饭就去地垫上玩。本来整整齐齐的地垫半个小时后变得面目全非。正在擦地的妈妈看了一眼，本想提醒雯雯玩完一样玩具就收一样，可是突然想起看的书上说，不要在孩子玩兴正高的时候让他收拾玩具。

过了一会儿，妈妈看雯雯准备去别的地方玩，说："雯雯，请你把不玩的玩具整理好放回原处。"雯雯抬头看了妈妈一眼："我一会儿还要玩呢！"妈妈也不能再说什么。

雯雯进了一间卧室，开始在床上玩娃娃，一会儿用枕巾包娃娃，一会儿又给娃娃脖子上围纱巾……玩得不亦乐乎，身后却一片狼藉。

十点多，雯雯跟妈妈说："我们去外面和小朋友玩吧。"妈妈觉得机会来了，说："你必须先把自己地垫上的玩具收好，把弄乱的卧室整理好。"雯雯看了一眼地垫和卧室，心想：太乱了，什么时候才能收拾好啊！妈妈看出了她的心思，起身牵着她的手说："我来帮你，我们一起让玩具回家好吗？"雯雯笑着点头说："好。"

教育感悟

所谓"动物归原"就是将动用过的物品放回原处。"动物归原"是一种良好的生活习惯，能保证生活的环境整洁有序，使人在需要使用某种物品的时候能迅速找到。

尽管如此，现实生活中很多人有乱扔东西的习惯，尤其是孩子，常常是玩儿完的玩具不知道收回玩具架上，使用过的东西也到处乱放。导致家里凌乱不堪，生活在这样的环境中，人会感觉烦躁、不舒适，下次玩时、急用时却怎么也找不到。不懂得"动物归原"的孩子长大后在学习能力、应变能力、处理繁杂事物的能力等方面，都会显得力不从心。所以，父母一定要注意从孩子小的时候就灌输给他"动物归原"的概念。

参考建议

▲ 向孩子示范"动物归原"

小冰的家里非常乱，妈妈看到后很生气，边收拾边埋怨："你的玩具玩儿完了也不收拾，扔得到处都是，整天跟着你收拾，什么时候是个头啊！"正在一边玩的小冰冷不防说："你用完东西收拾吗？瞧，我这里还有你昨天扔的一件衣服呢！"妈妈愣了一下，接着边干活边反思自己。

有人说："孩子是偷学大师。"父母的一言一行、一举一动都是孩子偷学的对象,所以,父母想要孩子懂得"动物归原",自己首先要在生活中向孩子示范,即看完书放回书架,换下的脏衣服直接放进洗衣筐,用过的剪刀、针线等物品都放回原处……久而久之,孩子也会"偷学成师"的。

▲ 告诉孩子,玩具要回家

在幼儿园里,每当孩子要开始下一个活动的时候,老师都会轻柔地唱着"玩具要回家",引领孩子一起收拾玩具。这种方式在家里也可以使用。孩子玩完玩具或使用完某样东西之后,父母可以唱:"玩具(剪刀、衣服、鞋子……)要回家。"牵着孩子的手一起收拾,让他在行动中学会"动物归原"。

▲ 教孩子如何"动物归原"

有些孩子做不到"动物归原",可能是因为不知道如何"动物归原",或者忘记了"原"处在哪里,这时,父母要告诉孩子他所用的物品放在哪里,教孩子每怎么收拾,孩子清楚了这些,自然就容易做到了。

▲ 让孩子承受不"动物归原"的后果

任何一种习惯的形成都需要一个长期过程,孩子在接受"动物归原"之后还有一个反复期,父母这时不要帮他,让他承受不"动物归原"的后果,着急用某样东西如红领巾等,却怎么也找不到,这样就会挨老师批评,这种反面经历会让他重新做到"动物归原"。

56. 孩子人来疯怎么办?

小勇是一个听话的孩子,可是一旦家中来了客人,立刻就变成了另外一副模样。

这一天,爸爸的几个朋友到家里来做客。小勇看到一下子来了这么多人,立刻兴奋起来,在爸爸周围又蹦又跳的。几位客人看到小勇,都夸了他几句。这下就更不得了了,小勇开始手舞足蹈地在屋里跑来跑去,嘴里还不时地喊着。

突然,小勇的脚下一滑,摔倒在地上,刚才的笑声立刻就被哭声代替了。

爸爸赶紧停止了与朋友的交谈,跑过来哄小勇。客人们此时也不知该说什么好,只好坐在那里等待主人。

孩子之所以人来疯,是因为自我意识不断增强,渴望表现自我的欲望也在

随之增加，在有很多人的情况下，就会表现得十分兴奋，甚至做出一些出格的举动来，以吸引其他人的注意力。

其实不仅是孩子，每个人都有表现欲，都希望别人能够关注到自己。孩子有一定的表现欲看上去更有活力，也对个性的形成有一定帮助。

然而，表现欲超过了一定的限度，达到了"人来疯"的程度，就会产生不好的影响了。

首先，孩子人来疯会给父母带来麻烦，影响父母与他人的交谈。其次，孩子处于"人来疯"的状态时，很难控制自己的行为，很有可能做一些危险的事情。最重要的是，孩子人来疯其实很不招人喜欢，在别人看来，人来疯的孩子并不可爱。

所以，父母一定要控制孩子人来疯，不要让他的自我表现行为太过张扬。

参考建议

▲ 及时制止孩子人来疯的行为

孩子是不会意识到自己"人来疯"了，也不知道这样做是不好的。就需要父母及时地提醒并制止。经过父母反复地提醒，孩子就会意识到自己不应该这么做了。

▲ 正确对待孩子的人来疯

孩子人来疯说明他的自我意识在增强，并且有了表现自我的欲望。父母应该根据孩子心理发展的这一特点，及时地教育孩子一些日常礼仪，并经常带着孩子实践，让孩子懂得尊重他人，懂得控制自己的行为。

▲ 不去理睬孩子的人来疯

孩子人来疯就是想让别人注意到自己。父母可以对他的行为不予理睬，并且告诉周围的大人也不要关注还是按照之前的话题正常聊天。孩子看到自己的"表演"没有观众，自己就会觉得索然无味，停止人来疯的行为了。

▲ 给孩子创造正确表达自我的机会

光靠不理睬孩子还是不够的，父母还应该给孩子创造一些正确表达自我的机会，满足孩子表达自我的需求。比如安排孩子给大家唱一首歌，或者跳一支舞，给大家看自己画的画，等等。并且告诉孩子对大家的夸奖表示感谢，但是一定不能骄傲。

等孩子表演完，父母要主动招呼客人、朋友聊天、谈事情，不要再继续关注孩子，也让孩子知道自己的展示已经完了。

▲ 鼓励孩子多与同龄人一起玩儿

有些孩子人来疯可能是因为他总是待在家中，生活比较寂寞，所以家里来了许多人时就会抑制不住自己的兴奋劲儿,父母只要让孩子多与周围的同龄人玩一玩,使孩子不会感到寂寞,这一问题也就迎刃而解了。孩子如果在与同龄人玩耍时表现出人来疯,会受到其他孩子的排斥,他也就知道这么做不好了,从而改正。

57. 孩子非常任性怎么办?

大芸快 4 岁了,看着他一天天长大,妈妈心里真是高兴。但是,最近妈妈却比较焦虑、苦闷,原因是大芸好像突然长了很多的脾气,每天都会有两三件事让他坚持要按自己的想法去做,稍有一点儿不对就大哭大闹。

早晨起床穿衣服时,大芸把套头的秋衣穿反了,妈妈笑着说:"穿反了,小熊去你后背上了。"大芸一听,嘻嘻笑着要脱掉重新穿,脱的时候袖子被翻到了里面,妈妈伸手就给他翻到外面,大芸马上开始发脾气大哭:"我要穿,你为什么要动?"妈妈看他光着上身,怕生病感冒,就赶紧道歉并给他恢复成原样:"对不起,你现在重新翻过来穿吧。"

但是,大芸仍然哭闹,并在床上打滚不穿衣服。妈妈急了,一把拽过来给他套上。可她一松手,大芸又马上把衣服脱了,继续哭:"我要自己穿的,你为什么要动?"听着大芸的哭声,妈妈感觉精疲力竭,他怎么这么任性呢?

任性,就是孩子顺着自己的性子,想说什么就说什么,想做什么就做什么。对于孩子的任性,父母首先要分辨孩子是到了人生的第一个"逆反期",还是真任性。

2—4 岁的"逆反期"是每个孩子成长中必经的心理发展阶段,只是因个体差异而具体表现不同。"逆反期"的各种行为,标志着孩子开始有了"自我意识",并逐渐开始发展自己的逻辑思维。在这一时期,孩子或者为了维护自尊心,或者为了实践自己的想法,会通过哭、闹等方式表现出一种不达目的不罢休的劲头,这就被父母认为是"任性"。

真任性,就是孩子以自我为中心,不分时间、场合地为所欲为,对自己毫无约束。

如果孩子是处于"逆反期",就需要父母善加引导,让他顺利度过,变得自信、独立。如果孩子是真任性，那么即使到了七八岁也会表现出哭、闹、固执等行为、性格特点。这种任性往往与父母的溺爱或高压、强迫等教育方式有关。

参考建议

▲ 父母先询问再帮助

处于"逆反期"的孩子，独立意识非常强，希望任何事都自己来完成，父母这时一定要像尊重成人一样去尊重孩子，看到他遇到困难，先问一声："需要帮忙吗？"得到肯定回答后再提供帮助。

帮助的时候也不要一下子将事情完成，只需将阻碍孩子的关键一点完成就好了，如孩子拉不好拉链，父母只要帮他把拉头对齐就可以了，拉的行为让孩子自己来完成。让他感觉到自己的力量。

▲ 父母用"我喜欢……"来表达要求

处于"逆反期"的孩子，对父母的"不"会表现出反感，他会任性地跟父母对着干，所以，父母表达要求时最好不要用"不"的句式，如"你不要看电视了，快吃饭"，或者"你不能出去玩，外面在刮风"等，而要用"我喜欢……"句式，如说"宝贝，我喜欢你坐着吃饭"，或者"我喜欢你在家跟我一起玩"等。从"我喜欢"句式中，孩子能获得一种被认可和受欢迎，出现任性行为的几率就会大大减少。

▲ 转移孩子的注意力

对于真任性的孩子，父母往往会在打骂失败的时候显得无能为力，这是因为孩子任性发脾气时，神经系统处于高度的兴奋状态，父母打骂只会引起更大程度地哭闹。父母可以将孩子的注意力转移到他平时喜欢做的事情上，如讲故事、拼拼图等，让孩子的情绪尽快稳定下来，等他相对平静后再耐心讲道理，说刚才的行为为何不对，造成的伤害是什么等。

▲ 父母坚定地冷处理

有些孩子之所以任性，是因为知道父母会妥协、让步。所以，当孩子任性地想要做危险的事情或者哭闹时，父母最好能做到坚定地冷处理。任他哭闹、打滚也不作出过多反应。孩子知道没希望了，也就会对任性行为有所收敛。这时，父母及时给孩子一个台阶下，如说一句"你现在好点了吗？"或者"来，拥抱一下"，再动之以情，晓之以理。

58.孩子爱打小报告怎么办?

　　最近,妈妈发现玲玲总喜欢说一些小朋友不好。起初妈妈并没有太在意,觉得玲玲只是在发表她对其他小朋友的看法。但是有一次在幼儿园看到的情景却改变了妈妈的这种想法。

　　那天,妈妈像往常一样去接玲玲。刚走到幼儿园门口,就听到里面传来玲玲的叫声:"我要告诉老师去!"妈妈赶紧走过去,看看到底发生了什么。

　　原来是一个小男孩儿不愿意跟玲玲一起玩玩具,玲玲生气了,就喊出了刚才那句话。幼儿园的老师告诉玲玲的妈妈:"玲玲经常来到我这里告状,其实都是些小事儿,可是现在弄得好多同学都不愿意跟她玩儿了。"

　　妈妈这才意识到,玲玲爱打小报告,而且已经对她产生影响了。

教育感悟

　　很多父母在幼儿园可能都听到过孩子大声地喊:"我告诉老师去!"在孩子单纯的心目中,老师就是"法官",受到欺负时,或者发现一些同学没有按照老师的要求去做,他都会喊出这句话。

　　孩子懂得将他看到的不合理的事情告诉老师,说明已经具有一定的是非观念了,甚至有些"打抱不平"的正义感。这对孩子来说是一件好事。而且有时孩子提供的信息也确实是非常有用的。

　　可是有些孩子无论大事小事,都会跑到老师面前告状。甚至没有端正"告诉老师"的心态,想通过打小报告的方式赢得老师的表扬,证明自己是好孩子,所以经常盯着周围同学错误,一有发现就去告诉老师;还有些孩子因为不喜欢某位同学,想故意让他难堪,发现他的错误后就去老师那里打小报告。

　　无论孩子是想赢得表扬还是想报复别人,如果抱有这些目的,那么他不会懂得宽容别人的错误,也不会帮助同学改正错误,共同进步。他只会盯着别人的错误不放,从而使自己的心胸变得狭窄。

　　因此,父母应该多多留意一下自己的孩子有没有打小报告行为,如果有,一定要及时纠正。

参考建议

▲ 分辨出孩子打小报告属于哪种情况

既然孩子打小报告的情况有很多种，就需要父母仔细辨别孩子打小报告时是一个什么样的心态。如果孩子是想告诉父母,他看到的现象同父母所说的道理不一样,那么父母应该表扬孩子的做法,并且告诉孩子他理解的道理是正确的。如果孩子打小报告是出于"小私心",父母就要分情况对待了。但是一定要注意态度,不要伤害到孩子幼小的心灵。

▲ 孩子能够自己解决的问题就让他自己去解决

有些父母"护犊子",一听到孩子受欺负了,就会马上帮孩子出气。其实很可能孩子遇到的只是一件很小的事,比如玩儿的时候被撞了一下。如果父母总是听到孩子打小报告就去帮他,那就很可能使孩子养成娇气的性格。孩子受一点儿气就来向父母告状,甚至为了满足自己的报复心理而夸大其词。所以父母在听到孩子告状时,如果说的是件小事,就教孩子如何面对,让他自己去解决,这样也就不会使孩子总打小报告了。

▲ 告诉孩子帮助他人才是目的

对那些希望通过打小报告获得表扬的孩子,父母要告诉孩子,揭发别人的错误不是目的,真正的目的是帮助别人改正错误,以及提醒自己不要犯相同的错误,这样才能够共同进步。也不可以贸然地直接指出别人的错误,而是要委婉地说出来。

▲ 教育孩子学会宽容

孩子如果爱打小报告,眼中就会充满着别人的错误。很难主动和别人交朋友,其他孩子也不会喜欢他。另一方面,也非常不利于自己的进步。父母应该教育孩子多看到别人的优点,而对其他人的错误,如果不是很严重,那么就应该用一颗宽容的心去对待。

59.孩子喜欢与人攀比怎么办?

7岁的李乐和章贺在学校是同桌。成了好朋友。由于家住得比较近,所以两家的来往日渐频繁。

一个周末,章贺到李乐家玩。一进门,李乐就发现了章贺脚上的那双耐克鞋,感叹着说:"你这鞋真好看啊!"章贺自豪地说:"那是,这是我姑给我买的真货。"李乐啧啧地赞叹着,还拉来妈妈,看章贺的鞋。妈妈说了声:"确实很漂亮。"转身去忙了。

晚饭前,章贺回家了。章贺一离开,李乐就缠着妈妈也给他买一双同样的鞋。妈妈很为难,因为自己家的经济状况相对章贺家来说要差一些,可她也不想让儿子失望。她跟李乐的爸爸商量要不要这个月紧一紧,给儿子买双鞋,爸爸说:"你这是纵容他攀比,不买。"

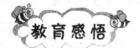

教育感悟

攀比是一种心理状态,通常是以"自我"和"虚荣"为基础,通过追求"别人有的我要有,别人没有的我也要有"来获得一种"公平",甚至我比你更好的心理满足感。傣族有句谚语说:"比耕比种能富裕,比吃比穿必贫穷。"也就是说,攀比也要看比的对象是什么,如果攀比不当或者攀比心理过重,只会适得其反。

今天的孩子之所以有更为严重的攀比心理,很大程度上是父母影响的结果。生活富裕的父母说:"挣钱就是给孩子花的。"经济拮据的父母认为:"再苦也不能苦孩子。"正是这种心理使得他们对孩子有求必应,从而助长孩子奢侈的消费观念和攀比心。另外,很多父母还认为金钱、名牌服装、名车、豪宅等是成功的标志,这对孩子的价值观是一种误导,让他们也盲目地互相攀比。

所以,当父母发现孩子有了攀比心理之后,首先要反省自己是否对孩子造成了不利影响,然后再想方法让其建立正确的、积极的人生观、价值观。

参考建议

▲ 父母远离物欲的攀比

说到底,房子是供人住的,衣服是供人遮羞、驱寒的,车辆是为人提供方便,以节约时间的……它们都是为人服务的,如果我们经常和别人比吃、穿、住、用、行,就如同被物所控制,所役使。所以,父母要给孩子一个很好的榜样,不要表现出物欲上的攀比心理,如不要说:"某某家买了上百万的车。"也不要说:"你看某某,挣那么钱,都买别墅了。"这些都会既误导孩子价值观,激发他的攀比心理。

▲ 帮助孩子了解自己的优势

有些孩子喜欢和别人攀比,是因为不自信,不清楚自己的优势所在,以为只要自己有了和别人一样的东西就平等了。父母要帮助孩子了解他的优势,如告

诉孩子他很善良、乐于助人、细心、人缘好、记忆力很强、善于长跑等，让他明白如果拿自己的劣势和别人的优势相比，永远都会"人比人，气死人"，自己也有别人比不了的地方，这样孩子就会逐渐有自信，自信的孩子往往不会盲目攀比。

▲ 丰富孩子的精神生活

当孩子精神生活贫乏时，眼界和心胸都比较狭窄，眼睛就盯着别人吃、穿等盲目攀比。相反，如果父母经常带孩子去大自然走走，听听音乐会，看看艺术展览，参观博物馆，参与公益活动，等等，孩子不仅没有时间和精力去关注别人吃了什么，穿了什么名牌，还会由于自己的知识广博、富有爱心而成为广受欢迎的人，就更不会盲目攀比了。

▲ 正确引导孩子的攀比心理

孩子有攀比心理很正常，父母可以在理解的基础上进行引导，如孩子说某小朋友拿了一辆新玩具车，他也要。父母可以鼓励孩子改装自己的旧玩具车，看看哪个跑得更快，这不仅锻炼孩子的动手能力、思维能力，还能将孩子从攀比中引出来。

第三章　学习认知问题

　　孩子的学习是天下每一位父母都非常关心的事情，每一位父母都希望自己的孩子能够好好学习，但有时候却事与愿违。因为很多孩子不愿意上学，不愿意写作业，上课注意力不集中，不敢回答问题，记忆力差，考试紧张，对老师有抵触情绪，等等。这些问题，直接导致孩子学习状况不佳。那么，父母面对这样的情形，又该怎么办呢？

60.孩子不愿意上学怎么办？

小颖最不愿意干的事情就是去上学，妈妈经常为此操心。

有一天早上，小颖又不愿意去上学。妈妈又哄又说，好不容易才说服她。妈妈把小颖送到校门口，就回去了。回来的路上去了一趟菜市场，等她回到家，小颖的爸爸却问道："你怎么没有送孩子去上学啊？"

妈妈有些生气地说："谁说我没送！我刚送她回来！"

"那为什么孩子还在家里？"爸爸不解地问。

妈妈进屋一看，可不是吗，小颖正趴在床上玩玩具呢。原来，妈妈把小颖送到了学校门口，可是小颖并没有进去。看到妈妈走后，就找了一条近路跑了回来。

看到女儿这种情况，妈妈虽然心里生气，可是也不知道该如何是好。

教育感悟

上学是孩子人生中的一件大事。孩子从学校学习许多知识和本领，也会在学校中结识很多朋友，这些对于孩子来说都是很重要的。

可是，令许多父母感到头疼的是，有些孩子就是不喜欢上学。就像小颖那样，即使妈妈把她送到了学校，也会想办法再跑回来，甚至溜到校外做别的事，弄得父母手足无措。

其实孩子不爱上学也是有原因的。毕竟，孩子上学之前在家里自由自在，想吃就吃，想睡就睡，还有爸爸妈妈宠着。到了学校就不一样了，上课时不能吃东西，不能随便讲话，也不能睡觉，如果犯了错误，老师还会批评。总之，孩子不能再像在家那样随意地生活了。所以难免会对上学产生抵触情绪。

可是，上学读书是孩子的本分。父母应当及早教育孩子，帮助孩子尽快适应学校生活。

参考建议

▲ 查明孩子不愿意上学的原因

如果孩子不愿意上学，父母首先应该知道为什么。如果是出于懒惰，喜欢在家待着，父母就要严厉批评，并且每天坚持把孩子送进学校，慢慢地孩子也就会适应了。如果不是这个原因，父母应该多跟孩子交流，也可以找老师了解情况，看看孩子是不是因为在学校被欺负了，或者因为做了什么错事才不愿意去上学的。父母找到了确切的原因，才可以"对症下药"，解决孩子不爱上学的问题。

▲ 请老师帮忙，使孩子尽快适应学校生活

父母可以跟孩子的老师多交流，寻求老师的帮助。老师了解到孩子的情况后，一定会采取一些合理的措施，比如适当地多给孩子一些回答问题的机会，参加集体活动的机会，并给予孩子一些鼓励，使孩子感觉到在学校生活是很快乐的，就不会不愿意上学了。

▲ 给孩子找个"伴儿"

有些孩子因为性格的原因，不善于与他人交往，在学校时也不愿意跟其他同学一起玩儿，因此感到很孤独，自然也就不愿意去上学了。父母应当经常教育孩子多与同学交往，也可以帮助他交朋友，比如父母可以邀请孩子的同学到家里来玩儿，家是孩子比较熟悉的环境，他更放得开。慢慢地，他与同学玩儿到一起了，大家成了朋友，孩子会高高兴兴地去上学，找他这些小伙伴儿。

▲ 提前让孩子了解学校生活

有些孩子不喜欢上学是因为很难适应环境的变化，比如以前总在家里，现在要上幼儿园了；或者要从幼儿园去上小学了。生活环境突然改变了，让一些孩子非常不适应，由此导致孩子厌学。父母应该在孩子入园、上学之前就给他讲上学是怎么一回事，告诉他要去的地方有很多小朋友、新同学，很有意思，同时告诉孩子幼儿园、学校的一些规定。孩子有了心理准备，入园、上学对于他来说也就不会是件难事了。

61. 孩子不做家庭作业怎么办？

齐子佳是个精力旺盛的小男孩。上小学以后，老师比较喜欢他，说他活泼可爱，能说会道，上课反应也非常快。妈妈听了很高兴，但是，齐子佳也有让妈妈头疼的事，就是不做家庭作业。

刚开始上学的时候，作业少，每天妈妈打电话问完老师有哪些作业后就陪着齐子佳做，往往很快就做完了。后来，家庭作业慢慢多了。每天回家妈妈问齐子佳老师布置了哪些作业，他要么说"老师没布置"，要么说"在学校做完了"。

妈妈还得打电话问老师，然后监督他做。可是齐子佳在书桌前坐不住，一会儿起来喝水，一会儿上厕所，一会儿又去玩两下玩具车，这让妈妈很着急。究竟怎么做才能让齐子佳既主动又顺利地完成作业呢？

教育感悟

孩子上学之后，做家庭作业就成为生活中很重要的一部分，做作业是加深知识理解、巩固学习所得的主要方式。但是，很多孩子都不喜欢做家庭作业。为了避免做家庭作业，他们有时候抄别的同学的作业，有时候让父母帮自己解答，有时候还会请"枪手"。为什么孩子会如此不愿意做作业呢？

一个原因是孩子小，不懂得家庭作业的重要性。他们上了一天学，回到家就想玩，而做作业会占用玩的时间，他们自然不愿意。

一个原因是家中没有做作业的气氛。有些父母吃完饭就看电视，电视的声音会干扰孩子；有的父母会在孩子做作业时送吃的喝的，这也会干扰孩子写作业。

还有一个原因是作业量大，有时候是老师布置的作业多，有时候是父母还额外布置作业，如此多的作业让孩子看不到完成的希望，也让他们排斥写家庭作业。

另外，小学阶段的孩子年龄小，注意力能够集中的时间有限，写一会儿就起来上厕所、吃东西、看电视等，这种行为会受到父母的批评，久而久之，孩子会将写作业看成敌人，也就不愿意写了。

虽然不做家庭作业的原因多种多样，但孩子却是必须完成家庭作业的，所以，父母还是要根据具体情况，想出一些切实有效的办法帮助孩子快速有效地完成作业。

参考建议

▲ 营造家庭中的学习气氛

小学阶段的孩子，自制力一般比较差，父母最好不要在孩子写作业的时候看电视或进行其他娱乐活动，可以看看书，家中的老年人如果行动方便可以外出散散步，给孩子一个安静的学习氛围，这种环境、氛围能促使孩子静下心来完成作业。

▲ 让孩子分割完成作业的时间

年龄小的孩子，注意力能集中的时间也比较短，父母不要要求孩子坐在书桌前一两个小时不动地完成作业，而是将完成作业的时间进行分割，如每做20分钟休息一次，这样符合孩子的生理、心理特点。

▲ 父母不陪孩子写作业

父母陪孩子写作业，不仅会让孩子产生依赖性，而且父母如果在旁边不断地指点、纠正，也会影响孩子完成作业时的专心程度。所以，父母可以在其他房间做自己的事情，以备孩子有问题时提供帮助。孩子能独立完成作业，也是他能力的一种证明，父母应给与支持和鼓励。

▲ 教孩子安排作业的完成顺序

年龄小的孩子看着每天的一堆作业，可能因为理不清头绪而没有写的愿望，父母可以教孩子来安排，如先做简单的再做难的，因为随着量的减少，孩子能看到完成的希望。再如，小学低年级孩子的作业往往有听、说、读、写的内容，前三者可以和写的内容间隔开，这样孩子也不觉得写作业的任务重了。同样的作业，不同的安排法，能从心理上减轻或加重量的感觉，所以，教孩子安排作业的完成顺序还是有必要的。

62. 孩子作业潦草、毛躁怎么办？

父母给孩子起了个小名儿叫毛毛，也许是巧合，他还真成了一个做事毛躁的孩子。这一点在作业上反映得尤为明显。

有一次家长会后，老师特意说了毛毛作业潦草的问题，并告诉她在家要多辅导一下孩子的作业。

回到家后，妈妈便要来毛毛的书包，准备看看他的作业到底写成了什么样子。结果越看越生气，只见毛毛语文作业本上的字写得歪歪扭扭，十分潦草，时不时的还会有一些大黑疙瘩，妈妈甚至还在语文作业本的最后几页看到了数学题的演算草稿。数学作业更是错误百出，到处可以看到大红叉号……

看到这儿，妈妈生气地对毛毛说："你能不能把你的作业写好点儿？"

没想到毛毛却满不在乎地说："写完了不就成了吗，要那么漂亮有什么用！"

教育感悟

作业对孩子来说非常重要。从孩子作业完成的情况就可以看出孩子的学习态度。如果孩子的作业整洁、清楚，说明学习态度端正；相反，潦草反映出孩

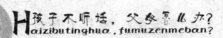

子的学习心态很浮躁。

同时，做作业也是孩子学习的一个重要途径。通过写作业，孩子可以对学过的知识进行巩固，而且更容易把握住重点。老师也能够通过孩子完成作业的情况，发现存在的问题和漏洞，方便及时教导，从而使孩子更加全面、牢固地掌握知识。

如果孩子的作业十分工整，那么，复习时，这本作业就是一份很好的复习材料，看一遍作业本就能够知道这一学期的学习脉络，错误一目了然。而如果作业本潦草、混乱，就失去了一份很好的复习资料。而且，作业都写得如此毛躁的孩子，不会踏踏实实地去复习，学习成绩自然也不会很理想。

所以，父母一定要经常关注孩子作业的完成情况，不能认为这些都是老师的事而不闻不问。培养孩子良好的学习习惯，使孩子的作业写得工整、漂亮，会对孩子的成才有很大好处。

参考建议

▲ 不要让孩子作业写得太快

孩子作业潦草的很大一个原因就是作业写得太快。许多父母都会有这样的经验，如果不是经过专门的练习，写字速度提高后美观度通常就会降低。对于孩子来说就更是这样了，只要写字一快，字迹肯定潦草，正确率也会下降。

所以，父母一定要让孩子踏踏实实地写作业，控制速度，不能求快。如果孩子心中惦记着事情，比如为了跟同学去玩儿而想快些做完作业父母不妨告诉他：可以先去玩儿，但是必须准时回来，回来之后要认认真真地把作业做完。这样，孩子就能够一笔一画地写作业了。

▲ 让孩子看到作业工整的魅力

父母可以下大力气辅导一次孩子的作业，不怕花费时间，作业的量也可以不多，但是要求必须一笔一画地写完。孩子写完后，父母可以拿出他之前写的作业，和这次认真完成的做一个对比，让孩子切身感受到整齐的作业是多么赏心悦目，而潦草的作业是多么难看。孩子有了这种切身的感受，会主动写好作业的。

▲ 告诉孩子合理地使用作业本

一些孩子不知道如何安排他的作业本，比如，前面写得字大而稀，写到最后就没有地儿了，结果只能将字写得越来越小，看上去很不整齐。父母可以教会孩子事先计划好，也可以画一些格子，使作业看上去更整齐。

▲ 对孩子提出具体的要求

父母还可以在孩子写作业之前提一些具体的要求。比如，要求不能有乱涂乱抹的情况,抄题一定要抄完整,数学画图必须要用尺子,等等。通过这些具体的要求,让孩子的作业工整起来。如果孩子经过父母的多次教导,作业仍然十分潦草,就可以更加严厉些,要求重新写,直到写好为止。这也是在磨炼孩子的意志力。

63. 孩子学习粗心大意怎么办?

李恒上 3 年级,成绩在班里一直居于中等水平,但是,认识他的人都认为他是个聪明的孩子,老师也说李恒上课时的反应很快,既然如此,他的成绩为什么不能名列前茅呢? 妈妈认为根本的原因在于粗心大意。

前几天刚结束了期中考试,李恒的语文成绩是 83 分,数学成绩是 78 分。妈妈仔细看了看试卷,发现语文除了有一道题可能不会做之外,其他都是写字丢笔少画被扣了分,而数学题李恒应该都会做,但就是出错,要么少写一个"0",要么丢了一个步骤,更离谱的是,李恒竟然没做试卷背面的一道题,估计是没看见。

妈妈看完后很生气,但有什么办法呢? 整天叫他"大马虎"也没见他细心起来,到底该怎么办呢?

教育感悟

粗心大意是学龄期孩子身上普遍存在的问题,他们总是犯一些丢笔少点、漏做题、抄错题等不该犯的小错误。为什么会这样呢? 有关专家分析,虽然同是粗心大意,原因却是不同的。

一种原因是孩子的视知觉能力没有达到同龄人的水平。所谓视知觉,就是把眼睛看到的信息传递到大脑,大脑对看到的信息进行加工的能力。视知觉能力包括视觉集中、视觉分辨、视动协调、视觉记忆和理解几个方面。视觉集中度差的孩子阅读时容易出现加字、漏字甚至跳行,做计算时会把数字跳过去或者看错。一些孩子分不清 b、d、p、q 是因为他的视觉分辨能力比较差。孩子学习中的两大环节——写作业和阅读——都要求眼睛看到的、大脑反映的和笔书写的达成一致,这就是视动协调,否则就会丢字跳字、看错行,或者速度慢。另外,视觉记忆和理解能力弱的孩子会经常出现记忆错误,如看到的是123,写的时候就变成23了。

另一种原因是孩子没有将心思用在学习上，往往以头脑聪明的孩子居多。由于聪明，课本知识对他们来说没有太大难度，所以就不会用太多心思在学习上。他们好奇心强，兴趣爱好比较广泛，在学习时常常希望快点写完作业去干别的，这就难免出现一些不必要的错误。

导致粗心的原因不同，父母要采取的方法也是不同的，这就需要父母认真观察孩子，找出粗心的根本原因，然后"对症下药"。

参考建议

▲ 通过游戏训练孩子视知觉能力

当父母发现孩子粗心是由于视知觉能力比较弱时，可以通过一些游戏来训练。如，孩子坐着，父母关掉房间内的灯，打开手电筒，让孩子在保持头不动的情况下，眼睛去追手电筒的光。再如，让孩子用筷子将玻璃小球从一个盆里夹到另一个盆里，先练右手，然后再练左手，接着是两手同时夹，还可以在孩子夹的时候蒙住他的一只眼睛，并逐渐要求他提高夹球的速度。

▲ 别给孩子贴"粗心"的标签

如果父母总说他粗心，或者跟别人说孩子粗心，就如同在孩子身上贴了一个"粗心"的标签，孩子在内心也会认定自己是个粗心的人，无意识地让自己的行为去印证这个标签。所以，父母发现孩子粗心后，不要过多评论，只要留心观察，并从正面要求他细心一些就可以了。当孩子表现细心时，父母要及时肯定和鼓励。

▲ 让孩子养成自己检查作业的习惯

现在很多老师都要求父母为孩子检查作业，父母有时也愿意，但这样导致孩子认为检查是父母的义务，考试时也就没有了做完后检查一遍的习惯。所以，父母应该每天要求孩子自己检查作业。孩子检查完的作业父母不要再次检查，即使有没检查出的错误也没关系，老师打的红"×"更能提醒孩子改正。

64. 孩子注意力不集中怎么办？

妈妈最近和烁烁讲话时，发现他总是心不在焉的，有时叫他去做什么事情，刚说完他又会回来问："刚才您叫我干什么来着？"

烁烁在写作业的时候也不能集中注意力。妈妈经常从门外看到烁烁写作

业时发愣,或者玩什么东西。

正是因为不专心,妈妈在给他检查作业的时候经常发现一些十分低级的错误。比如很简单的加减法算错了,或者是抄句子时抄串了行,甚至有一次抄好了一道数学题,最后竟然忘记做了。

妈妈也经常提醒烁烁集中精力,有时也问他到底在想些什么。他的回答却总是一句"没想什么"。妈妈对此也是无可奈何。

孩子的注意力不集中确实是一个令父母感到棘手的问题。孩子如果犯了别的什么错误,父母可以批评他,教育他,甚至可以打他几下。可是孩子注意力不集中,父母的这些教育手段都不太管用了。

很多时候孩子的走神是不受他自己控制的,他也不知道为什么就走神了。所以仅仅是批评也没有太大作用,反而会使孩子更难受。

可是父母又不能看着孩子总是一副心不在焉的样子,就像烁烁那样,妈妈告诉他去帮忙做点儿什么,他却因为走神而没有记住。如果是一件很重要的事情,可能会产生更大的麻烦。

同样,孩子无法集中注意力会严重影响学习,错过老师重要的讲解,从而浪费大量的时间,降低学习效率。

孩子的注意力如果总是不能集中,会形成一种习惯,到时再纠正就困难了。所以,父母一定要及时发现并想办法帮助孩子克服这个毛病。

参考建议

▲ 找出孩子注意力不集中的原因

孩子注意力不能够集中的原因有很多种,比如有些是因为遇到了不愉快的事情,并且总想不开。这时就需要父母进行开导,让孩子想开并忘记那件事。还有的孩子可能是有多动症,就应该及时治疗。父母要多花些心思,针对孩子的实际情况,用合理的方法帮助孩子。

▲ 尽量不要陪孩子写作业

有些父母担心孩子不认真写作业,在孩子写作业时陪在旁边,孩子一旦走神便马上提醒他。这种做法反而会使孩子更容易走神。因为孩子感到自己在被人监视,从而增加心理负担,更难以集中注意力。

▲ 给孩子限定做作业的时间,并检查他的作业

有的父母可能要说了:"如果不陪在孩子旁边,那么岂不是孩子走神都不知

道吗？"其实，父母可以根据孩子作业的量，定下一个时限，要求他必须在这个时限内完成。并且写完后父母要检查，从完成作业的质和量上，就可以知道孩子是不是认真了。如果作业完成得不好，父母可以问清原因帮助孩子解决问题。这种做法会让孩子有一种紧迫感，从而有利于他更好地集中注意力。当然，父母也要注意不允许孩子因为有时间限制而把作业写得潦潦草草。

▲ 为孩子营造简洁、安静的学习环境

有些孩子的学习环境非常乱，桌子上面吃的、玩儿的什么都有，孩子怎么能够踏下心来学习呢？更加严重的是，长期在这样的环境里学习，会使孩子养成走神的坏习惯，父母要从最开始就给孩子一个安静、简洁的学习环境，让孩子一进到这个环境中就可以集中注意力安心学习。

65. 孩子不敢提问、回答问题怎么办？

于倩上 2 年级，是个文静的小女孩，平时没什么出格的行为，让爸爸妈妈很省心。

有一天晚饭后，于倩坐在书桌前一副愁眉苦脸的样子，也不写作业。妈妈很奇怪，走过去问她："倩倩，你怎么了？"于倩回答说："老师布置作业的时候，我同桌在我耳边说话，我没听清作业是什么。"妈妈松了一口气，问："那你怎么不再问老师一次呢？"于倩低头嘟囔着："我不敢。"妈妈带于倩到同学家问了问，才算让她完成了当天的作业。但是，妈妈觉得这种连作业都不敢问的状态并不好，想找老师了解一下于倩在学校的情况。

第二天下午，妈妈请了一会儿假去于倩的学校找老师，老师说："于倩是个很乖巧的孩子，学习也挺主动的，就是上课不敢提问、回答问题，在我们的课堂上，几乎听不到她的声音。有时候让她起来读课文，她的声音也非常小，能感觉到她很紧张。是不是你们平时对孩子的管束过于严格？要不你们试着给孩子制造一些在公共场合说话的机会，锻炼锻炼她。"

妈妈谢过老师后就回家了，一路上她都很高兴，因为老师的建议让她看到女儿勇敢起来的希望。

教育感悟

在课堂上，孩子如果能积极举手提问，或者回答老师提出的问题，不仅能使他集中注意力听讲,还能锻炼口头表达能力,使思维更加活跃;不仅能检验孩子对知识的掌握程度,还能锻炼他的勇气,使他更加自信。可见,在课堂上提问、回答问题对孩子是非常有益的。但现实情况却是,老师提出的问题,往往只有少数同学积极踊跃地回答,其他大多数则是沉默的;对于老师所讲的内容,即使不理解,也只有极个别同学敢于提出疑问,这究竟是为什么呢?

孩子之所以不敢提问、回答问题,大概基于以下几个原因:

第一,孩子天性比较胆小,容易害羞。这种孩子不仅仅是在课堂上,在任何时候、任何场合都会默默待在角落里。

第二,有些父母对孩子要求比较高。孩子小的时候,如果说错话,或者提幼稚的问题就会遭到父母的嘲笑或责骂,那么他就会害怕在别人面前说话,也不敢提问题。

第三,有些孩子自尊心比较强,认为向别人提问,让别人提供帮助是无能的表现,所以,即使不明白也不会主动提问的。

参考建议

▲ 反省自己对孩子提问的态度

如果父母发现孩子不敢提问、回答问题,最好先反省一下自己是否曾经嘲笑或者批评过孩子提的问题,伤害了孩子的自尊心,导致孩子不敢或不再愿意提问。如果真是这样,父母要耐心引导孩子。如孩子学习遇到困难时,不要直接给出解答过程或者答案,而要以提问的方式启发孩子思考。平时和孩子外出时,多引导孩子观察、思考,促使他提问,然后再耐心解答。这样就会让孩子慢慢不再畏惧提问。

▲ 创造机会让孩子在群体中说话

对于比较胆小、容易害羞的孩子,父母可以创造机会让孩子在群体中说话。如晚饭后,让孩子给家人讲故事或者表演其他节目。孩子能做到这一点之后,再让他在客人面前讲故事或者表演节目。还可以带孩子到人多的场合,鼓励他和同龄人或者其他成人谈话。在这个过程中,不能急于求成,一定要有耐心,因为孩子需要慢慢适应,慢慢变化。

▲ 教孩子学点放松的技巧

有些孩子面对老师提问会很紧张,这种紧张情绪让他容易出错,越出错越紧张,形成恶性循环。对于这种情况,父母可以教孩子缓解紧张情绪的方法,如深吸气、呼气,再深吸气、呼气,如此几次,就能让身体放松下来。或者让孩子跟自己说:"我现在有些紧张,但这很正常,没什么。"这种对自我情绪的接纳也容易让他放松下来。

▲ 告诉孩子,说错了也没关系

大多数孩子不敢提问、回答问题,是害怕自己说错,其实,错误和正确都是相对的,没有错误也无所谓正确。所以,父母要告诉孩子,即使说错了也没关系,老师的分析正好可以让他明白为什么错,而且,错误的想法还能提供给大家一些新的思路。

66. 孩子写字很难看怎么办?

小伟的学习成绩还算不错,就是字写得很难看,妈妈经常为此事发愁,也批评过小伟好几次,可是他就是不能改掉毛病,字写得还是那么难看。有几次正是因为字写得难看,老师给他的作文扣了不少分。

有一天,妈妈给小伟检查作业的时候,又批评起他的字来:"小伟,你看看这一行字写的,一点儿也不整齐,有的出格了,有的又太小。还有,为什么你的'竖'都是斜着的,'竖弯钩'的'钩'都不见了,多难看啊……"

妈妈还要继续往下说,小伟却不耐烦地说:"写那么好看干什么,写完了不就成了吗!"

妈妈剩下的话一下子被噎了回去,也不知道该说什么好了。

教育感悟

人们常说"字如其人"。一般来说,从一个人的字迹上就能判断出这个人的修养有多深。很多人也正是因为能够写一手好字而在工作中得到更多的机会。

可是现在许多孩子写出来的字却是歪歪扭扭,大小不一,十分难看。父母感到十分头疼,却无计可施。

孩子写字难看确实是一个需要引起重视的问题。作为过来人,父母一定知道好看的字不是一天两天就可以练出来的,而是需要长年累月的练习,逐渐形成自己的风格。如果孩子从小就写字难看,而且一天天重复着相同的字迹,几年之后就会定型下来,很难再改变了。

同样,也正是因为写好字需要一点点练习,父母也不能急于求成,一味地苛责孩子,有些父母看到孩子写字难看,就会批评孩子说:"跟你说过多少次了,把字写得好看些,你怎么就是不听啊!"其实可能不是孩子不听父母的话,而是他也不知道怎样才能把字写好。父母应该做的是使用正确的方法,教会孩子如何写出一手好字来。

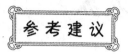

▲ 从基本的写字姿势教起

父母首先要观察一下孩子的写字以及握笔姿势是否正确。比如有些孩子拿笔的方法就是一把将笔攥住,这样无法灵活地使用手腕发力,也就控制不好写出的笔迹了。父母要手把手地教会孩子如何握笔,给他做示范,坐姿端正,不能够趴在桌子上,这些都是孩子写好字的基础。

▲ 教导孩子慢慢练习写字

把字写好需要长时间的练习。大书法家经常是一个笔画就要练上很长时间。父母也要让孩子慢慢地练习,不可操之过急。可以给孩子专门准备一个本子,每天练习一会儿,从基本的笔画写起,循序渐进。这样日积月累,孩子的"书法"一定会有长进的。

▲ 给孩子准备字帖

要想让孩子练好字,字帖是非常好的一种工具。现在的市面上有各种各样的字帖,选择字帖时也要遵循一定的原则。孩子模仿字帖可以把字写得横平竖直,十分工整。不能选择那些需要一定书法功底,比如行书字帖,反而使孩子的字迹更加潦草。买来字帖后,父母一定要督促孩子每天坚持练习,这样才能发挥字帖的作用。

▲ 向孩子展示漂亮的书法

如果父母写一手好字,可以经常向孩子展示书法的魅力。孩子也是懂得欣赏的,能够分得出好看的字和难看的字。当孩子看到笔在父母的手中,流畅地写出一个个漂亮的字时,很可能就会对书法产生兴趣,并且主动要求父母教他写漂亮的字。如果父母的字也不是很好,也可以用一些视频资料来展示书法的魅力,同样会起到教育的效果。

▲ 带孩子去书法班学习

如果父母实在是没能力或者没时间看着孩子写字,不妨将孩子送到专门的书法班,接受比较系统的训练,父母则在家多督促孩子。这也是一个提高写字水平的好方法。

67. 孩子记忆力差怎么办？

　　戴泽上 4 年级，学习很努力。每天放学回家吃完饭就去写作业，都不用妈妈提醒。老师说戴泽在学校学习也很刻苦。但就是这样，成绩却一直都不理想，妈妈百思不得其解。正好有同事认识一位教育专家，通过介绍，妈妈就带着戴泽去找这位教育专家咨询。

　　见面后，这位教育专家并没有说什么艰深的道理，只是问了戴泽几个问题，然后又跟戴泽玩了两个游戏。单独跟妈妈说："我通过问问题和那两个游戏，发现戴泽的记忆力比较差，这可能就是他学习成绩一直不理想的原因吧……"

　　回家的路上，妈妈一直在想教育专家的话，也思考着如何操作专家提供的帮孩子提高记忆力的方法。

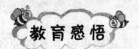
教育感悟

　　记忆，是人类大脑的重要功能，是人们获取知识的重要手段。如果没有记忆和理解，学习就无法继续下去，所以，记忆对孩子的学习有着非常重要的影响作用，记忆能力的高低也往往决定着孩子成绩的高低，正如人们看到的，那些成绩优异的孩子，记忆力也都是比较好的。

　　很多父母认为孩子的记忆力是天生的，其实不然，苏联著名教育家苏霍姆林斯基说："小学生记忆力的强弱在很大程度上、也可说在决定性程度上，取决于孩子在早期童年时代进入意识中的语言的鲜明度和情感色彩程度。孩子接受这些印象的同时也就锻炼了记忆力。"也就是说，记忆力的强弱与早期教育有很大的关系。

　　除了早期教育，动机、兴趣、记忆方法、饮食、睡眠、情绪、疾病等都能影响孩子的记忆力，孩子如果记忆力比较差，父母可以反省自己的教养方式，观察孩子，找出根源并采用适当的方法进行改善。

参考建议

▲ **保证孩子充足的睡眠和有营养的饮食**

大多数人都有这样的体验，如果睡眠不充足，或者没有吃早餐，工作效率就会比较低。孩子也一样,如果睡眠不充足,脑供氧就会缺乏,脑细胞就会损伤,脑功能就会下降,上课自然会觉得昏昏沉沉,什么都记不住了。所以,要保证孩子每天有 10 个小时的睡眠。在饮食方面,也要保证孩子每天摄入足够的蛋白质,如蛋黄、豆制品等,还要合理搭配蔬菜、水果等。只有饮食均衡,才能保证大脑的营养供应,进而有利于孩子的记忆和理解。

▲ 让孩子在兴趣的基础上进行记忆

很多父母都不相信自己的孩子记忆力差,因为孩子对一些与学习无关的东西记得不仅准确而且牢固,这其实也正说明了,孩子对所学的内容可能不感兴趣。著名作家秦牧说:"注意某一方面的事物,就可以提高对这方面事物的记忆力。"父母可以激发孩子对知识的兴趣,让他在感兴趣的基础上进行记忆。如孩子在识字时,父母可以亲身演示"人"、"大",也可以找来"水"、"火"等的象形字让孩子看,让孩子有意识地观察"水"、"火"、"山"等文字,这些形象的、具体的做法都能帮助孩子记忆。

▲ 要求孩子经常复习

心理学家艾宾浩斯曾经做实验得出一个遗忘规律,人的记忆过程一结束,遗忘就开始了。遗忘的速度是先快后慢,记忆刚结束,在短时间内就会遗忘很多,越往后遗忘越少。针对这个遗忘规律,父母可以要求孩子经常复习,以加强对知识的记忆,如要求对当天学过的知识一定要当天复习,每周进行一个周复习,每月再将所学知识整体复习一次等。

▲ 和孩子玩提升记忆力的游戏

孩子都喜欢玩游戏,父母可以借此来提升孩子的记忆力。如准备 5 样东西,让孩子看后闭上眼,父母拿走其中一样再加入两样新的东西,然后让孩子说出拿走的和添加的东西,这样可以一直玩下去。再如,让孩子观察自己家的一间房屋,然后出来,父母进这间屋子移动某样物品,然后让孩子再次观察并说出所移动的物品。提升记忆力的游戏很多,父母和孩子一起玩,既有乐趣又有益于记忆力的提升。

68. 孩子偏科怎么办?

小晴特别喜欢学英语,经常抱着英语书反复地读,每天晚上睡觉前也一定要听半个小时的英语。因为有兴趣,再加上肯下功夫,小晴的英语成绩一直在班上名列前茅。

可是其他科目就不像英语那么出色了，特别是她的数学成绩，经常是勉强能够及格，有时连及格都困难。

这种偏科的现象从她写作业的状态就可以看出来。每天到家，小晴肯定是先拿出英语作业，很快就能完成，然后她还会复习一会儿英语单词，再写其他科目的作业。最后才很不情愿地打开数学作业，皱着眉头开始写，写的过程中经常打哈欠，有时实在写不下去了，就拿出英语书来看一会儿。就这样，磨磨蹭蹭半天才写完。

就是因为数学成绩差，每次她都丢掉评选三好生的资格。

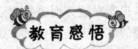

随着孩子年级不断地升高，要学的科目也越来越多。许多孩子会出现偏科的现象。有些孩子数学好，语文成绩却很差；有些孩子可能某一科的成绩非常优秀，其他科目就有些"惨不忍睹"了。

每个人的精力都是有限的，很难同时将好几件事情做好。学习也一样，能够将每一个科目都学好是非常困难的。所以学到一定程度后，会选择一门专业继续深造，即所谓的"术业有专攻"。然而对于孩子来说，正处于打基础的关键时期，这个时候就出现偏科的情况，会对孩子的学习和未来的发展产生不利的影响。

最直接的就是会影响孩子的中考和高考，这些还是看得到的影响，偏科还可能对孩子产生许多看不到的影响。比如，由于小时候偏科，对一些知识缺乏了解，可是工作中恰恰需要，那么他的工作就会受到影响。

所以，父母一定要细心观察孩子是否有偏科的情况，并想办法积极应对。

参考建议

▲ 父母不要先入为主

有些父母在孩子上学后会有意无意地灌输一些观念，比如说男孩子数学就应该学得好，而女孩子语文则要学得好一些。正是这些先入为主的观念，很可能导致自己孩子产生学科与性别有联系的错误观念，使孩子错误地认为自己学好一些科目是应该的，而学不好一些科目也是正常的，从而导致学习上的偏科。所以父母一定要注意这一点，从孩子开始上学起，就告诉他要打好每一科的基础。

▲ 及早发现孩子偏科的情况并予以纠正

如果孩子偏科没有引起父母的重视，那么可能就会越来越偏，到最后因为一些科目的基础实在太差,从而失去了补救的机会。所以父母一定要经常关注孩子是否出现偏科的迹象,给予及时的纠正,而且越早越好。

▲ 帮助孩子分配好花在各个学科上的精力

孩子在学习过程中,很可能对一些学科投入了很大的精力,越学越爱学;而对有些学科则恰恰相反,除了课上时间很少去看,导致该科成绩很差。如果让孩子按照这种自己的喜好去学习的话,偏科情况会越来越严重。这需要父母帮助孩子分配一下花在各个学科上的精力,有意地让孩子在基础较差的学科上多下些功夫,基础打牢了,也就消除了偏科的现象。

▲ 激发孩子对各个学科的兴趣

孩子偏科的主要原因之一就是对一些学科感兴趣,越学越好;而对另一些学科则兴趣全无,不愿意去学,不感兴趣可能是他还没有发现这个学科的特点,不了解该学科有意思的地方,甚至因为不喜欢教这个科目的老师而对这个科目不感兴趣。

父母可以想一些办法,激发孩子对该学科的兴趣,比如孩子对数学不感兴趣,父母就可以买一些数学方面的课外书,让孩子认识到数学世界的奇妙,根据不同学科的不同特点,根据孩子的实际状况,有针对性地采用一些方法,激发孩子对每个学科的兴趣。如果孩子是因为对老师存在偏见而偏科,要及时了解孩子为什么不喜欢老师,进行教导,而且要找到老师进行沟通,化解孩子的误解,从而接受老师的教诲。

69.孩子不爱看书怎么办?

田雨和张帆都上 5 年级了,是同桌。田雨在学习上明显比张帆显得轻松。张帆的妈妈一直很奇怪,同样上学、放学,同样做作业,田雨为什么成绩又好又轻松呢?

有一天,张帆的妈妈在学校门口碰见了田雨的妈妈,心直口快的她就直接问了,田雨妈妈说:"我也不知道原因在哪。要不你周末带张帆来我家跟田雨聊聊,也许能得到一些有效信息。"张帆妈妈非常高兴地答应了。

星期六,她们准时到了田雨家,一进门她们就惊呆了,田雨家除了两个高大的书架上装满了书之外,其他能放东西的地方差不多都放着书,坐在哪里都能随手拿起书来看。后来,她们和田雨聊天,发现田雨也没有什么特别的学习方法,就是爱看书。田雨说:"看了好多书,我觉得它们让我理解知识非常容易,而且我写作文的时候就好像有说不完的话。"

回到家后，妈妈抱怨说："你看人家田雨，多爱看书，你看看你，整天除了吃饭、睡觉，就知道看电视。"张帆反驳说："我想看书，咱家有吗？您就知道给我买作文选，那有什么意思。"妈妈想说什么，张了张嘴没说出来，她想，张帆说得有道理，她是需要给孩子买一些有益的课外书了。

教育感悟

著名作家蒋子龙说："书是可以随身携带的大学。"喜欢看书的人不仅能从书中获取知识，还能获得做人的道理，有人说"爱看好书的孩子不会变坏"，就是这个原因。

父母都希望孩子聪明、学习能力强，以后事业取得成功，于是想各种办法督促孩子学习，给孩子报各种学习班，却往往忽略了最简单有效的方法，就是让孩子爱上看书。美国阅读推广专家吉姆·特利里思说："你为你的孩子花上的阅读时间越多，孩子就会变得越聪明；越聪明，将来的成就也就越大，在学校的表现也就越好，将来赚钱的机会也就越多。如果你能帮助孩子养成阅读的习惯，你不但是造福于他，也惠及他的下一代。"可见，让孩子爱上看书并养成阅读的习惯是非常重要的。

参考建议

▲ 给孩子营造一个读书氛围

曾看过一个故事，母亲不识字，但她知道看书非常有益，为了让孩子喜欢看书，她就每天拿着一张报纸坐着看 15 分钟。孩子看母亲看得那么认真，就也去看报纸、看书，慢慢地爱上了看书，学习成绩也逐渐提高。

事实上，孩子都是喜欢模仿的，如果父母每天都有一定的时间阅读，孩子在这种家庭氛围的影响下必然会爱上看书。所以，无论父母是否爱看书，家里都要有一些书刊报纸，闲暇时翻一翻，还可以一起讨论讨论，给孩子营造一个读书氛围。

▲ 观察并发现孩子的兴趣

很多孩子不喜欢看书，是因为手边没有他感兴趣的书。父母平时要多观察孩子，多交流，了解孩子的兴趣，并买来孩子感兴趣的书。如男孩通常喜欢冒险，对科普感兴趣，就可以买一些"历险记"、"科普探秘"之类的书给孩子看，女孩更喜欢童话，可以买《安徒生童话》、《格林童话》等。好动的孩子，可以给他买

儿童体育杂志或热门球星的自传等。孩子感兴趣，自然就喜欢看了。

▲ 摈弃功利心，给孩子一些自由

很多父母认为孩子看课外书没有用，即使看课外书也要看智力开发、作文选之类与学习、考试等密切相关的书。父母要知道，大多数书都是对孩子有益的，只要他看就会从中汲取知识。所以，要摈弃功利心，孩子有一定选书能力的时候，就带他到书店让他自己选择爱看的书。

▲ 让孩子从阅读 3 分钟开始

不喜欢看书或者没有阅读习惯的孩子，一开始就让他沉浸在书中几乎是不可能的，父母可以从阅读 3 分钟开始。3 分钟可以读完一个很短的童话，一个幽默故事或笑话，只要孩子读了 3 分钟就称赞、鼓励他。既得到阅读乐趣又受到称赞，孩子就不会排斥看书。一点一点延长孩子的阅读时间，慢慢地，父母就会发现自己已经不需要再为孩子限定阅读时间了，也许还不得不强制他中断阅读去吃饭、睡觉等。

70. 孩子对学习缺乏信心怎么办？

盼盼的学习成绩已经很好了，可妈妈还是不满意，经常要求她必须考 98 分以上，还要她拿全班第一。

有一次盼盼考了 95 分，并且不是第一名，回到家被妈妈狠狠地批评了一顿。从此盼盼就暗自下决心，一定要考满分，得第一。

可是后来的几次考试，盼盼考得一次比一次差，再加上妈妈一次比一次严厉的批评，盼盼渐渐地对学习失去了信心，也开始害怕起考试来。盼盼以前经常主动找老师问问题，现在也看不到她去办公室了。

就这样，盼盼的学习成绩不仅没有进步，反而有了很大的退步。老师也觉得很奇怪，妈妈更是经常说盼盼不争气，而盼盼对自己的学习是越来越没有自信了。

孩子如果不爱学习，父母可以慢慢培养孩子的学习兴趣；孩子如果是因为学习方法有问题而影响到成绩，父母也可以纠正。可是如果孩子对自己的学习失去了信心，认为自己无论怎样努力都不会取得好成绩，问题就严重了。

对学习没有信心的孩子，可能对一门知识还没有开始学习就会先认为自己学不好而主动放弃了，那么他自然不会学到什么，成绩也不会好，这又使他对学习更加没有自信。这么恶性循环，可能能学好的东西也没有学好。

对学习不自信的孩子也不敢面对老师和父母，他担心受到批评，害怕因为没考好而受到父母的指责。孩子如果总是抱有这样的心态，是多么难受啊！

因此，父母有责任帮助孩子摆脱这种心态，让他充满自信地学习。

参考建议

▲ 不要过于看重孩子的成绩

有些父母将孩子的成绩看得无比重要，只要孩子没有考到理想的分数，就大加指责。这样做会给孩子很大压力，使得孩子对学习丧失信心，成绩越来越差。父母要认清成绩的作用，只是衡量孩子知识掌握程度的一个指标，不要看得过重，更不要因为成绩不理想而训斥孩子。

▲ 表扬孩子在学习中取得的进步

孩子对学习缺乏信心，父母就要经常鼓励他、表扬他，使孩子对学习产生信心，抓住孩子学习中取得的进步及时表扬他，哪怕这个进步十分微小，比如考试的分数比上次仅仅提高了 1 分，父母就应该表扬孩子，并鼓励他继续努力，争取下次再提高几分。这样，一点一点地，孩子就会对学习有信心了。

▲ 多多肯定孩子学习中的优点

很多孩子对学习没有信心，但知道努力去学。对待这样的孩子，父母要多肯定可取之处，比如说父母可以对孩子讲："你的笔记记得真完整。""我觉得你的单词都背了这么多遍了，听写一定没问题！"经常对孩子说这样的话，孩子也会慢慢地对自己的学习产生信心。

▲ 求助于孩子的老师

最了解孩子学习情况的是老师，父母如果发现孩子在学习上信心不足，应该及时跟老师进行沟通，找出孩子对学习没有信心的准确原因，是因为学习方法不对，或者一次考试没考好。这些情况，老师一定是最清楚的。同时，父母可以向老师咨询，自己应该做些什么。相信老师一定会根据孩子的实际情况给父母一些很好的建议。

▲ 给孩子定的学习目标一定要实际

有些孩子给自己定的学习目标过高，就像盼盼那样，经常因为达不到目标，最后使自己对学习失去了信心。对待这样的孩子，父母应该帮助他降低目标，使他能够不怎么费力地就可以达到。这样做才有利于恢复孩子对学习的自信。

71. 孩子依赖父母给答案怎么办？

2年级小学生柳岩放学回家后先吃了一些零食,看一会儿电视,才在妈妈的催促下,磨磨蹭蹭地去写作业。

没过几分钟,在厨房做饭的妈妈听到柳岩喊她,就走过去问:"喊我干什么?"柳岩说:"妈妈,这个字念什么?"妈妈一看,是"枫"字,就告诉了他读音,接着去做饭。

一样菜还没切完,就听柳岩又在喊"妈妈",原来又要问字,这次是"叠",妈妈告诉他之后说:"遇见不认识的字就去查字典,老师不是教过你们吗?"柳岩回答:"查字典多慢啊,又麻烦。"妈妈着急去做饭,也就没说什么。

刚把菜倒进锅里,就又听见柳岩在喊她,她大声说:"我在炒菜呢,你等会儿。"等她炒完菜过去一看,发现柳岩在吃瓜子,妈妈奇怪地问:"你不做作业,怎么吃起瓜子来了?"柳岩说:"这个题我做不出来,你又不过来,我就只好先吃瓜子了。"

妈妈很无奈地说:"我不过来,你可以多思考一会儿啊！怎么能老等着我给你答案,这是你的作业还是我的作业啊?"

现在的孩子,无论是在生活上还是学习上都存在一定的依赖心理,不愿意动脑思考解决问题的方法,这主要是父母的溺爱导致的。

大多数父母都认为:"只要孩子成绩好,我们为他做什么都可以。"所以把孩子的一切事情都包了。孩子摔倒了,不用自己爬起来,因为父母会把他抱起来;孩子走路遇到一个坎,不用自己想办法过这个坎,因为父母会抱他过去;有些孩子热得满脸通红、浑身是汗,却不知道脱衣服,因为衣服从来都是妈妈给他穿或脱;遇到一个生字不认识,也不去查字典,反正有父母这个"活字典";遇到难题不会做,也不用思考,反正父母那里有正确答案。孩子就是这样一步步走向包括生活、学习在内的全程依赖的。

孩子依赖心理过重,不是一个独立的人,当父母再不能帮他的时候,他遇到生活磨难就很有可能走极端。而且,这样的孩子也没有思考能力,长大后无法在社会上立足,因为只有拥有较强的思考能力才能灵活应对今后的社会竞争。

所以，父母不要小看孩子依赖自己提供答案这样的事情，要想办法让孩子动脑去思考，自己得出问题的答案。

参考建议

▲ 让孩子自己解决生活中的小难题

孩子在生活中一定会遇到一些小难题，父母不要包办，而要让孩子自己去尝试解决。如，衣服挂破了一个小口子，八九岁的女孩可以自己去缝，缝完后还可以给"伤痕"进行"美容"，买一个自己喜欢的贴画缝在"伤痕"上；再如，两个十岁左右的小男孩闹别扭，并互相打了几拳，事后他们又想和好，父母也可以不干涉，让他们自己去想办法解决等。生活是最锻炼人的，最重要的就是给孩子独立不依赖的机会。

▲ 拒绝为孩子提供简单问题的答案

有些孩子很懒，自己完全可以解决的问题，怕麻烦而直接找父母要答案。对于这种情况，父母一定要坚定地拒绝。如有些字孩子不认识，让他自己去查字典。孩子刚开始查字典可能有些慢，但经常使用就会熟能生巧，也许他还能找到更便捷的查字典方式，另外，孩子自己查字典还能多认识几个字。所以，为了孩子长远考虑，父母一定要忍耐住孩子一时的软磨硬泡，慢慢地，他就会习惯的。

▲ 对于学习难题只提供有限帮助

有时候，孩子遇到难题去找父母，父母可能会很快给出整个解题过程，使孩子免去了思考的过程，直接得到一个结果。父母既不能完全不帮忙也不能一帮到底，而是给孩子一些关键的提示，一个解题的思路，剩下的就让他自己去完成。这样孩子既动脑思考了，又有了解题的快乐。

72. 孩子不善于观察怎么办？

明明是一个粗心大意的孩子，有好几次都是因为没有注意观察而吃了亏。

有一次，明明和小伙伴在一块空地上追逐、玩耍，很开心。可是脚下不知被什么东西绊倒了，一下子摔了出去，将胳膊搓破了，鲜血立刻就流了出来。

原来，明明当时只顾着玩儿得高兴了，没有观察到周围的环境，踩到一块凸起的石头上，使自己受了伤。

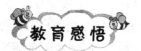

教育感悟

观察是孩子学习知识的直接途径。从对各种动物的观察中,孩子知道了自己的周围还有这么多可爱的生灵;从对风霜雨雪变化规律的观察中,了解到了一年四季的不同;从对花花草草的细致观察中,认识到了世界的多姿多彩……可见,孩子对这个世界的最初印象都是通过观察获得的。同时在观察的过程中不断巩固学到的知识,也发现新问题,学到新知识。

孩子通过观察还可以发现存在于事物内部的各种联系,看问题更加深入,孩子的分析力和判断力也会得到很大的提高。思维水平以及言谈举止一定比那些不善于观察的同龄人要高出很多。

孩子善于观察还会对他的生活产生积极的作用。一个善于观察生活的孩子,才能够发现生活中的美,才会用积极乐观的心态去面对生活。孩子能够留心观察一下周围的环境,会使他避免一些伤害。

然而在生活中,有一些孩子却不善于观察。往往对事物不是很敏感,不会注意到事物的某些特点,也很难发现事物之间的内在联系,或者对事物的观察不够细致,遗漏了很多关键的地方。有些孩子甚至懒得花费心思观察,也就更不要说做到善于观察了。

孩子的观察能力弱会影响到孩子对事物的认识,使他的理解产生偏差,不利于学习和发展。因此父母在培养孩子的各种能力时,千万不要忘记观察能力。

参考建议

▲ 父母和孩子一起观察

父母可以通过与孩子一起观察事物的方式,来告诉孩子应该如何观察以及观察些什么。这样做的好处是可以随时发现孩子的问题所在,有利于进行指导。

▲ 利用孩子的好奇心培养他的观察能力

孩子在最开始接触到周围环境时,对看到的东西都会有一定的好奇心,这正是培养观察能力的好时机。孩子对一件事物充满好奇,就会主动进行观察、探索,不会感到厌烦。这时,如果父母对孩子的好奇心加以保护,并不断引发孩子新的好奇心,那么,孩子就会慢慢地学会观察。

▲ 丰富孩子的观察内容

父母让孩子经常接触新鲜事物,不断扩展孩子的视野,是提高孩子观察能力的很好方法。为此，父母可以经常带孩子到大自然中去，让他观察花草、动物、岩石、溪流等，仔细体会它们的特点以及不同时候的不同变化。也可以多带孩子去参观博物馆，引导孩子观察展品的构造、花纹、样式等，使孩子的观察变得更加细致和全面。

▲ 游戏也可以提高孩子的观察能力

现在的许多游戏也可以在一定程度上提高孩子的观察能力。比如，有一个游戏叫做"找不同"，两幅非常接近的画，包含着一些非常细微的差别，让孩子细心观察，找出这些不同之处。

适当地让孩子玩一玩这样的游戏，会使孩子的观察能力有所提高。

▲ 诗歌能够使孩子对事观察得更仔细

诗人往往能够从平常的事物中观察出不一样的东西来。父母可以让孩子多读一些经典的诗篇，比如唐诗，体会诗中的景物是什么样子的，并发现其中的美。长此以往，孩子也会懂得留心观察身边的美丽事物。

▲ 教孩子正确的观察方法

父母在培养孩子的观察能力时，要注意教一些观察的方法。比如观察时要有一定的顺序，从上到下，从细节到整体，等等。还有可以带着孩子做观察笔记，让孩子在日积月累中提高观察能力。

73. 孩子创造力差怎么办？

小飞 5 岁，宇航 6 岁，同住一栋楼里，经常在一起玩。他们在一起时，小飞处处显得循规蹈矩，而宇航就大胆多了，总是不断换着花样玩。

一天，他们又在楼下花园遇见了。小飞的妈妈看着儿子老追着宇航玩，就对宇航的妈妈说："宇航真会玩，我们小飞就不行，只会跟着别人玩，创造力太差。"宇航的妈妈听了，只是笑了笑没吭声。小飞听了却有点不服气，他想了一会儿，就把手里的遥控车放在花园小凳子上，准备让车沿着凳子行走。妈妈看到后，赶紧制止："车哪能这样玩，要是摔下来还不把车摔坏了。"小飞又想把他的小自行车拴在遥控车后面，让遥控车拉着自行车走，小飞妈妈又上前制止说："不能这样玩，会把遥控车弄坏的。"几次遭到妈妈的制止，小飞有些生气，扭头回家了，小飞的妈妈赶紧追了上去。

看着小飞母子的背影，宇航的妈妈心想：这样对待孩子，孩子的创造力能不差吗？

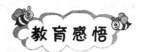

教育感悟

父母都知道创造力对孩子的重要性,也都希望孩子具有创造力,事实上,每个孩子天生都具有创造能力,因为孩子的思维本身很少受条条框框的约束,也不受时间、空间的限制,往往比成人的思维更丰富更大胆,这种思维如果发展下去,就会成为一种创造力。所以,我国教育先驱陶行知说:"处处是创造之地,天天是创造之时,人人是创造之人。"其中的"人人"就包括孩子。

但是,2009年的有关调查结果显示,我国孩子的计算能力排名世界第一,而想象力却排名倒数第一,创造力排名倒数第五。这是为什么呢? 孩子的创造力去哪里了呢?

我国孩子创造力的消失与父母有很大关系。有些父母缺乏耐心、过于担心孩子、爱护玩具、自身能力有限……无论哪一种类型,父母大都喜欢用一些规矩来约束孩子,对孩子奇怪的想法表现出漠视或嘲笑,孩子的想象力、创造力就在这些规矩、漠视、嘲笑中慢慢消失殆尽了。

另外,目前的应试教育对孩子的想象力、创造力也起到了一定的禁锢作用,在试卷上,对于"雪融化了是什么"这个问题,回答"水"就是对的,如果回答"雪融化了是春天"就是错误的。孩子所有的精力都服务于标准答案,也就谈不上想象力、创造力了。

当然,大环境也在慢慢改变,父母也要改善自己家中的小环境,给孩子一片天地,以培养他的创造力,毕竟拥有创造力,一个人才能够获得更好的生存与发展。

参考建议

▲ 鼓励孩子为玩具想出多种玩法

父母很容易被规矩禁锢住,往往会认为一种玩具就一种玩法,如车就只能在地上跑,积木就只能用来搭城堡等,其实不然,如果父母不加限制,孩子可以给玩具想出很多种玩法,如一种塑料圆片拼插玩具,可以当成"饼干"玩买卖游戏;女孩子可以用彩线串起来当项链……所以,孩子玩玩具时,父母不仅不要限制,还要鼓励他想出多种玩法。

▲ 多带孩子接触新鲜事物

孩子来到这个世界后,父母要多带孩子去接触新鲜的事物,因为创造不会凭空出现,是以积累的素材为基础的。另外,还有一些事物是父母都觉得新鲜的，是最新的发明创造，父母有条件可以带孩子去接触了解，从而激发孩子创造的愿望。

▲ 多向孩子提问

任何人的思维都会有局限性，孩子也一样。在学习上，他可能只想出了一种解决问题的方法，父母可以问一句："如果从××角度来解，会怎么样呢？"引发孩子思考另一种解法。

在生活中，一件事情结束后往往只有一个结果，父母可以问孩子："假如……会怎么样呢？"在"假设"中，孩子会多几个角度思考、想象，创造力就是这样慢慢产生的。所以，父母跟孩子在一起可以多提问，无论读书、讲故事，还是学习、生活琐事，都是培养孩子创造力的好机会。

74. 孩子不爱惜书本怎么办？

有一天，亮亮突然缠着妈妈要她去买语文课本。妈妈感到十分疑惑，就问亮亮："你不是有语文课本吗，为什么还要买啊？"

"我的那本坏了。"亮亮答道。

"坏了？"妈妈更加疑惑了，要求亮亮把书拿出来，想看一看到底是怎么"坏"了。

亮亮翻了会儿书包，从里面拿出一些散碎的纸张来，随手交给了妈妈。

妈妈一看到亮亮的"书"，脸色马上就变了，生气地说："好好的一本书怎么让你弄成这个样子了？"

亮亮却是一副无所谓的样子："我就是拎着书玩儿来着，谁想到这本书这么不结实！"

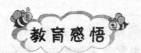

教育感悟

书本是孩子学习知识、了解世界的重要工具。从幼儿时期的图画书，识字用的书，再到上学用的课本，以及各种各样的课外书，长大后依然需要看书学习……可以说书将会陪伴孩子一生。

可是许多孩子却不懂得善待这位"朋友"。书被弄得"支离破碎"，或者很干净、漂亮的一本书被画得乱七八糟，甚至有些孩子撕下书页来当废纸用。

这些不爱惜书本的行为是非常不好的。孩子的书都变得残缺不全了，他怎么能够学到完整的知识呢？而且,从不爱惜书本的态度上就能知道他也不会认真学习。

孩子不爱惜书本,会给他的学习带来很大的负面影响。所以父母应该教导孩子爱惜书本,善待它们,使孩子能够从书本上学到更多的知识。

参考建议

▲ 培养孩子包书皮的好习惯

孩子上学后,每学期都会发新书。父母可以教会孩子如何包书皮,并告诉孩子,每学期发下新书后的第一件事就是应该给这些书包上漂亮的书皮,使包书皮成为孩子的一个习惯。

父母还可以给孩子准备一个临时的书皮,从图书馆借来书后用临时书皮包上,还书的时候再取下来。孩子养成了包书皮的好习惯,也就知道爱惜图书了。

▲ 告诉孩子不要在书上乱写乱画

很多孩子的书空白处画着各种各样的图案,甚至有数学演算的痕迹。这些是不爱惜书本的表现。父母要教导孩子,看书的时候就专心看书,不要在书上乱画。更不能随便在书上做演算,演算应该在草稿纸上完成。

▲ 监督孩子整理自己的书

书本是需要精心呵护的,否则很容易造成书页的破损。可是有些孩子看完书后总是随手一扔,或者写完作业后胡乱塞进书包里,这些做法都是非常不好的,正确的做法应该是将书整齐地码放到书架上,或者平整地放进书包里。如果孩子不知道这样去做,父母可以提出明确的要求,告诉他怎样做,给他做示范,并且经常监督孩子整理好他的图书,使他养成习惯。孩子知道整理图书了,也就有了爱惜书本的意识。

▲ 组织孩子交换书籍阅读

父母可以组织一些孩子拿出自己喜欢的书籍交换着阅读。在交换阅读的过程中,有意识地让孩子去比较谁的书新,谁的书干净,谁的书保存得好,让孩子说一说自己是如何爱护图书的,比一比看谁的方法更好。

同时,父母也可以告诉孩子:不要把别人的书弄脏了,要不人家会不高兴的,也就不会再借给你书看了。提高孩子爱惜图书的意识。父母也可以建议老师组织有关"爱惜图书"的主题班会,教育孩子爱护书籍。

75. 孩子没有时间观念怎么办？

9岁的赵铭做什么事都是磨磨蹭蹭的，他的口头禅就是"急什么，时间有的是。"

早晨，起床的闹铃响了，赵铭把闹铃一关接着睡，妈妈着急了，叫他起床，他说了句："急什么，时间有的是。"然后慢腾腾地穿衣服。

晚饭后，该写作业了，可是赵铭还在摆弄他的玩具车，妈妈催他，他说："急什么，时间有的是。"结果，做完作业已经将近10：00了。

为赵铭的"急什么，时间有的是"，爸爸妈妈不知道批评过他多少次，但很少管用。

有一天放学后，赵铭一回家就说："妈妈，据说市领导明天要来我们学校检查，老师说谁迟到就连续扫一个星期厕所，您明天可千万催着我点。"妈妈答应了，觉得这可能是一个机会。

第二天早上，赵铭又习惯性地按下闹铃接着睡，再醒时已经差10分钟就迟到了。他急得都要哭了，央求妈妈骑车送他，妈妈不动声色地说："急什么，时间有的是。"赵铭愣了一下说："妈妈，我知道错了，我一定改。"尽管妈妈骑车送赵铭去学校，但他还是迟到了。

从那以后，赵铭再也不说"急什么，时间有点是"了。

教育感悟

孩子出生后，并不知道有"时间"存在，只是随着父母不断地提及，他们才知道了"时间"。但"时间"对他们来说仍然是抽象的概念，一个模糊存在的东西，所以，他们不像成人一样具有时间紧迫感，也不知道珍惜时间。这很正常，父母要抱着理解的态度去看待这个问题。

但是，这并不是说就可以不向孩子灌输时间观念，不培养孩子管理时间的能力。时间对每一个人来说都非常重要。英国剧作家莎士比亚说："放弃时间的人，时间也会放弃他。"今天的孩子面临一个讲时间、求效率、快节奏、高速度的时代，要想立足于社会，取得成就，就必须抓紧时间学习，学会合理地支配时间。所以，父母要摒弃陈旧的批评、督促、埋怨等方式，想出更为积极有效的方法来帮助孩子建立时间观念。

▲ **给孩子一个闹钟,让他感受时间**

说到时间,古人会看太阳,今人会看表,表可以说是时间最直观的体现。父母可以送给孩子一个闹钟,告诉他如何看时间;跟孩子在安静的环境里静坐,看着闹钟的时针、分针、秒针的走动,让孩子感受时间的流动,流走的时间就再不会回来。这种做法可以多次重复,以加深孩子对时间的印象。

▲ **与孩子一起制订作息时间表**

有良好作息规律的孩子往往时间观念强一些,所以,父母可以跟孩子一起制订一个作息时间表,包括起床、吃饭、睡觉的时间,也包括写作业、练琴、画画、游戏的时间。一旦制订,就要坚持执行,久而久之,孩子就形成了习惯,到了某个时间就知道该去干什么。因为每一分钟都有安排,孩子也就没有磨蹭、浪费时间的余地了。

▲ **教孩子学会统筹安排**

10岁的莎莎在妈妈生日那天决定让妈妈休息,她来做家务。妈妈很高兴,就坐在沙发上看莎莎干活。女儿先扫了地,然后去涮墩布,墩布很湿不能擦地,她就等着。擦完地她又开始擦桌子,但刚擦过的地容易踩脏。看着女儿手忙脚乱且满头大汗,妈妈很心疼,但也没说什么。

晚上睡觉前,妈妈跟莎莎说:"你今天替我做了很多,我很高兴。但是,我能不能给你提个建议?"莎莎问:"什么建议?"妈妈说:"我觉得你今天的家务活可以这样做:先扫地,然后涮墩布,墩布渗水的时候擦桌子,擦完桌子墩布也不那么湿了,正好可以擦地,擦完地你也不会因为要擦桌子而把地踩脏了。"莎莎想了想,点头说:"这个过程比较合理。那——我还可以边干活边听英语或音乐呢!"妈妈也点头:"嗯,好主意。"

任何一个人要想高质量、高效率地利用时间,就一定要学会统筹,毕竟有些事情是可以同时做的。孩子小,不懂得合理安排,父母可以教孩子统筹节约时间。

76.孩子考试紧张怎么办?

小松是家中的独生子,父母对他寄予了厚望,希望他能有出息。

小松也很争气，听爸爸妈妈的话，努力学习。可就是害怕考试，只要一临近考试，不管是大考还是小考，他都会睡不好觉，结果经常没有发挥出自己的正常水平，这令父母很失望，而他自己也很苦恼。

小松也经常对父母说："我考试的时候就是紧张，一紧张好多题就都不会了。"

爸爸却总是说："肯定是你平时没用功，否则你把知识学扎实了，还有什么可紧张的。"妈妈倒是理解孩子，但除了安慰他几句以外，也不知道怎样才能帮助小松克服考试紧张的情绪。

教育感悟

人的一生中要经过许许多多的考验，对于孩子来说，考试就是他生活中的一种重要考验。孩子需要面对的考试很多，小到听写，大到中考、高考，中间还有周考、月考、期中、期末以及各个科目的单元测验。

有些孩子面对考试表现得很从容，但是有些孩子就不一样了。害怕考试，一考试就紧张。

其实适度的紧张对孩子也是有好处的，至少说明他重视考试，并且希望在考试中取得好成绩。适度的紧张可以促使孩子抓紧时间，认真复习，为取得好成绩而做好准备。

然而紧张过度就不好了。就像小松那样，离考试还有几天时间就睡不好觉，这样就会使他没有足够的精力来进行考前的复习，也会使他的头脑在考试的时候不清醒。一些孩子在考试的前几周就开始紧张了，还有些孩子一看到监考老师心跳就开始加速，头脑一片空白，更有甚者紧张得连名字都忘记写了。

孩子如果以这样的状态去参加考试，怎么能够取得好成绩呢？但是父母也不应该因此就苛责孩子，因为苛责不会解决任何问题，反而会加重孩子的紧张情绪。父母应该用一些合理有效的方法，帮助孩子慢慢克服考试时紧张的情绪。

参考建议

▲ 不要给孩子太大的压力

有些父母望子成龙的心情很强烈，孩子考 99 分都不满意，还要求孩子必须拿第一。在这样的重压之下，孩子就会对考试产生紧张的情绪，害怕考不好又让父母失望,从而影响考试的正常发挥。父母望子成龙的心情可以理解,但是切不可给孩子太大的压力。

▲ 考前帮助孩子减压

有些孩子的父母没有给他压力,可是孩子自己给了自己很大的压力。这样的孩子往往是把学习目标定得太高了,而且自己也知道可能达不到,所以越临近考试就越紧张。这时就需要父母主动找孩子谈话,帮助他分析学习情况,了解真实实力,把目标定得实际一些,并告诉他无论他考得怎么样,父母都不会怪他。这样帮助孩子减轻紧张情绪。

▲ 帮助孩子做好复习

考前的这段复习时间对孩子来说是非常重要的,如果孩子利用好这段时间,查漏补缺,将已经掌握的知识进行巩固,考试时会更有信心。让孩子有计划、有步骤地进行复习,可以大大缓解孩子的紧张情绪,因为孩子将心思花在了巩固知识上面,不会过多地去预想考试结果等让他紧张的事情了。而且随着复习的深入,孩子对知识的掌握越来越牢固,他也会变得越来越自信。在这个过程中,需要父母做的就是关注孩子的复习状态,帮他有效复习。

▲ 平时看紧孩子的学习

孩子考试紧张的原因归根结底还是知识掌握得不扎实,对自己没有信心。所以还是要从他平时的学习上下功夫。父母要多督促孩子在平时用功,让他安排好自己的学习,将知识掌握牢固。考试之前不要给他太大压力,这样孩子就能够充满自信地走进考场了。

77. 孩子不守纪律怎么办?

6岁的廖小亮上小学了。因为爸爸妈妈的工作总是换地方,所以上小学之前,廖小亮几乎是被爸爸妈妈"放养"着长大的。

廖小亮平时很招人喜欢,聪明、活泼,也很爱说话。但是,上小学之后,廖小亮却让妈妈头疼,因为老师说他不遵守纪律,上课不到20分钟就坐不住了,总想起来活动活动。要么动动其他同学,要么跟同桌说话。在教室外面排队的时候,他总是从队伍里出来跑前跑后……

妈妈知道这可能跟他没有稳定地上过幼儿园有关,但是,她也不知道该怎么办。

教育感悟

孟子说："不以规矩，不能成方圆。"所以，家有家规，校有校纪，国有国法。家规、校纪、国法之所以存在，就是约束人们的行为的。人们遵守家规、校纪、国法，就能保证安定、有序地生活。但是，很多孩子却不懂得遵守纪律，这是为什么呢？

首先，孩子的好奇心很强，有自己感兴趣的事情，就会马上去做，没有足够的控制能力。

其次，今天的孩子在家里几乎想要什么就有什么，想做什么就做什么，在家中没有养成要遵守纪律的习惯，到学校自然不会马上学会遵守纪律。

再次，古人说："亲其师，信其道。"如果孩子喜欢老师，或者受到老师的喜欢，就愿意听老师的。相反，如果总被老师批评，就会对老师产生反感情绪，和老师对着干。这是造成孩子不遵守纪律的一个主要原因。

最后，不遵守纪律，还可能因为孩子对老师所讲的内容不感兴趣。父母肯定都见过孩子因为对某件事感兴趣而表现出非常专注的样子，而缺乏兴趣时，就会显得不耐烦。同样，孩子如果对老师讲的内容不感兴趣，很可能就会以不遵守纪律来表达他的不耐烦。

学校是一个讲求纪律的地方，父母必须想办法引导孩子学会遵守纪律。

参考建议

▲ 制订家规，让孩子遵守

试想一想，一个在家中乱扔玩具，作息时间不规律，吃饭也不规律的孩子，肯定是自由散漫的，他到学校也就没有遵守纪律的概念。所以，父母要先从制订家规开始，给孩子灌输规则以及遵守规则的意识。父母可以跟孩子协商后制订家规，如，玩完玩具后自己收拾；按时起居；不能拖延吃饭时间；进别人房间前要先敲门；晚上不能太晚回家；未经家人同意不能在外留宿；说错话做错事要礼貌道歉；看电视时不要干扰到别人等。制订家规后，家庭成员要相互监督坚持执行。

▲ 教孩子遵守游戏规则

孩子喜欢游戏，玩游戏都要遵守一定的游戏规则，这也是培养孩子遵守规则、遵守纪律的好机会。父母和孩子一起玩跳棋、下象棋时，不能由着孩子的性子，他想怎么玩就怎么玩，而一定要遵守游戏规则，否则父母就拒绝和他玩。另外,带孩子到游乐场玩,游乐场人多,父母就要耐心带孩子排队,而不要让他插队。慢慢地,孩子就会懂得凡事都要遵守一定的规矩。

▲ 锻炼孩子的自制力

有些孩子不遵守纪律是因为自制力差,不能控制自己,父母可以有意识地锻炼他的自制力,如让孩子安静地读书 10 分钟,如果做到了就再延长一点时间;还可以让孩子练习长跑、游泳等需要耐性的运动,在跑不动、游不动的时候告诉自己再坚持一下。久而久之,孩子的自制力就会提高。

▲ 激发孩子的学习兴趣

父母可以想一些办法让孩子对老师课堂内容感兴趣,这样孩子就能在课堂上集中注意力了。如,父母让孩子当自己的老师,将他当天学到的知识教给自己,促使孩子在课堂上专心听讲。再如,生活中处处有数学,父母可以引导孩子关注与他课本内容相关的一些生活中的数学问题,告诉他答案在课堂上。这样,孩子在课堂上就会专心一些。

78. 孩子对老师有抵触情绪怎么办？

小帆是一个很敏感的孩子。

有一天小帆回到家后迟迟没有写作业,妈妈不解地问:"小帆,怎么还不去写作业啊？都写完了?"

小帆却生气地说:"一点儿也没写呢！我以后就不写刘老师留的作业!"

妈妈听出了小帆的话里充满了对班主任刘老师的情绪,便走过来耐心地问道:"小帆怎么了？为什么生这么大的气啊?"

原来那天上课时刘老师问了一个问题,小帆高高地举起手来,可是刘老师却看都没看他一眼就叫了另外一位同学。小帆认为是老师故意不叫他,便对刘老师产生了意见。

妈妈知道是小帆敏感的内心在作怪,便对他说:"小帆,你可能错怪老师了,老师可能是真的没看到你。"

小帆想了想,觉得妈妈说的有道理,便打开书包开始写作业了。

教育感悟

孩子是非常情绪化的,有时会因为非常小的一件事情就会对一个人产生好感或者厌恶感。而老师在与孩子的接触中难免会产生一些误会，结果导致孩子对老师产生抵触情绪。

还有些孩子是因为不适应老师的管教，觉得那是对他的一种束缚，因而产生了很强烈的抵触情绪。

无论什么原因导致孩子对老师产生抵触情绪，这种做法都是不对的。首先，这么做是对老师的不尊重。其次，孩子对老师怀有抵抗情绪，会极大地伤害师生感情，不利于孩子的健康成长。还会给老师的工作带来很多麻烦。最后影响到的还是孩子自己。比如有些孩子对老师的批评有情绪，就会使他不能清醒地认识到自己的错误，阻碍自己的进步；还有些孩子因为对某一位老师有情绪而对老师教的科目有情绪，直接影响到学习。

因此，父母要重视孩子是否有对老师的抵抗情绪，一旦发现要及时予以消除，不能让它影响孩子与老师的感情以及孩子的健康成长。

参考建议

▲ 找出孩子抵抗老师的原因

如果父母得知孩子对老师有抵抗情绪，千万不要训斥，因为训斥只会让他的抵抗情绪更强，而且会将这种情绪延伸到父母身上。父母要做的是先倾听孩子的想法，并表示理解孩子。然后再告诉孩子："只要你表现好，老师其实是会很喜欢你的。"当然父母也要及时与老师沟通，共同消除孩子的抵抗情绪。

▲ 教导孩子从老师的角度去考虑

有时孩子可能误会了老师，比如就像小帆那样，因为老师没叫他回答问题就产生了情绪，其实很可能是老师没有看到他。这时，父母就要引导孩子站在老师的立场上去思考问题，让孩子了解到老师的难处和辛苦，化解对老师的误会。

▲ 邀请老师来家里做客

老师在学校要面对许多学生，因为工作需要必须要有威严，这种威严很多时候就会让孩子感到不太舒服，从而导致对老师产生抵抗情绪。父母可以主动邀请老师来家中做客。当老师以客人的身份出现在孩子面前时，这种威严就会少许多。孩子感受到老师也能像爸爸妈妈的朋友那样来家里做客，和自己交谈，会对老师产生亲切感，抵抗情绪也就随之消散。

▲ 教育孩子尊敬老师

从孩子刚开始上幼儿园时，父母就应该教育孩子要听老师的话，对老师要尊敬。即使老师批评他也是为了他好。让孩子从一走进幼儿园门对老师就怀着一种崇敬之情，老师批评他时他也不会感到不适应，不会产生抵抗情绪。

第四章　品行人格问题

　　无论是在古代还是在现代，无论是在国外，还是在国内，品行人格对每一个人来说，都是非常重要的，对孩子来说也是如此。一个品行人格好的孩子，一般都会事业有成，生活幸福。但是，如果父母不重视解决孩子在品行人格方面出现的问题，孩子可能一生都会坎坎坷坷、磕磕绊绊，一路走来，总是不会顺顺利利。

79. 孩子不孝敬父母长辈怎么办？

沈昊11岁，个子都快和妈妈一样高了。爸爸妈妈看着他一天天长大，感觉很欣慰。但有一天，沈昊却让爸爸妈妈很寒心。

那天，妈妈早晨起来觉得有些头晕，她勉强支撑着到厨房做了一顿简单的早餐，就又重新躺到了床上。

沈昊起床后，洗漱完毕，到餐桌上一看就说："妈，怎么只有粥和鸡蛋啊，没有面包了？"妈妈闭着眼喊他："昊昊，我今天有些不舒服，你赶紧吃完饭，把锅里的粥装到保温饭盒里，给你爸爸送到菜市场去。"沈昊一听，大声喊："我才不去呢，要是在那附近碰见我们同学和老师怎么办？多丢人啊！"妈妈生气地说："真是白养你了。我们这么辛苦赚钱养你，你竟然嫌我们丢人！"

她挣扎着站起来，可能是起得太突然，竟然晕倒在地。沈昊忙把她拉起来，给爸爸打了个电话，就自顾自地吃饭去了。

妈妈躺在床上，心里很难过，她心想：把孩子养这么大，自己病了，他连问都不问；爸爸饿着肚子去卖菜，他竟然都不想去送饭。自己怎么养了这么个不知道孝敬父母的孩子？

教育感悟

亲情是人类众多情感中最为重要的一种，重视亲情的人是有善心、爱心和良心的，重视亲情的人是会懂得孝敬父母、尊敬长辈，知道这是做人的本分，是天经地义的事，也是养成其他各种品德的前提，所以，古人说："百善孝为先。"

中华民族向来以"孝"为传统美德，但是，今天的社会上却屡屡出现这样一些事例：子女将年老病重的父母放在医院里不管不问；留学儿子因为母亲不及时给钱就举刀刺母；寒冷的冬天将父亲赶出门外，让其住在楼道里；兄弟姐妹几个推诿责任，谁也不愿意赡养老人……为什么这样的例子数不胜数、层出不穷，今天的孩子都怎么了？他们为什么不懂得孝敬父母长辈呢？

目前社会上教育孩子的普遍风气是"重智轻德"，即单纯要求孩子好好学习，让孩子练习吹拉弹唱、绘画、舞蹈等才艺，而忽视了品德的培养，结果导致孩子的成长出现偏差，甚至形成了不健全的、畸形的心理。

孩子不懂得尊敬父母也与父母的教养方式有关。如有些父母认为孩子是自己的私有财产,随意打骂,这会让孩子对父母产生敌视心理。感受不到父母的爱又怎么会孝敬父母长辈呢? 还有的父母,自己对父母就不孝敬,孩子难道不会有样学样吗?

相信任何一位父母都希望自己辛苦养大的孩子能够孝敬父母和其他长辈。但是,孩子孝敬父母长辈的品德是需要父母想办法培养的,不会"树大自然直"。

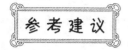

▲ 带孩子"常回家看看"

现在的家庭结构以"三口之家"居多,很少有以前的"四世同堂"了,父母应该尽量抽时间带孩子"常回家看看",给父母端杯茶、倒点水,给父母捶捶腰、捶捶背、做做饭,吃饭时给父母添点饭、夹点菜⋯⋯这一举一动都会让孩子看在眼里、记在心里,成为他的模仿对象。

▲ 鼓励、肯定孩子的"孝行"

"人之初,性本善",孩子天性是善良的,父母的爱意,孩子是能感受到的,偶尔也会有回报的,他在吃水果的时候,可能会想起来递给父母一个,有些父母这时就会说:"你吃吧,我不吃。"几次之后,孩子就会认为不需要跟爸爸妈妈分享。相反,如果父母接过孩子递给自己的水果,说声:"谢谢,你关心我,我很高兴。"孩子受到鼓励就会继续下去,这都是孩子日后孝敬父母的基础。

▲ 让孩子了解父母的艰辛

从古至今,富裕的家庭都是少数,大多数家庭都需要父母辛苦工作才能支撑下去,父母不能只让孩子享受衣食无忧的生活,还要让他了解父母为衣食无忧的生活付出了很多。父母可以在日常谈话中说一些工作的细节,但不要以抱怨的语气说,否则孩子可能会养成不断抱怨的坏习惯。

▲ 给孩子讲孝敬父母长辈的故事

我国是一个讲究"孝"崇尚"礼"的国家,在几千年的历史中积累了无数传统美德故事,其中孝敬父母长辈的故事占据很大一部分,父母可以从其中挑选一些经典的故事如"扇枕温衾"、"亲尝汤药"等讲给他听,起到"润物细无声"的作用。

80. 孩子爱撒谎怎么办?

淘淘5岁了,特别贪玩儿,经常为了玩儿,连饭都不好好吃,妈妈还要专门看着他吃饭。

有一次，还没吃完，淘淘就坐不住了，说要上厕所大便。没办法，妈妈只能让他去。可在厕所没待半分钟，淘淘就跑了出来，又说自己不想上厕所，说完就跑去玩儿了。

奶奶说："淘淘早上已经方便过了。"妈妈这才意识到，淘淘原来是为了早点儿去玩儿而对自己撒了谎。

妈妈非常生气，把淘淘拉了过来就象征性地打了他两下，并且严厉地说："看你以后还敢不敢骗我！"淘淘被打后哇哇大哭起来。

教育感悟

撒谎是不诚实的表现。诚实，对于孩子非常重要。孩子对父母诚实，才能够从父母那里得到更多有益的教导；对老师诚实，才能从老师那里学到真正的本领。

可是在生活中，有些孩子却经常会说谎。有的是因为做了错事，害怕受到惩罚，采用谎言隐瞒事实的真相；有的孩子则是想得到老师和父母的表扬，或者得到同伴的赞赏，因此说一些谎言来满足自己的虚荣心；还有一些孩子则纯粹是为了好玩儿，用说谎的方式进行恶作剧。

可是无论是出于哪种原因，孩子说谎的影响都是不好的。比如，为了逃避惩罚而说谎，会使孩子不能及时地改正错误，还可能变得没有责任心；为了满足虚荣心说谎，会使孩子陷入虚荣的泥沼不能自拔；为了一时好玩儿而骗人就更不可取了，不仅是对他人的不尊重，还有可能给他人带来伤害。

所以，父母应该认真对待孩子撒谎这个问题。

参考建议

▲ 正确对待孩子犯的错误

有些父母面对孩子犯的错误，总是不能够冷静对待，经常大发脾气，责骂孩子，甚至动手打孩子。慢慢地，孩子犯错时会因为惧怕责罚而不敢告诉父母实情，用各种谎言来隐瞒自己的错误。这种谎言其实是父母"逼"孩子说的，因此父母在对待孩子犯下的错误时一定要使用正确的教育方法，指出孩子哪里错了，让他知道为什么这么做不好，对孩子敢于承认错误的行为还要予以肯定，避免孩子因为怕挨说而说谎。

▲ 父母自己不要有谎言

人们经常可以在医院听到父母为了让孩子打针、吃药，说"药不苦"或者"打针一点儿也不疼",可是当孩子吃了药,打过针之后,就会发现自己"受骗"了。还有些父母,为了不想接某个人的电话,就让孩子跟对方说父母不在家。父母可能没有意识到,这些行为会影响到孩子,使孩子遇到不愿意做的事情时也会编造理由。所以父母一定要注意自己日常的言行,别让自己的谎言害了孩子。

▲ 让孩子懂得说谎的害处

说到说谎的危害,很多人都会想到那则经典的寓言故事《狼来了》。利用类似这样的故事来教育孩子,让他懂得说谎会带来很多害处。或者发现孩子说谎后,就事论事,给孩子讲清楚说谎对他自己的危害,比如孩子为了不写作业而说谎,可能会瞒过父母,而省得写作业,可是这样就会少学到很多东西,落下功课……孩子认清了说谎的危害后,也就不再说谎了。

▲ 及时解决孩子诚实讲出的问题

如果孩子诚实地告诉父母自己撒了谎,父母应该先表扬这种行为,再用温和的语言问一问孩子为什么说谎,以及他遇到了什么问题。帮助孩子及时地解决,让孩子知道,只要他能够做到诚实,就会得到父母的谅解,并且还会得到帮助,这么一来,孩子也就没有必要说谎了。

▲ 常与老师联系,不给孩子说谎的机会

父母不常与老师联系,会给孩子留下很多说谎的空子。比如,作业留了多少,考试成绩如何,这些方面,孩子都有可能在老师和父母没有联系的情况下撒些小慌。父母应该经常向老师询问一下孩子的情况。

81. 孩子自私自利怎么办?

10岁的梁姗长得挺漂亮,看上去也挺文静,但是,院里的小朋友都不喜欢和她玩,在班级里,梁姗也几乎没有好朋友,因为大家都觉得她很自私。

有一天,同院的几个孩子一起玩,一个叫小茹的女孩穿了一双轮滑鞋。滑了一会儿,另外一个女孩说:"让我试试行吗?"小茹欣然答应了。两个女孩你滑一会儿我滑一会儿,玩得很开心。在旁边看着的梁姗也想玩,小茹也同意了。

没过几天,在梁姗的要求下,妈妈也给她买了轮滑鞋。她穿出来滑的时候,那几个女孩看见了,就想像上次一样大家一起玩,可是梁姗不同意,说:"这是我的新鞋,不能给你们玩。"女孩们说了声"你真自私"就走开了。

梁姗不光在外面很自私,在家里也很自私。妈妈做了或者买了好吃的,从来都是她先吃,否则她就会大哭大闹。

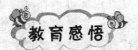
妈妈看着这个自私的女儿很发愁，真不知道该怎么办才好。

教育感悟

从古至今，自私自利都是一个贬义词，自私自利的人眼里只有自己没有其他人，从不为其他人着想，做一切事都是为了自己的利益。现在自私自利的孩子越来越多。为什么呢？

大多数家庭都只有一个孩子，家庭成员的爱与关心都投射到这一个孩子身上，家中所有好吃的、好玩的都是他一个人的，没有人跟他争抢，孩子就觉得这一切都是理所当然，即使出了家门，也觉得一切都应该围绕自己转，为自己服务。所以，孩子之所以自私自利，一部分原因是父母的溺爱。

另外，孩子天生就有一种利己的倾向。心理发展没有达到成熟阶段的一段时期内，往往认为"我即世界"，所有东西都是"我的"。这很正常，是孩子成长的必然，这一段时期父母应该肯定孩子的这种意识，有益于培养孩子的物权意识，以及让孩子的世界里有一个"自我"。但是，4岁之后，孩子就能认识到自我之外还有一个世界，这时父母就要引导他关注世界、关注他人，才不至于陷入"我"的世界里而自私自利。所以，如果孩子长大后依然自私自利，其中一个重要的原因就是父母没有及时引导、教育。

参考建议

▲ 教孩子分享食物和玩具

日常生活中，每一个孩子都会有自己的玩伴。父母可以让孩子将自己的食物和玩具与其他小朋友分享。告诉他，分享中小朋友不仅能品尝到他的食物、玩到他的玩具，他也可以品尝到别人的食物、玩到别人的玩具，孩子觉得他也有收获就愿意分享了。

▲ 向孩子示范如何不自私

俗语说："远亲不如近邻。"邻居之间互相分享美味、日常用品，有困难互相帮助，不仅邻里关系和睦，孩子也能从这种交往中学到分享，学到互帮互助，不那么自私自利了。

另外，父母跟朋友之间分享吃的、用的，甚至痛苦、快乐，也是在向孩子示范如何不封闭在自己的小世界里，如何不自私。

▲ 通过游戏演示自私的后果

孩子自私自利是因为他只享受了这种行为带来的益处，如独享好吃的、好玩的,体验不到这种行为给其他人带来的伤害,以及给自己带来的不良后果。所以,父母可以通过游戏的方式将自私的后果演示给孩子。如,孩子独占了一盘他爱吃的菜,父母可以找机会单独做孩子爱吃的菜,然后学着孩子的口气说这是自己爱吃的,不让孩子吃。通过"角色换位"来让孩子体验他人自私自利给自己带来的感受。"游戏"结束后,父母可以用亲切的语言"点醒"他。

▲ 让孩子远离自私自利的伙伴

人是群居的,每个人的行为都会受到其他人的影响,如果孩子经常与自私自利的孩子在一起,难免会受到影响。所以,父母看到孩子的某个伙伴非常自私自利,可以让孩子远离他,当然,一定要告诉孩子具体的理由。

82. 孩子爱占小便宜怎么办?

有一天,小远的妈妈被老师叫到了学校,原因是小远借同学的钱不还。

妈妈非常吃惊,心里也不禁产生疑问:我每天都给他零花钱啊,应该够他花的了,可是这孩子为什么还要去跟别人借钱呢?

经过老师的叙述后妈妈知道了事情的详细情况。原来,小远最近喜欢上了吃零食,开始经常往学校里的小商店跑,饮料、零食什么都买,自己钱不够时他也会向同学要吃的、喝的,或者直接向同学借钱,然后对同学承诺过几天就还,可最终却并不还钱。

小远从这些小便宜当中尝到了"甜头",便不断地向同学借钱,还钱的事却迟迟不提,结果被其他同学告诉了老师。

教育感悟

有些时候孩子也不是故意占人家的便宜,也不知道自己的行为叫做"占小便宜"。之所以这么做完全是因为在家里习惯了。现在的孩子都是在"蜜罐儿"里长大的,父母为他提供了很好的物质条件,孩子吃香喝辣,没有"这个东西是谁的"这个概念。在外面看到自己喜欢的东西就想把它拿过来。

还有些孩子有过一两次占小便宜的经历,比如说借了别人的东西没有还,别人也忘记了这件事,结果孩子就得到了那样东西;或者偶尔一次坐公交车逃票……有了这样的经历后,孩子可能会觉得这是一种不错的方式,可以不费什么力气就能得到一些东西,或者省掉一些钱,就会再次使用这种方式去占便宜。

无论是哪种情况，孩子爱占小便宜的行为是十分不可取的。占小便宜是一种不劳而获的行为，孩子如果经常想着占便宜，就会贪图小利，不思进取。也不会受到大家的欢迎，从而影响他的人际交往。

父母不要看到孩子占了便宜，认为是得了实惠，就放任孩子。虽然现在看似"占了小便宜"，将来一定会吃大亏。

参考建议

▲ 培养孩子简朴的生活作风

孩子贪吃，或者对一些玩具过度地喜爱，都会禁不住物质的诱惑，有机会就会不假思索地将物品据为己有。为了不让孩子形成这种占小便宜的意识，父母应当培养孩子简朴的生活作风，不贪图物质享受，在物质面前禁得住诱惑。

▲ 教育孩子拾金不昧

有时候孩子会从外面捡到钱，回到家后交给父母，有些父母赞赏这种行为，甚至用孩子捡来的钱买东西。这种行为等于在告诉孩子，捡到的东西就可以据为己有，捡到东西不还也是一种贪图小便宜的行为，父母应该教育孩子，捡到东西后要主动寻找失主，找不到失主时要把东西交给老师或者父母，不能归自己所有。

▲ 告诉孩子"有借有还"

孩子有时候会向同学借学习用品或借钱，可是有些孩子却只知道借不知道还，就这么占得一些小便宜。父母要督促孩子记得将借来的东西还回去，告诉他"借人物，及时还，再有急，借不难"，并向对方表示感谢。

▲ 告诉孩子别人怎样看待占小便宜的行为

孩子占小便宜是因为当时受物欲的支配，没有想到会给自己和他人带来什么不良影响，也不知道别人怎样看待自己的这种行为。如果父母告诉孩子，占小便宜的行为是不受欢迎的，还会嘲笑他，那么，孩子再想占些小便宜时，就会有所顾忌了。

▲ 及早向孩子灌输物品归属的意识

对于那些没有物品归属概念，只要看见好东西就想拿过来的孩子，父母一定要尽早向孩子灌输物品归属的意识，可以利用家中的物品，告诉孩子，哪些东西只有爸爸才能够使用，哪些是属于妈妈的，还有哪些是归孩子所有，父母也不能随便乱动。孩子明确知道了物品的归属后，就不会什么都想据为己有了。

83. 孩子没有同情心怎么办？

李小健只有 9 岁, 可是他长得比同龄的孩子都高、都壮, 别的孩子都不敢惹他, 躲着他, 他有时还去欺负那些孩子。

有一天, 爸爸骑自行车不小心摔倒把脚崴了, 看到爸爸一瘸一拐的样子, 李小健哈哈大笑: "爸爸, 你的样子真滑稽。"爸爸很生气: "我都疼死了, 你还笑, 你有没有同情心啊?"

还有一次, 妈妈下班快到家的时候, 远远看到李小健站在路旁看什么。走近一看, 两个中学生揪着一个小男孩要打。妈妈刚准备说什么, 就听李小健说: "打呀, 打这个小屁孩。"妈妈很惊讶, 赶紧劝说他们不要打, 然后揪着李小健就走, 边走边说: "那男孩多小啊, 你还怂恿他们打他, 你怎么就没有一点同情心呢?"

爸爸妈妈很困惑: 孩子为什么这么冷漠, 没有同情心呢?

孟子认为"人皆有恻隐之心", "恻隐之心, 仁之端也", 现代心理学的研究也表明, 儿童天生就具有同情心, 而且在不同阶段有不同的表现。但是, 为什么人们看到的却是越来越多的缺乏同情心的孩子呢?

《北京青年报》曾报道, 大连 3 个八九岁的孩子围着一只瘸了腿的小猫百般折磨, 一会儿用手拎着猫尾巴抡圈转, 一会儿抓起猫往地上摔, 其中一个孩子甚至用脚踏在猫肚子上揉搓, 最终将猫折磨致死。3 个孩子振振有词地说, 他们要做一个实验, 看看这只小猫是否有 9 条命。他们的行为表现了缺乏同情心的残忍一面。

孩子之所以缺乏同情心, 可能与他接触的信息有关。现在的孩子通过多种渠道接触到大量的信息, 其中充斥着很多负面的内容, 从而将孩子变得冷酷、残忍、自私。

另外, 孩子缺乏同情心, 原因可能就是父母的溺爱和父母缺少同情心。备受溺爱的孩子只关注自己而很少关注、同情别人了。而父母缺乏同情心, 孩子又怎能有一个好的模仿对象呢?

对孩子来说, 同情心是一种非常珍贵的感情, 对于孩子个性的健康发展, 尤其是情感的发展以及良好人际关系的建立有着非常重要的意义。所以，父母一定要重视培养孩子的同情心。

参考建议

▲ 让孩子养一只小动物

大多数孩子都喜欢小动物，如果有能力，就让孩子在家里养一只小动物吧，可以是几条鱼，一只小乌龟；小狗、小猫、小兔等，在保证安全卫生的情况下，让孩子照顾小动物，换水、喂食、带它们出去散步等。刚开始，孩子可能因为好奇而抓捏小动物，这时父母可以告诉孩子，动物一样是生命，是需要照顾的弱小生命。慢慢地，孩子就能投入感情地来照顾它们了。当然，让孩子养植物也可以达到同样的效果。

▲ 教孩子学会移情

移情，就是将自己的感受与同样情境下别人的感受相对比，体会别人彼时彼刻的心情。在生活中，父母要教会孩子移情，如看到一个幼小的孩子因得不到玩具而哭泣时，父母说："你得不到玩具时是不是很难受啊？"孩子通常都会肯定地点头："那你把你的玩具借给他玩一会儿，安慰安慰他好吗？"这样，孩子就表现出了一种同情心。

▲ 做有同情心的父母

有同情心的父母，看到有人欺负弱小就会上前制止；看到流浪的猫和狗会收养它们或者提供它们一些食物；可能看到路边乞讨者，无论真假都会掏出一些钱币；可能会在闲余时间去孤老院、福利院等地方看护老人、孩子……有同情心的父母可以做的很多，如果想让孩子有同情心，不妨自己先做个有同情心的父母。

84. 孩子没有责任心怎么办？

小军和同学吵了起来，原因是他不认真做值日，还不服从组长的管理。

那天，轮到小军他们组做值日。放学后，组长分配好了任务。可是小军拿着扫帚在教室里四处闲逛，和其他同学打闹，结果活儿没有干多少，倒把教室弄得尘土飞扬。

组长看不下去了，生气地对小军说："别人都在做值日，就你在那儿玩儿！

你怎么这么不负责任啊!"

小军不但没有收敛自己的行为,反而更加骄横地说道:"我负什么责任?我就是想玩儿,你管得着吗!"

组长看到小军如此不讲理,便和他吵了起来。

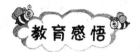

一个孩子是不是懂事,就是看他是不是知道对一些事情负责。

有的孩子放学回家后除了写作业什么也不干,不管父母多忙、多累都不闻不问,只顾着自己玩儿得高兴。还经常把自己的事情推给父母去做,比如说收拾书包、洗衣服、整理房间等。

还有些孩子做了错事不敢承认,或者推脱说是别人做的,和自己没有关系。如果在学校遇到值日或者大扫除之类的劳动总是能偷懒就偷懒,能糊弄就糊弄,只想落得个自己轻松,不管集体的利益。

也有一些孩子上学时不好好学习,人在学校,知识有没有掌握却不考虑;作业也不认真完成,对自己很不负责任。

这些行为都是没有责任心的表现。

没有责任心的孩子往往是自私的,不会考虑到其他人的感受,只想着自己舒服。没有责任心,也会使孩子变得胆小怕事,不敢正面面对困难。而且,孩子在一个集体中生活,缺乏责任心,势必会影响到他与集体中其他成员的正常交往。所以,培养孩子的责任心是十分重要的。

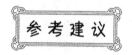

▲ 多给孩子承担责任的机会

有些孩子缺乏责任心的原因不在他自己,而是父母没有给孩子承担责任的机会。有些父母总是担心孩子不会做、做不好,或者怕孩子累着,担心影响学习,因此家中无论大事小事,都替孩子包办了,孩子觉得这些事情本来就是由父母来做,自己不做是很正常的事情。这样是不会有责任心的。父母应该让孩子承担一些家务事,至少做好他自己的事情。

▲ 用孩子的错误培养他的责任心

孩子难免会犯错误,这正是培养他责任心的好时机。首先,父母应该让孩子知道,他应该勇敢地承认错误,而不可以逃避,因为这是他的责任。其次,鼓励孩子承担起错误的后果,这也是他的责任,尽量让孩子自己去弥补错误造成的后果。最后，告诉孩子不要再犯同样的错误，因为这是对自己负责。孩子学会这样来处理错误，责任心就会得到增强。

▲ **鼓励孩子在学校多做点事情**

父母应当经常督促孩子在学校的集体活动中做好自己应当做的，不拖后腿，更不可以逃避和推卸责任。孩子是班干部或者课代表，父母就更需要告诉孩子做好工作，尽职尽责地为同学们服务，体会责任心的重要性。当然，父母也可以与老师沟通，通过教育以及在集体活动中的指导，使孩子变得有责任心。

▲ **倾听孩子对家庭生活的建议**

有时候孩子会对家庭生活提出自己的看法，比如家里物品应该如何摆放，爸爸应该干什么，妈妈应当干什么，等等。这些观点会显得非常幼稚，但是父母不能因此就忽视了，孩子也是家庭中的一员，有责任为自己家的生活提出建议。如果父母能够倾听孩子的这些建议，并把一些合理的建议落实，就可以培养孩子的责任感。

85. 孩子不守信用怎么办？

11岁的林涛最喜欢做的事就是踢球和在电脑上打游戏，每到周末他都要和同学一起去痛快地踢球，也会过一过打游戏的瘾。

又是一个星期日，眼看已经到了林涛和同学约好的踢球时间，可是林涛仍然在专注地打游戏。妈妈很奇怪，就问他："涛涛，你们这周不踢球了。"林涛头也不回地说："踢球，可是我的游戏已经打到了关键时刻，我不想去了。"妈妈觉得这样不好："你怎么能不守信用呢？其他同学都等着呢！"林涛有点不耐烦了："他们等一会儿看我不去肯定就不等了呗。您能不能别打扰我打游戏啊？"妈妈只好离开了林涛的房间。

林涛不守信用不仅仅是这一次，妈妈每次带他去游乐场玩，他都不愿意回家。总是跟妈妈说："再玩5分钟。"到了5分钟，他还是不走，又说："再玩5分钟。"这样不守信用，到最后妈妈都不相信他说的话了，强行把他带回家。

教育感悟

古语说："人无信不立。"言而有信是一个人的立身之本。因为无论大事小事，一个人只要说出来了就努力做到，别人就会相信他，他也就会成为一个受欢

迎的人,这样的人更容易获得人生的成功。

美国有一个青年,父亲去世时给他留下了很大一堆债务。就在债主以为没有希望的时候,这个青年挺身而出,一一拜访债主,说他会替父亲还清债务,但希望他们宽限还期。债主都同意了。20年后,这个青年终于凭借自己的辛苦努力还清了全部债务,甚至包括利息。知道这件事的人都很欣赏他,认为他值得信任,纷纷找他合作,他在事业上获得了很大的成功。

父母都希望孩子获得成功,但是很多孩子都像林涛一样不知道坚守信用。可能有这样几种原因:父母自身是不守信用的人。常常随便答应孩子一些要求或者主动给孩子许诺,过后却没有践约,导致孩子认为"说话不算数"也没什么关系。另一种原因是孩子的责任心不强,不懂得"君子一言,驷马难追",一个人是要为自己所说的话负责任。还有一种原因是孩子以自我为中心,心里、眼里只有自己的利益,而不考虑他人的感受。

无论是哪种原因,孩子不守信用会对他的未来发展带来很大的不利影响,父母要尽早想办法培养孩子守信的习惯。

参考建议

▲ 告诉孩子,许诺要三思而后行

古语说:"一诺重千金。"诺言之所以如此有分量,要靠实际行动来支撑,没有实际行动的诺言只是空话,是不足信的,所以,父母不仅不要轻易许诺,还要告诉孩子,许诺一定要三思而后行。不能因一时高兴就答应做什么事,而是要仔细思考一下,这件事以自己的能力能不能做到,做不到就不要为了面子而勉强答应。

▲ 肯定孩子坚守信用的行为

宋庆龄小的时候,有一次,父母要带全家人一起去朋友家做客。临出门前,宋庆龄突然想起自己答应朋友小珍来家里学叠花,她对爸爸妈妈说不能去了要等小珍。爸爸妈妈就将宋庆龄留下,他们去朋友家了。虽然小珍最终也没有来宋庆龄家,但是,爸爸妈妈对她信守诺言的行为都很赞赏,夸奖宋庆龄是个能坚守信用的孩子。

孩子会有一些坚守信用的时候,父母一定要及时给予孩子肯定和鼓励,跟孩子说:"你今天做到了说话算数,我很高兴。"这样,孩子就会更加积极主动地做到守信用。

▲ 教孩子失信后郑重道歉

虽然人们都要努力做到信守诺言,但不会万无一失,如在赴约的路上,看到有人受伤，送受伤的人去医院就显得更为重要一些。所以，父母还要教孩子在不得不失信于人的时候，一定要做到及时通知对方，同时郑重道歉，这样既表示了对对方的尊重，也不影响孩子继续受到对方的信任。

86. 孩子不承认错误怎么办？

乐乐是一个活泼的小男孩，非常好动。前几天，妈妈给他买了一个小皮球，这下子可把乐乐高兴坏了，他每天都会追着皮球在屋里跑来跑去。每当这时，妈妈就会对乐乐说："你要玩儿下楼去玩儿，别把屋里的东西打坏了。"

可是，乐乐不但没有收敛自己的行为，还创造出一种新玩法，将皮球用力一踢，看着它在屋里弹来弹去。

有一天真的发生了意外。乐乐使劲踢了一下皮球，碰倒了放在桌上的暖水瓶，暖水瓶碎了，水洒了一地。

妈妈听到响动，赶紧走过来，看到眼前的场景也就猜到刚才发生了什么。"跟你说过多少次了，不要在屋里玩球，现在闯祸了吧！"

乐乐却说："这不是我弄的！是小猫碰倒的！"

"小猫一直在睡觉，怎么会是它弄的？"

"反正不是我！反正不是我！"乐乐一边说一边抱着球跑开了。

古人说，"人非圣贤，孰能无过？过而能改，善莫大焉"。意思是说，犯错误不要紧，关键是知道错误之后要改正它。

成年人都会因为种种原因犯错误，更何况孩子。孩子犯下错误并不一定是多么严重的事情，关键是能够承认错误，并且从错误中吸取教训，争取不再犯同样的错误。可是有些孩子犯错后就是死不承认，更不用说改正了。

造成孩子不承认错误的原因有很多种。有些是孩子自身的原因，有些则是父母平时教育不到位的结果。

孩子的自身原因可能是由于他认知水平有限，不知道自己的行为是错误的，也就谈不上承认了。还有可能是因为有了一定的自尊心，会觉得承认错误很没有面子，所以回避自己的错误。

更主要的原因在于父母的教育方法。有些父母一看到孩子的错误就严加指责,弄得孩子不敢承认错误。还有些父母则是娇惯孩子,使得他形成任性的性格,不听父母的话,也从不承认自己有错。

孩子不承认错误,就可能再次犯下同样的错误,有的孩子甚至与父母对着干,故意去做错误的事情。无论哪种情况,都应该引起父母的重视。

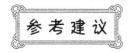

▲ 告诉孩子他哪里错了

有时候孩子并不知道自己的行为是错误的,也不清楚这么做会造成什么后果,只是觉得好玩儿,就那么做了。比如,有的孩子喜欢看家中养的金鱼,可是看着看着,他就把鱼拿了出来。这时如果父母对孩子说,这么做是不对的,那么孩子可能会问,为什么不对呀,父母首先让孩子了解到他的做法如何不对,孩子才会承认自己做错了。

▲ 不要袒护孩子的错误

一些父母过分疼爱孩子,总是袒护孩子的错误。比如,孩子撞到椅子上了,父母不是告诉孩子下次要小心,而是埋怨椅子;有的孩子和其他孩子吵架了,父母总是偏袒自己的孩子,而不是教育他应该如何与别人相处……让孩子认为自己没有错,错误都是别人的,他自然就不知道主动承认错误。

▲ 对孩子要晓之以理,动之以情

有些父母对待孩子的错误过于严厉,使得孩子一想到承认错误就感到很恐惧,因此也就放弃了承认错误的念头。失去主动认错的勇气,对自己的错误也采取逃避的态度。

教训孩子不是最终的目的,帮助孩子认识错误和改正错误才是根本。所以,父母一定要注意对待孩子错误的方式,要用道理说服孩子,用亲情感染孩子。

▲ 父母不要为自己的错误找借口

有些父母对孩子严格要求,自己犯错误的时候,却找出各种理由来辩解,就是不肯痛痛快快承认错误。孩子会想:为什么对我要求那么严格,你们却总有借口呢?于是学着为自己的错误找理由。因此,要想教育孩子勇于承认错误,父母就应该敢于承认错误并改正。

87. 孩子不能吃苦怎么办？

春节快到了，11岁的孙晓燕要和爸爸妈妈一起回奶奶家过年。以前都是买卧铺票，可这一次，爸爸买了硬座票。

春运期间，硬座车厢里人满为患，连厕所、洗漱间都不例外。孙晓燕一上车就开始抱怨，嫌人多、嫌车厢里味道难闻、嫌自己不能自由行动、嫌坐着睡觉不舒服……刚开始爸爸还好言相劝，尽力想办法让她舒服一些，可是孙晓燕不停抱怨，最后他忍无可忍地冲她说："你怎么一点苦也不想吃？你看看那些站着的人，有老人、有比你小的小孩，他们不比你更难受？"孙晓燕看了看车厢里，虽然还是不满意，但不再抱怨什么了。

过完春节，准备从奶奶家往回返的时候，孙晓燕怯怯地跟爸爸说："咱们坐卧铺回去吧，硬座太难受了。"爸爸说："爸爸觉得你需要锻炼锻炼了，如果你能忍受坐硬座的苦，我们来回省下来的路费都差不多就够暑假旅行的路费了。"一听暑假去旅行，孙晓燕又高兴起来了，说："其实硬座也不是那么难受的。"听到她说这话，爸爸妈妈都笑了。

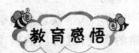

教育感悟

以前，父母常常用"吃得苦中苦，方为人上人"来教育孩子，告诉孩子先苦后甜的道理，可是，近年来，吃苦似乎有成为历史话题的发展趋势。这是为什么呢？

首先，随着科技和经济的发展，需要"吃苦"的事情少了。以前烧柴烧煤，就需要捡柴禾，拉煤做煤砖、煤球，现在不需要了，都烧天然气、用电磁炉了。以前的农活都需要人工完成，今天有很多机器，如播种机、收割机等，减轻了人们的负担。

其次，这一代孩子的父母大都经过先苦后甜的过程，苦让他们记忆犹新且畏惧，所以不想让自己的孩子吃苦，抱着一种补偿心，对孩子的物质要求任意满足，想尽一切办法来避免孩子吃苦。

人都有惰性，孩子也是如此。加上父母的溺爱，哪个孩子会主动"自讨苦吃"呢？所以，人们看到的就是一批又一批怕苦怕累、贪图享受的孩子。

不曾吃过苦的孩子无论身体还是心理都不够健康，不仅不能行得万里路，还容易出现逃避退缩、自暴自弃、意志力薄弱等问题。吃苦也是一种重要的生存能力。一定程度的吃苦是有益于孩子的成长的，越能吃苦的孩子，生存空间就越大。所以，父母还是放下心头的不忍，想办法让孩子吃一些苦吧！

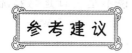

▲ 积极乐观地看待吃苦

父母吃过苦，容易看到苦的消极意义，忽略苦带来的益处。用这种态度来看待苦、评价苦时，孩子就会将苦扩大、夸张，从而产生抵触心理。所以，父母要积极乐观地看待吃苦，告诉孩子吃苦的积极价值。如，出外旅行时坐硬座，首先会锻炼身体和精神的承受能力；其次可以接触到各种各样的人，增长见识；最后，还可以节约钱财。"

俗语说："只有享不了的福，没有吃不了的苦。"谁都能吃苦，包括孩子，只是面对苦的态度有所不同，积极乐观当然胜过消极悲观了。

▲ 抓住生活中能吃苦的机会

虽然生活条件日渐变好，孩子还是有机会吃苦的，前提是父母不剥夺这些机会。如，学校离家不太远，孩子就可以走路去上学，风雨无阻；将保姆辞去，家务劳动，如洗衣煮饭、整理清扫等都由父母和孩子来做……可以说，生活中不缺少苦，就看父母有没有一双发现苦的眼睛。父母发现苦并让孩子去承受、去体验，孩子就会变得不那么娇气了。

▲ 创造机会和孩子一起去吃苦

除了在日常生活中让孩子吃苦外，还可以创造机会和孩子一起去吃苦。如，周末的时候去郊游，让他背自己的包，即使要行走很久也如此。再如，带孩子去爬山，即使山很高，路再长，也尽可能不乘坐缆车。有条件的话，还可以让孩子利用假期到农村参加农业劳动，既能增长知识，又锻炼吃苦的能力。

88. 孩子不懂得感恩怎么办？

强强 8 岁了，是家里的"小皇帝"。平时不仅不会帮助父母做事情，还经常对爸爸妈妈发脾气。

这一天，全家人吃完晚饭，强强坐在电视机前等着看动画片，爸爸在看报纸。妈妈收拾完碗筷，刚刚坐下，强强就很随便地说了一句："妈！给我洗一个

苹果！"

爸爸有些生气了，批评道："强强，你这是怎么跟妈妈说话呢？妈妈忙了很长时间了，要吃苹果自己去洗，让妈妈歇一会儿。"

强强却理直气壮地说："洗一个苹果又不累，再说不是一直是妈妈洗苹果吗！"

爸爸妈妈听了儿子的话后，竟然一时不知道该说什么了。

教育感悟

很多人看到强强的行为都会感到寒心，这是不懂得感恩才说出的话。

懂得感恩是一种重要的品质，在孩子的成长过程中，有太多的人给予了他关爱，父母的养育之恩，老师的教诲之恩，同学、朋友的帮助之情……这些，都需要孩子用感恩之心去报答。

只有懂得感恩，孩子才能享受到人间真情带给他的温暖；积极乐观，活得更快乐；懂得感恩的孩子笑容一定比不懂感恩的孩子多，因为不懂得感恩的孩子往往是自私的，任性的，眼中只有自己，认为别人都应该为他做事情，不懂得关心别人，总是埋怨他人，这样怎么能够感受到快乐呢？

然而，生活中不懂得感恩的孩子却不在少数。特别是现在的孩子，一般都是独生子女，在家被父母惯着，被爷爷奶奶宠着，只知道向长辈索取，不知道这些东西的来之不易，更不懂得爸爸妈妈的辛苦。孩子如果不知道对父母感恩，也不会用感恩之心去对待他人。

生活中，父母也可以看到有这样的孩子，他和其他孩子玩不到一起，因为在他看来，别人都应该听自己的；对老师很没有礼貌，不服从管教……这样的孩子是不懂得感恩的。

参考建议

▲ 引导孩子常说感谢的话

孩子如果不懂得感恩，父母可以引导他从多说感谢的话做起。比如，孩子要父母给他拿东西，父母可以要求孩子表示感谢，否则就不将东西给他。吃饭的时候，给孩子盛饭的时候也要求他说"谢谢"。总之，要经常让孩子说感谢的话，让他知道，别人为他做了什么。

▲ 给孩子吃苦的机会

俗话说"娇子不孝"。如果父母处处娇惯孩子，一味地迁就他，会让孩子觉

得父母对自己做的这些都是应该的。得到了父母的爱,也不会感激,相反,父母稍稍做得不合他的心意,孩子就会大发脾气。这样的孩子是不会懂得感恩的。因此,父母平时要经常让孩子体会一下生活的艰辛,让他吃一些苦,知道生活中的许多东西来之不易,知道对父母的给予表示感谢。

▲ **从日常身边的小事做起**

父母可以让孩子帮助自己做日常生活中的一些小事。比如,帮助做家务,拿到吃的后先想着爸爸妈妈,有了零花钱想着给父母买些东西。让孩子从这些小事做起,用实际行动向父母表示感恩。

▲ **利用各种节日,鼓励孩子献爱心**

父母可以利用一年中的特定节日,教育孩子献爱心,表达感恩之心。比如,学雷锋日让孩子在家附近做好事;父亲节、母亲节向父母表达感激之情;劳动节要对父母表示关心;教师节送给老师一张贺卡,向老师表达感恩之心;等等。

一年中还有许多公益性质的节日,比如世界地球日、世界节水日等,也可以利用这些节日教育孩子懂得对地球、对万物心怀感恩,升华孩子对感恩的理解。

第五章 与人交往问题

在这个时代，谁都不能离开他人而独立生存，都会与人产生各种各样的联系，也就是说，每个人都需要与人交往。当然，孩子也不例外。但是，在与人交往的过程中，孩子也会遇到一些问题，比如融入不到群体之中，被朋友疏远，沉默寡言，交上坏朋友，等等。所以，父母如果想让孩子从小就学会与人交往，就一定要想办法帮他处理所遇到的问题。

89. 孩子不讲文明礼貌怎么办？

郑子佳上 5 年级，成绩一般，为人也有些粗俗无礼。

有一次，爸爸的一个同事来家里做客。郑子佳正在写作业，没有出来迎接客人，也没有向客人问好。爸爸和同事正谈话的时候，郑子佳写完作业来到客厅，直接打断他们的谈话，向爸爸的同事发问："叔叔，你什么时候走啊？我想让爸爸陪我打球。"

爸爸一边批评他"你怎么这么没礼貌"，一边向同事道歉，同事尴尬地笑着说："没关系，小孩子嘛。我还有事，先走了。"

郑子佳不仅在家里这么无礼，在学校也一样。有时候，老师正在讲课，他就很大声地咳嗽、擤鼻涕或者吐痰，干扰老师上课，也引得其他同学不满，可是他从来不以为然。

面对这种情况，父母也很无奈，不知道怎么才能让他变得彬彬有礼一些。

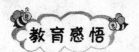

教育感悟

中国是礼义之邦，古人很重视"礼尚往来"，并认为"礼多人不怪"，可是，今天的人们却有一些误解，把礼当做礼仪场合的一种表面形式。有些父母就认为，现代社会是个高度自由的社会，更注重个人的能力，学习好、有本领更重要；礼貌这些形式上的问题，孩子长大后碰到礼仪场合再教也不迟。这其实是对礼貌的误解。

法国伟大的思想家孟德斯鸠说："礼貌使有礼貌的人喜悦，也使那些受人以礼貌相待的人们喜悦。"可见，礼貌是一种使双方受益的礼仪习惯，它具有表层和里层双重含义。从表层看，它是一种交际形式；从里层看，由于它是发自内心的对他人的尊重和关爱，所以给人带来内心的喜悦。一个讲文明懂礼貌的人往往谦虚谨慎，言行举止就能体现出他内心的品性；一个讲文明懂礼貌的人，不仅更容易与人相处，受到他人的欢迎，并获得成功。

英国著名教育家约翰·洛克说："礼貌是儿童与青年所应该特别小心养成习惯的第一件大事。"我国教育家叶圣陶先生也认为"教育就是要养成良好的行为习惯"。

父母要从孩子小时候就注重教育，让他成为一个讲文明懂礼貌的好孩子。

▲ 营造一个文明有礼的家庭氛围

家庭是孩子最重要的习惯养成基地,如果父母在家中营造出文明有礼的氛围,孩子也会讲文明懂礼貌的。

在家中,父母之间说话语气要温和,不大声吵嚷,不互相辱骂,不口出污言秽语;尊重孩子,需要孩子做事也多用礼貌用语,如说:"请你帮我××,可以吗?"孩子做完了,要对他说:"谢谢!"如果错怪了孩子,也要跟他说"对不起"等。

▲ 有智慧地引导孩子学会礼貌

没有一个孩子是天生讲文明懂礼貌的,需要父母去教,如,有朋友送给孩子礼物,孩子拿到礼物后迫不及待地想要看看是什么,而不知道向对方道谢,这时父母可以提醒孩子:"你是不是忘记向阿姨(叔叔)说点什么了?"也可以自己向对方道谢:"谢谢您送××这么可爱的礼物。"孩子在提醒和引导下也会主动说"谢谢"。

家里来客人了,可以先向孩子介绍客人:"这位是妈妈的朋友××阿姨。"然后再向客人介绍孩子:"这是我女儿××。"孩子主动向客人问好是最好的,有时候客人会先向孩子问好,孩子受到尊重也会向客人问好,让孩子在文明礼貌的场合中学习比单纯的说教要好得多。

▲ 悄悄提醒孩子不要有无礼行为

文明礼貌渗透在生活中的方方面面孩子年龄小,并不知道有些行为是无礼的,就需要父母及时提醒,父母也要顾及孩子的自尊心,提醒时可以采取耳语的形式。如,孩子在公共场合大声喧哗,父母可以通过耳语告诉孩子这样不好;孩子在客人面前挖鼻孔、大声擤鼻涕,父母可以悄悄告诉孩子这样不礼貌,并带孩子离开让他清理鼻子。这样既维护了孩子的自尊心,也教孩子知道了什么行为是不礼貌的。

90. 孩子语言沟通能力差怎么办?

婷婷4岁了,一般来说,这个年龄的孩子应该能用语言表达很多意思了,可是婷婷的语言沟通能力仿佛要比她的同龄人差好多,这一点让妈妈十分着急。

比如，有时候婷婷想要一本书，但她不知道应该如何表达，只会对妈妈说："那个！要那个！"妈妈也不知道她到底想要什么东西，问婷婷："你想要什么？是这个吗？还是这个？"

可是婷婷却还是那一句话。说着说着，急得哭了起来。妈妈想安慰她，又不知道从何说起，只能干着急。

教育感悟

语言是人们表达思想，互相交流的重要工具。孩子在幼儿时期，有两件重要的事情需要学习，一个是走路，另一个就是说话。而说话更为难学，孩子必须通过长时间的积累和领悟，才能逐渐掌握这个与人沟通的工具。

有很多孩子在使用语言与人沟通这方面迟迟不开窍，使得孩子大人都着急。原因主要有以下3个方面：

首先，语言素材缺乏。孩子想得到一件东西，可是不知道那样东西叫什么。没有相应的语言材料，结果无法正常表达和交流。

其次，语法组织不规范。孩子刚刚学习说话的时候，经常会说"语无伦次"的话来，不知道具体情况的人可能很难理解孩子要表达的是什么意思。

最后，孩子还无法理解语境。他不知道在一些特定的情况下应当说些什么。比如礼貌用语的使用，比如待客时要说的话，还有对爷爷奶奶应当说什么，对爸爸妈妈又应该说什么。

孩童时期正是学习语言的关键时期，这时候孩子学习语言比较快，而且记忆深刻。相反，这一阶段没有及时改正不好的语言习惯，会对他以后的交流、说话造成负面影响。

因此，父母可以结合孩子的实际情况，逐步提高孩子的语言沟通能力。

参考建议

▲ 多与孩子沟通，帮助孩子练习

孩子的语言沟通能力差，就需要经常练习。父母正是孩子练习沟通能力的好伙伴。因为父母对孩子的情况十分了解，孩子与父母交流起来也会更加轻松、随意，父母同孩子的接触时间长，各种生活场景都会遇到，练习也更有针对性。

当然，父母在交流过程中一定不要忘记及时纠正孩子不恰当的表达，经常向孩子询问："你是想表达这个意思吗？"然后告诉孩子怎么说更好。

▲ 让孩子多接触一些书籍

书籍是教会孩子说话的一个很好的工具。孩子不认识字的时候,父母可以多给孩子读一些故事,这样不仅可以增加孩子的语言材料,让他知道表达,而且还能培养孩子的语感,使得孩子正确表达自己的思想。

孩子有了一定的读书能力,父母就可以选一些故事性强,又简单易读的书,让孩子有感情地大声朗读,增强语言表达能力。

▲ 鼓励孩子多与其他孩子交流

孩子在集体生活中需要不断与不同的人进行语言交流,这就给了他一个提高语言沟通能力的好机会。父母应该鼓励孩子多参加集体活动,与其他孩子交流。

在交流的过程中,孩子就会根据交流的效果逐渐改变语言表达的方式,同时从别的孩子那里学到新的词汇和说话方式,这些都会提高孩子沟通能力。

▲ 与孩子一起模仿动画中的情景

孩子喜欢看动画片,有时还会模仿。这时父母不妨也加入进来,扮演一些角色,同孩子进行对话。也可以鼓励孩子构思新的对话场景和内容,让孩子在玩耍的状态下既学习了丰富的语言材料,又了提升想象力和语言组织能力。

91. 孩子不合群怎么办?

5岁的豆豆在幼儿园里显得有些孤单。其他小朋友都说得、玩得很热闹,可一切好像都跟豆豆无关似的。

豆豆刚上幼儿园的时候,每天都要哭很长时间,后来不哭了,就总是一个人坐在角落里玩玩具。老师牵着她的手到小朋友中来,但是,豆豆停留不到1分钟又回到自己的角落里去了。

妈妈来接豆豆的时候,老师跟妈妈沟通,妈妈说:"豆豆就是不合群,在小区里也这样。小朋友都跑着玩,她其实也想去,可就是腻在我身边,怎么说她都不去,我也很发愁,不知道怎么办才好。"

老师又问:"豆豆为什么会不合群呢?"妈妈说:"可能是她从小由奶奶看着,奶奶腿脚不利索,很少带她下楼,她就总是一个人在家里玩的原因吧。"老师想了想说:"要不你和她一起跟小朋友玩,多玩几次试试看。"

妈妈谢过老师,满怀希望地带着豆豆回家了。

教育感悟

　　人是社会性的动物，很少有人能离开群体而独立生存，孩子也一样。成长到三四岁的时候，就想和同龄人一起玩，有发展友谊的愿望。由此看来，所有的孩子都应该是能和同龄小朋友快乐地一起玩耍的，但事实却非如此，越来越多的孩子表现出性格孤僻、不爱交往、不合群的特点。这究竟是为什么呢？

　　有人观察后发现，有两类孩子不容易融入群体，一类是沉默寡言、孤僻、害怕陌生人的孩子，另一类是爱哭闹、爱捣乱、爱逞能或者爱惹是生非的孩子。这些孩子之所以有这样的表现与他们的生活环境和父母的教养方式有很大关系。如豆豆这样的孩子，长期生活在单一环境中，几乎没有与同龄朋友玩的经验，进入集体生活的时候，集体对她是陌生的，也许还是让她恐惧的，为了自我保护，她就选择了不合群。再如，有些父母一方面很溺爱、娇纵孩子，一方面又在孩子出现不良行为时或打或骂，造成有些孩子爱哭闹、爱惹是生非等，由于性格变化无常，很多孩子就拒绝接纳他，结果导致不合群。

　　大量调查表明，合群的孩子比不合群的孩子在知识范围、语言表达能力、人际交往能力等方面都要明显优秀，也就是说，合群孩子的未来会更美好一些。所以，父母不要轻视孩子的不合群，要尽早想办法帮孩子融入集体。

参考建议

▲ 父母多和孩子沟通、交流

　　孩子由于年龄小和生活经验少，有时候遇到问题不知道如何解决。父母多和孩子沟通、交流，就能从孩子的话语中了解到孩子遇到的问题，再把解决问题的方法教给孩子，对于孩子的不合群也是一样的，父母在和孩子的沟通、交流中教他怎么跟小朋友玩，并鼓励他融入到其他小朋友中，孩子了解了交朋友的方法，又受到鼓励，就会有信心地去交朋友。

▲ 父母邀请小朋友到自己家玩

　　如果同事、朋友的孩子和自己的孩子年龄相仿，可以邀请他们带着孩子来自己家玩；一个小区内有些孩子和自己的孩子年龄相仿，父母也可以邀请他们来家里玩。孩子经常接触小朋友，积累和同伴交往的愉快体验，这能激发孩子与同伴一起玩的愿望，从而变得合群。

▲ 多带孩子外出参加家庭之间的聚会

　　父母还可以多带孩子外出参加家庭之间的聚会，如春暖花开的时候，几个家庭相约一起春游。父母们或准备食物，或聊天，孩子们则在大自然的怀抱中奔跑、玩耍。春游的气氛轻松，孩子玩得愉快，对孩子融入群体是非常有益的。

▲ 帮孩子改掉导致不合群的不良行为习惯

孩子之间玩耍难免碰撞、争抢玩具等，如果因这些问题长久地哭闹，或者有暴力倾向等，就很难受到同伴的欢迎，父母如果发现孩子因行为习惯而不合群，那就要想办法帮孩子改掉。可以借助换位体验的方法，如孩子爱争抢玩具，父母问他："如果哪个小朋友总抢你的玩具，你愿意跟他玩吗？"大多数孩子都会回答："不愿意。"这时父母就可以要求他改掉抢玩具的习惯。

另外，父母要教孩子用语言来解决问题，而不是打、骂等方式，如一个孩子不小心碰了另一个孩子，被碰的孩子可以说："你碰了我，请向我道歉。"毕竟孩子都是天真善良的，语言解决问题更容易让他们互相接纳。

92. 孩子怕羞怎么办？

晓雯6岁了，性格比较内向，在陌生人面前总是一副羞答答的样子。

有一次，妈妈的一位朋友到家中来做客，晓雯见到有陌生人，马上跑回自己的房间，不愿意出来。

妈妈与客人聊了一会儿，忽然想起晓雯还没有和客人打过招呼，于是便对晓雯说："晓雯，快出来，你还没有和客人问好呢！"

叫了好几声，晓雯还是不出来。妈妈只好走进她的房间，连说带拉地将她拉了出来。来到客人的面前时，晓雯往妈妈的身后躲，客人热情地跟她说话，她却害羞地低下了头。

"晓雯，来给我们背一下你新学的唐诗！昨天你背得多好啊！"妈妈鼓励晓雯说道。

晓雯却怯生生地说："我不会。"

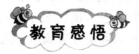

教育感悟

怕羞的孩子在家里可能是开朗、大方的，可是一旦到了人多的地方，看到陌生人，就会变得不适应，通常的表现就是拉着父母的手不放，或者干脆躲到父母的身后，不敢和他人说话，或者说话的声音很小，说话时还会脸红。

一般说来，孩子在进入一定年龄以后，自我意识开始增强、自尊心越来越强，面对他人，特别是在陌生人面前，会有一种自我保护意识，使孩子表现出羞怯的神态；还有些孩子性格天生内向，见到别人会不由自主地害羞。

有些父母觉得孩子怕羞也没什么不好的，害羞的样子也是很可爱的。确实，害羞不是缺点，更不是错误。可是孩子怕羞，就不会大方、主动地与他人交流，从而失去许多好的机会。

因此，改变孩子怕羞的状况，让他大方一些是非常有必要的。父母要注意分析孩子怕羞的原因，根据具体原因采用合适的方法。

参考建议

▲ 不要把"怕羞"当成缺点批评孩子

孩子怕羞确实会影响与周围人的正常交往，而且，怕羞的孩子往往性格比较内向，也更加敏感。有些父母看到孩子见到生人后害羞得不敢说话，会认为这是没有出息的表现，便会批评孩子。批评会加重他的心理负担，使孩子更加不敢与外人交流。因此父母不要着急，也不可以因此而对孩子发脾气。

▲ 问明孩子怕羞的原因

怕羞是一个心理上的问题。父母在解决孩子怕羞的问题时，一定要走进孩子的内心，耐心询问他为什么害羞。注意询问时的语气，不能大声，而是要温柔一些："你是不是觉得你表现得不好人家会不喜欢你？"找出孩子怕羞的原因，再根据具体原因进行开导。

▲ 鼓励孩子多与伙伴一起玩耍

父母发现孩子怕羞，不敢与人交往，可以多带他去有很多孩子的地方，比如广场上，一开始孩子可能放不开，总是跟着父母，这时父母一定要有耐心，带着孩子与大家一起玩儿，有父母在身边孩子可能会更大胆一些。等孩子逐渐熟悉了环境，父母再慢慢退出来，让孩子自己去面对同龄人。

▲ 鼓励与表扬并用，帮孩子克服怕羞心理

怕羞的孩子更需要鼓励和表扬，这样会使他在与别人交往时更加有自信。在孩子害羞不敢说话时，父母可以鼓励他，孩子可能还是放不开，父母也不要着急，可以在与孩子独处的时候，"表演"应该怎样和别人交流，说什么样的话，表现出什么样的表情，鼓励孩子这样去做。如果孩子在人际交往方面有了进步，应该及时表扬，让他今后做得更好。

93. 孩子沉默寡言怎么办？

小伟爸爸妈妈的关系不太好，经常为一些小事争吵。长期生活在这种环境中的小伟显得有些沉默。常常一个人玩或者看书，即使跟小朋友在一起，也很少说话。对此，爸爸妈妈认为很正常，别人谈起小伟时总说"他不爱说话"。

转眼间，小伟上2年级了。一次家长会时，老师让小伟的妈妈单独留一会儿。说："小伟太不爱说话了，我们是不是想办法引导他积极表达自己的看法呢？"妈妈回答道："小伟天生就这样，如果不影响学习，就顺其自然吧。"

老师对小伟妈妈的想法感到很吃惊，说："小伟有点过于沉默寡言了。以前从不举手回答问题，但老师叫他名字，他也说话。可是，现在老师叫他回答问题，他就站在那里不吭声，不知道是不会还是不愿意说。其他同学也觉得他很怪，都开始慢慢疏远他了。"

妈妈才觉得问题有些严重了，着急地问："那怎么办啊？"老师说："据我感觉，你们对孩子关心可能太少了，应该多和他说说话，了解他内心的想法，也许会慢慢好起来。"妈妈心情沉重地说："谢谢老师，我回去试试吧。"

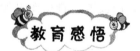

有些孩子，家里来客人时他也躲在自己的房间或角落里；在外面遇到亲友或邻居时，他低头站在父母身边，或者低头装作没看见；被询问到一些问题时，他要么用"嗯"、"不知道"等简单话语来回答，要么点头摇头，有时甚至对问题置若罔闻，让对方很尴尬……这样的孩子，往往被人用"沉默寡言"、"不爱说话"来评价。

孩子的沉默寡言，"不爱说话"，不排除有先天个性差异的原因，如O型血的孩子天生比较能说会道，A型血的孩子就寡言少语。但是，除此之外，还有一些原因也会导致孩子沉默寡言，如家庭环境、父母对待孩子专横霸道等。

家庭中的成员经常争吵，或者父母离异，会让孩子感觉到生存环境不安全，为了保护自己，孩子会尽量减少与他人的摩擦，其中包括父母。必然显得听话而不多话。

如果父母在教育孩子时非常专横霸道，一味要求孩子"听话"，从不听孩子表达自己的想法、看法，孩子就会因自己的话没有人听而拒绝沟通，与他人

交流。

　　沉默寡言的孩子会比较封闭，封闭自己的感情想法，到青春期容易因情绪无法宣泄而采取极端行为；因为缺少交流沟通，信息比较闭塞，在学习以及获取课外知识等方面就会有障碍。

参考建议

▲ 多多关爱孩子，认真听他说话

　　孩子天生不会说话，是在与父母亲人的对话中学会表达的。缺少父母关心，缺少语言互动的孩子，语言能力就相对弱一些。生活中，父母要多多关爱孩子，每天最好都能有一定的时间和孩子进行互动游戏。

　　每个人说话的时候，都希望别人能认真听，孩子说话的时候父母认真地听，即使说得不对，也不立即纠正，孩子就会很享受说话时候的感受，因而愿意跟父母说话。父母可以在孩子完整表述完自己的想法之后，再温和地告诉他什么地方说错了，正确的该怎么说。

▲ 让孩子多与性格开朗的孩子玩耍

　　孩子很容易受感染，如果经常和性格开朗、能言善辩的孩子玩耍，会慢慢发生改变的。当然，父母不要总强调对方说得多好，而自己的孩子说得多差，这种比较会让孩子对对方产生敌意，不仅达不到初衷，反而让孩子因自卑而更加沉默寡言。

▲ 不给孩子贴"不爱说话"的标签

　　孩子年龄小，很容易受"暗示"，如果父母给孩子贴"不爱说话"的标签，孩子就会在内心认定自己就是不爱说话的人，从而使沉默寡言变本加厉。

　　所以，父母要回避"孩子不爱说话"的说法，有意识地引导孩子说话，如，就他和小朋友玩的话题多提一些问题，引他说话；就孩子感兴趣的话题，像动物一类，展开讨论，激发他说话的欲望。

94. 孩子不肯与人分享怎么办？

　　有一天，小俊妈妈的朋友李阿姨带着儿子小新来家中做客。妈妈迎进客人后，就让小俊带小新去他的房间玩儿，自己和李阿姨聊起天来。

　　没过多一会儿，就听见从小俊的房间里传来了哭声。妈妈和李阿姨赶紧跑过去,只见小新正坐在地上哭,而小俊抱着他的变形金刚,一副很生气的样子。

小俊的妈妈赶紧扶起小新,一边安慰一边问他发生了什么。小新委屈地说:"我想看看小俊的变形金刚,他不让我看,还推我。"

听到这儿,妈妈很生气地对小俊说:"你给小新一起玩儿怎么了!还动手推他,你怎么这么不懂事啊!"说完就将小俊手里的玩具抢了过来,放到小新手里。

结果,小俊哭了起来,这让李阿姨很尴尬。

教育感悟

随着孩子年龄的增长,他会渐渐认识到,有些东西是属于自己的,比如他爱吃的食物、玩具、文具、书籍等,不愿意让别人来分享这些东西,甚至连碰一碰都不可以。特别是现在的独生子女,家里就是他的"天下",所有东西更归他所有,连爸爸妈妈都别想随便动一下,更不要说和其他孩子分享了。

孩子的这种行为是一种习惯,而父母在生活中往往会忽视甚至在一定程度上促成了孩子不与他人分享的行为。有些父母给孩子买了很贵的食物或者玩具,便告诉孩子不要让其他人吃,或者怕别人把玩具弄坏了,久而久之,孩子就会养成"独占"的坏习惯,头脑中也就不会有分享的意识了。

一旦孩子将这种行为带到公共场合,就会带来不好的影响。比如说在幼儿园,资源往往都是大家公用的,需要孩子们轮流使用,有些孩子企图独占玩具、食物,会引起与其他小朋友的争吵,破坏孩子之间的友谊。

不懂得与人分享会使孩子变得自私。相信没有哪一位父母愿意自己的孩子不受人欢迎,因此有必要教导孩子懂得分享。

参考建议

▲ 为孩子选择一些需要分享的玩具

父母可以从玩具的角度入手,来解决孩子不愿分享的问题。有些玩具必须多个人同时玩儿才有意思,例如玩具电话,两个孩子一起模仿大人打电话,才能体现出玩具的乐趣。所以,父母可以多给孩子买一些此类的玩具,让孩子和大家一起玩儿。

▲ 鼓励孩子和伙伴交换物品

如果只让孩子拿出自己喜爱的物品与大家分享,想必哪个孩子都不会愿意,父母可以为孩子创造机会,鼓励他与别的孩子交换物品,比如说零食、玩具、书籍等,让孩子换着吃东西,换着玩儿玩具,换着读书……使孩子体会到交换可以品尝到更多的零食，玩到不同的玩具，也就知道分享了。

▲ 给孩子举办一次玩具"聚会"

父母可以组织孩子的同学，或者邻居的孩子，举办一个玩具的大"聚会"，也可以指导孩子用这些玩具扮演一个角色，并且起上名字，一起想象一个故事。孩子切身体会到分享玩具比一个人玩儿更有趣之后，会自己组织类似的活动。当然，父母要为孩子做好辅助工作，比如将玩具上做好标记，否则玩具丢失或者损坏了，孩子反而不会再愿意拿出自己的玩具来了。

▲ 让孩子体会到分享的快乐

父母在生活中让孩子充分体会到分享的快乐。比如，吃冰激凌时对他说："宝宝让妈妈尝一尝好吗？"吃完后别忘记夸他一句，并且表现得很高兴。或者请求戴一戴孩子的帽子，玩一玩他的玩具……平时，父母也经常说"分享"、"咱们一起吃"、"大家一起多高兴"等类似的话，使孩子觉得一直都在和爸爸妈妈分享，而不要什么东西都要归他所有。

95. 孩子蛮横不讲理怎么办？

6岁的江心浩让爸爸妈妈产生了躲避他的念头，却不知道能躲到哪里去。

星期天晚上9点多，一家人都准备洗漱睡觉了，江心浩不知道为什么突然想起了彩虹糖，对妈妈说："你去给我买彩虹糖，快点，我想吃。"妈妈愣了一下说："现在天都黑了，超市也都关门了，我上哪里去给你买？明天吧！"江心浩开始哭闹："不行，就必须现在去买。"妈妈又是一番好言相劝，可还是不管用。

江心浩的哭闹声干扰了爸爸看电视，爸爸嫌恶地威胁他："你再哭我就把你扔出去。"江心浩继续哭喊着"我要吃彩虹糖，你们必须去给我买"，还边喊边扔东西。爸爸急了，站起来就给了他两巴掌。

虽然江心浩没有吃到彩虹糖就抽抽噎噎地去睡觉了，但是这样的事情每天都在他们家上演着，爸爸妈妈无论是软语安慰、讲道理，还是批评、惩罚、打骂，都不管用。遇到事，江心浩依然哭闹，蛮横不讲理。

教育感悟

蛮不讲理，就是态度蛮横，不讲道理。蛮不讲理的孩子非常多见，为此伤神的父母也非常多。这是为什么呢？

三四岁的孩子蛮不讲理,大都是因为进入了"第一反抗期",这一时期孩子的自我意识很强,凡事都要依照他的意思去办,不容易妥协。在这一时期,孩子很难接受父母所讲的道理,尤其是用成人的逻辑来讲道理。父母一定要耐心,并尽量让孩子感觉到快乐。

过了"第一反抗期"仍然蛮不讲理的孩子,可能就和父母的溺爱以及教育方式有关了。如果父母溺爱孩子,对孩子的要求总是无条件满足,或者孩子一哭闹就满足,很容易让孩子养成蛮不讲理的坏毛病。另外,有些父母面对孩子的要求,不能用道理说服孩子,只好用父母的身份强制孩子听从,这本身就是一种蛮不讲理的方式,孩子有情绪的时候也就会模仿。

对孩子来说,蛮不讲理是一种不好的习惯,不仅父母很难接受,其他的孩子和成年人也很难接受,会影响孩子的人际交往。为了孩子能健康成长,父母要努力去纠正。

参考建议

▲ 营造民主氛围,不以父母的身份压制孩子

对于孩子,父母要自始至终将他当成一个完整的人来看待,他需要照顾,但也有自己独立的思想,父母对于孩子的想法要仔细听取,认真权衡,做到尊重孩子,营造民主氛围。切忌独断专行,认为自己是父母,就"说行就是行,说不行就是不行",这会伤害到孩子,使孩子感觉到被压制,以致情绪爆发时拒绝接受任何道理。

▲ 冷静对待,让孩子自省

孩子蛮横不讲理时,父母很容易被激怒而变得情绪失控,使冲突升级。所以,父母面对蛮横不讲理的孩子时,可以冷静地看着孩子哭闹、打滚,只要他不伤害到自己,等他精力释放一些之后,再跟他谈论事情本身,以及他不正确的行为。更大一点的孩子,可能只是态度蛮横而不会撒泼哭闹,父母可以让他到自己的房间里面待一会儿进行自省,或者到房屋的某个角落坐一会儿,然后再平心静气地谈论引发冲突的事情。

▲ 用孩子能接受的方式讲道理

孩子的年龄小,理解能力有限,有些父母讲道理时却长篇大论,孩子既不接受父母的这种方式,也不明白父母所要表达的是什么。所以,父母给孩子讲道理要用孩子能接受的方式。要简单明了,最好还能生动、形象,如孩子不肯吃蔬菜,父母可以跟他说:"如果你不吃蔬菜,你就只能长得像鼠小弟那么矮,多吃蔬菜就能长得像大象哥哥那么高。"孩子看过《可爱的鼠小弟》系列绘本,很容易就

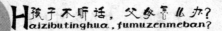
接受了父母的这种道理。当然，要根据孩子的情况灵活处理。

96.孩子不愿意和父母沟通怎么办？

小龙上初一了，看着儿子一天天长大，妈妈很高兴，可令她心烦的事情也随之而来。因为小龙开始不愿意和父母说话了。

有时妈妈会问小龙："学校怎么样啊？老师对你好不好啊？同学相处得好不好？"小龙总是一副不耐烦的样子回答道："都好都好！您别问了成不成啊？"

特别是当妈妈问起小龙的学习成绩，或者督促小龙好好学习时，他就会更不耐烦："我知道了！您怎么这么啰唆啊！我的事不用您管。"

每当这个时候，妈妈就会想到小龙上小学的时候。那时候他有问题就会问父母，学校中的事情也会主动跟父母说。现在怎么变得什么都不愿意和父母说了呢？妈妈很是不解。

教育感悟

"孩子为什么心里有事也不愿意和我说了？"很多父母都存在这种困惑，也遇到过想了解孩子的情况可孩子就是不愿意说的情况。父母看着自己辛辛苦苦养大的孩子不愿意和自己沟通，难免会感到心寒。

其实，如果父母了解到孩子的一些心理特点，或者从自己身上找一找原因，就不难理解孩子的这种行为了。

随着孩子年龄的增长，他的独立意识也会越来越强。特别是进入青春期前后，孩子会觉得自己是大人了，不想什么事情都被父母管着，应该有些隐私了，或者是孩子会认为父母不会理解，与父母没有共同语言，自然也就不愿意跟父母交流了。

再有，父母也要从自己的教育方式上找一找原因。有些父母对待孩子总是以一种命令般的强硬口吻，不懂得倾听孩子的心里话。孩子感觉到自己的意见得不到尊重，当然不愿意再将心里话跟父母说。

还有一些父母的教育方式过于严厉，使得孩子对父母总是保持着一定距离，害怕跟父母多说话。

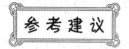

▲ 不要强迫孩子和自己说话

父母想从孩子那里了解事情，可孩子就是不配合，不愿意说话，这时，有些父母的火气就上来了，可能会说："你说不说？你要是不说的话我就……"想迫使孩子回答问话，可是效果却不是很好。

父母可以静下心来想一想，这种行为是与孩子正常沟通的态度吗？这么做反而会影响孩子与自己的感情，使孩子更不愿意和父母说话。强迫的方式还使孩子采用应付的方式和父母说话。总之交流应该是在自愿的基础上，而不应该强迫。

▲ 注意同孩子沟通的时机

想要与孩子进行沟通要选择好时机。有时候，孩子正沉迷于一件事情当中，比如说看喜欢的动画片，这时如果父母想聊一些事情，他通常只会用"嗯"、"啊"来应付父母，甚至不理睬父母；或显得很烦，不愿意交流。所以父母要注意沟通时机的选择，注意孩子正在关注什么，也要注意他的情绪。

▲ 从孩子感兴趣的事物入手

父母选择的话题孩子如果不感兴趣，也会影响到交流。很多时候孩子描述他所喜欢的东西时，父母可能听不懂，而父母在说他们想了解的事情时，孩子又会觉得无聊，所以孩子不愿意与父母沟通。因此，父母可以经常向孩子了解他感兴趣的事物，提一些问题，让孩子感觉到父母和他有共同的话题。

▲ 留给孩子一定的隐私空间

父母同孩子沟通、交流，并不是要孩子什么都说，特别是孩子大一些，有了隐私意识之后。一些父母没有注意到这一点，对孩子总是刨根问底，想知道他的所有事情，这样一来孩子会产生反感，父母越是追问就越不愿意说。

所以，父母平时应该给孩子留一定的隐私空间，只要是不影响健康成长的事情，不要过多地过问。孩子感受到父母对自己的尊重，也会愿意跟父母沟通的。

97. 孩子被朋友疏远怎么办？

林子丹是个漂亮的小姑娘，家境富裕。3年级的一天，妈妈开车接她回家，她很不高兴。妈妈问："你今天怎么不高兴啊？"林子丹没吭声，妈妈要专心开车，也没多问。

回家后，妈妈再次问她："丹丹，告诉妈妈，什么事情让你不高兴了。"丹丹沉默了一会儿说："以前一下课，李岚、张一洁她们就来找我玩，可是这几天她们都不理我。"妈妈"哦"了一声："你知道她们为什么不理你吗？"林子丹摇摇头。

妈妈想了想："明天你主动去问问是什么原因让她们疏远你。"林子丹大声说："我才不呢。我们家买车了，她们家都没有车。她们应该来找我玩，我高兴了就会让她们坐咱家车。"

妈妈突然明白了什么，问道："你这几天是不是总跟她们炫耀咱家买车了？"林子丹回答："是啊，怎么了？"妈妈说："难怪她们疏远你呢！你老是炫耀，会让她们心里不舒服，好像你比她们优越很多似的。人家也有自尊心，凭什么让你高高在上？"

林子丹有点明白地点点头。妈妈问："那你打算怎么办？"林子丹想了想说："我明天主动找她们玩，再也不炫耀了。"妈妈拍了一下她的手："这就对了。"

教育感悟

孩子除了亲情之外，还想要获得友情。朋友，既是他玩耍时的同伴，也是他委屈、难过时的分担者。有朋友和被朋友需要，让孩子感觉到自己的价值。所以，三四岁的孩子就开始想要与同伴玩，并发展与同伴的友谊。

但是，孩子的成长不会一帆风顺，交友也不会一帆风顺。好朋友可能因为某件事而"反目成仇"，或者其中一方找到了新的朋友，剩下"被孤立"的一方伤心、难过等。

交朋友是孩子处理同伴关系中的一项重要社会技能，尤其是小学生。交朋友能为孩子提供相互学习社会技能、交往和合作的机会，扩大和丰富他们的社会关系；还能够帮助孩子体验情绪，让他积累控制情绪的经验等。通常情况下，小学没有交什么朋友的孩子容易形成消极行为，导致情感危机和人际冲突等。

所以，孩子上小学后，父母要注意观察孩子，如果发现孩子不会交朋友，或者被朋友疏远，就要帮助、引导孩子去赢得友谊。

参考建议

▲ 安抚孩子，给他安全的感觉

孩子年龄小，心理承受能力也相对弱。被朋友疏远，可想而知对他的打击是巨大的。父母切忌马上数落孩子不是，说他太笨，连朋友都交不到，这会伤害孩子，让孩子关闭与父母沟通交流的通道。

父母一定要安抚孩子，说："你的朋友不理你，这让你心里很难受，是吗？"这样引导孩子释放内心的委屈和不良情绪，感觉到能被父母理解，自己在家庭中是安全的，家庭是可以诉说委屈的地方。

▲ 帮助孩子了解他被疏远的原因

孩子被朋友疏远，大都是有原因的。有经验有阅历的父母要帮孩子了解、分析被疏远的原因，知道了原因，才能解除误会，让孩子重新赢得友谊。

父母可以让孩子多说说他最近和朋友交往的细节，从中看出问题所在。还可以通过和孩子朋友的父母沟通、和孩子的老师沟通，都有助于了解孩子被疏远的原因。

▲ 教孩子学会欣赏别人、尊重别人

真正的朋友在精神上是平等的。但是，很多孩子习惯以自我为中心，交往中也难免要求朋友处处围绕自己，这种朋友关系往往都不会持久。所以，为了让孩子赢得持久的、真诚的友谊，父母应教孩子学会欣赏别人、尊重别人。

父母可以告诉孩子，他的朋友也是一个独立的有思想的人，要交往就要尊重对方；跟孩子一起分析他和他朋友的优缺点，让孩子知道，他们可以彼此学习互补。让孩子走出自我的圈子，他就会成为一个受欢迎的人。

98. 孩子性格内向，不善交际怎么办？

莉莉上1年级了，学习很认真，在班上也听老师的话，从来不做违反纪律的事情。就是有一点，性格内向，不爱说话，也不善于和其他同学交往。

每到下课的时候，同学都跑出去一起做游戏，莉莉却喜欢一个人坐在座位上看书，或者是看着其他同学玩耍。同学叫她一起去玩儿，她总是不好意思地摇摇头。就这样，一个学期过去了，莉莉和班上的好多同学甚至都没有说过一句话。

莉莉的这种性格给她的学习和生活带来了很多不便。有一次，老师将全班同学分成几个小组，要求同学们把所学课文的内容演出来。因为莉莉性格的原因，她与小组同学配合得很不好，影响了团队的成绩。

面对莉莉这种状况，妈妈也很发愁，不知道该怎么办才好。

教育感悟

性格外向的孩子更容易交到朋友，也更能融入集体生活。性格内向的孩子就不一样了，通常只会自己一个人待着，不会主动参加集体活动，因此错过了许多锻炼和学习的机会。

为什么孩子们表现出来的交往能力相差那么大呢？这里固然有孩子性格的原因，父母的教育方法也是不能忽视的重要原因之一。

有些父母总是把孩子看管得严严实实的，不让他与其他孩子过多地接触，生怕孩子受到一点委屈；有些父母总是对孩子说："好好学习，不要到处乱跑。"更有一些父母，上学的时候亲自将孩子送到学校门口，放学的时候又从校门口接走，孩子与同龄人接触的时间少了，自然，交际能力也受到影响。父母的这种管教方式也会使孩子形成内向的性格。

孩子的性格内向不是不可以改变的，只要父母选择好教育方式，孩子也可以拥有阳光般的性格、良好的交际能力。

参考建议

▲ 为孩子找一个好朋友

性格内向，不善交际的孩子通常不会主动与他人交朋友，父母不妨给孩子找一个伙伴。最好是家附近的，两个人交流的机会会多一些，上学和放学也可以在一起。父母可以经常邀请孩子的伙伴来家中做客，增进感情。先让孩子逐渐和一个人熟起来，适应与人交往，再慢慢扩大孩子的交际范围。性格内向的孩子与人熟识了之后，也会变得爱说爱笑，乐于与人交往的。

▲ 帮助孩子了解其他人

性格内向的孩子不愿意与其他人接触，可能是因为与外界接触少，不了解别人，对他人心中总有一丝畏惧，害怕别人不接受自己。父母在鼓励孩子多与外人接触的同时，告诉孩子其他人没有什么神秘的，他们也很愿意和别人交朋友，希望大家在一起时能够快快乐乐的。帮助孩子克服心中对他人的恐惧感。

▲ 鼓励孩子参加一些夏令营、冬令营活动

父母可以利用寒暑假，让孩子参加夏令营、冬令营，增长孩子的见识，培养他的交际能力。夏令营、冬令营中有来自不同地方的孩子，又有共同的爱好，共同的语言，在彼此的影响下，孩子会慢慢改变内向的性格。夏令营、冬令营的组织者为孩子们准备的一些活动，以及老师有针对性的教导，也会提高孩子的交

际能力。当然,父母应该根据家庭经济条件的实际情况,来决定是否让孩子参加这种活动。集体活动、课外兴趣小组等,同样能达到让孩子融入群体,改变性格内向的效果。

▲ 多带着孩子去做客

独生子女往往更容易形成内向的性格,因为上学之前,每天除了父母他很少接触到其他人,交际能力自然受到限制。父母可以经常带着孩子去串门做客,让孩子接触更多的人,学会与人交流。如果主人家也有年龄相仿的孩子,让他们一起玩儿,交到好朋友。

99. 孩子交上坏朋友怎么办?

4 年级小学生吴峰的妈妈发现,最近吴峰放学回家的时间比以往晚了将近半小时。妈妈觉得奇怪,问他:"小峰,这几天怎么放学晚了?"吴峰有点躲闪地回答道:"我有几道题不会,就问了问同学。"听了这个回答,妈妈挺高兴。

接下来的几天,吴峰回家的时间还是比较晚,妈妈想:难道天天有难题要问? 这天,她下班时绕道到了吴峰的学校门口,看到吴峰竟然跟几个男孩靠在学校围墙上聊天,其中一个男孩手中还夹着烟。

看到这一幕,妈妈觉得吴峰骗了自己,很生气地走到他们跟前,大声说:"小峰,放学了怎么还不回家?"吴峰很惊讶,马上说:"妈,我跟您一起回吧。"

一路上,妈妈没说一句话,回到家就劈头盖脸地骂了吴峰一通,让他远离那些"小混混"。吴峰刚开始还辩解说"他们不是小混混",后来就任凭妈妈怎么责骂也不吭声了。

从此,吴峰的成绩一路下滑,妈妈除了骂他被小混混带坏了,也没有别的办法。她很发愁,孩子交上坏朋友了,可怎么办啊?

教育感悟

每一个孩子都想交朋友,父母也都希望孩子有朋友,但是,父母知道"近朱者赤,近墨者黑",而孩子不知道。于是,父母和孩子常常在交友问题上产生争执。父母希望孩子交的朋友学习成绩优异、品德高尚、有良好习惯,很多孩子却不会以此为标准择友。他们可能因经常在一起而成为好朋友,也可能因为一次偶然的机会成为好朋友,甚至可能因为"不打不成交"等。所以,孩子有可能交一些学习成绩差、生活习惯糟糕、也谈不上具备什么品德的朋友，这时父母就非常担心孩子被带坏。

父母发现孩子交上"坏朋友"，大多数的做法都是责骂和堵截。但并不会取得明显效果，孩子本身就抵触打骂，因交友挨打受骂，他就会因父母怀疑自己的交友能力而自尊心受伤，从而更接近这些"坏朋友"，所以，打骂会将孩子推向危险的边缘。

另外，父母认为"兵来将挡，水来土掩"，孩子交了"坏朋友"，就要想办法让他们断交，截断他们接触的机会。很多父母会早晚接送孩子上学，还请老师"监视"孩子。这种做法也是不恰当的，因为孩子往往是"不让他们做什么，他们越要做什么"，父母的堵截和老师的监视让孩子觉得自己不被信任，产生逆反心理而更加接近"坏朋友"。

孩子如果有幸交到于他自身有益的朋友，自然值得父母欣喜，如果不慎交到了德、行俱不佳的"坏朋友"，父母还是要理性一点，想出更智慧的方法帮助孩子。否则，就可能毁了孩子。

参考建议

▲ 消除偏见，感化孩子的"坏朋友"

小健上 2 年级，最近回家总说一个叫于刚的同学。妈妈知道于刚学习不好，老师对于刚的评价也不高，就有些焦虑，怕于刚带坏小健。爸爸决定先认识一下于刚。

有一天，爸爸去学校接小健，看到小健和于刚走出来，就邀请于刚去他家玩。于刚有些意外，小健却很高兴。经过几次接触，爸爸发现于刚其实不坏，就没有阻止小健和他交往。

后来，老师说于刚自从和小健经常在一起后变得爱学习也懂礼貌了。

其实，孩子都不会坏得无可救药，变坏可能是受到了不良家庭的影响，只要有机会，他也可以变好。父母如果发现孩子交了"坏朋友"，可以先把这些"坏朋友"请到家中，侧面进行了解，并善待他们。如果能将他们感化，那是最好的结果；如果感化不好，至少这些"坏朋友"不会将自己的孩子"拖下水"。

▲ 给孩子讲自己或古人择友的故事

每一位父母都经历了漫长的成长过程，也难免有择友不慎的时候。发现孩子交了"坏朋友"，父母可以将自己的故事告知孩子，这种现身说法和侧面劝说会比打骂更为有效。也可以通过书籍、网络选择一些古人择友的故事，讲完后不要过多评论，让孩子自己去领悟。

▲ **让事实说明孩子所交朋友是好是坏**

孩子由于自身的阅历有限，很难看清"坏朋友"的本质，父母可以侧面帮助孩子，如暗中观察孩子的这些"坏朋友"，如果发现他们打架斗殴，或者做鸡鸣狗盗之类的事，可以通知公安机关，同时带孩子去看，让事实证明孩子确实交错了朋友。

当然，经历过这样的事，孩子难免对自己的交友能力产生疑问，父母要鼓励孩子交友的信心，帮助引导他交"好朋友"。

100. 孩子乱开玩笑怎么办？

7岁的乐乐开始对爸爸妈妈之间的谈话特别感兴趣，还经常模仿。

有一天，乐乐无意中听到妈妈对爸爸说："你要死啊！"吓得他抱紧爸爸说："我不要爸爸死！"妈妈赶紧笑着解释道："妈妈说的不是真的，是跟爸爸逗着玩儿，开玩笑呢！"说完爸爸妈妈也就没有将这件事放在心上。

几天之后，爸爸妈妈带着乐乐去看望爷爷奶奶。两位老人特别喜欢他们的孙子，只要一见到就会逗个不停。这一天，乐乐忽然冲着奶奶喊了一句："你要死啊！"说完还哈哈大笑。妈妈赶紧过来打了一下乐乐，并对他说："你这孩子，说什么呢！"

乐乐被这突如其来的情况吓了一跳，而且他看到大家的神情都变了，一下子哭了起来，嘴里还说："我跟奶奶开玩笑呢，你们为什么那么凶啊？"

人们为了调节气氛，增进彼此之间的感情，经常互相开玩笑，博得大家一笑。但并不是所有的玩笑都能够取得这样的良好效果，特别是孩子，很多时候不知道开玩笑的意义以及尺度，弄得大家都很尴尬。

孩子乱开玩笑有以下几种情况：

一种情况是孩子分不清开玩笑的对象。有些孩子会对父母、对爷爷奶奶肆无忌惮地乱开玩笑，甚至说"死"、"病"之类对老人来说非常敏感、忌讳的词。

另一种情况是孩子不注意开玩笑的场合。比如吃饭的时候说一些恶心的事，或者在葬礼等特别庄严的特殊场合胡乱开玩笑，让周围的人感到很不舒服。

再有一种情况就是孩子分不出玩笑的轻重。比如在与同龄人之间故意说别人的缺点，或者当众拿别人的隐私来开玩笑，甚至有些玩笑侮辱到了对方的人格。这么一来，玩笑就很有可能变成矛盾的导火索，影响孩子和他人的交往。

父母对待孩子乱开玩笑不要过于紧张，因为孩子是出于无心，即所谓童言无忌，父母过于严厉，会让孩子变得不敢说话。当然更不能对这种行为视而不见，否则孩子的玩笑很可能会伤害到别人。

参考建议

▲ 用温和的语气告诉孩子不要这样说

父母首先应该清楚，孩子开某些玩笑并不是故意为之，他也不清楚这么说不好。父母可以用温和的方式告诉孩子："你说这些话不好，这会让大家都不高兴的。"或者对孩子说："你不应该跟爷爷这样说话，否则爷爷该不喜欢你了。"父母切不可听到孩子乱开的玩笑就严厉地制止，这样会让孩子感到不知所措，导致孩子将来不敢说话。

▲ 教孩子多说礼貌用语

既然孩子把握不好开玩笑的分寸，父母干脆少让孩子开玩笑，而是教育孩子多说礼貌用语。告诉孩子不同礼貌用语的适用场合以及对长辈应该说些什么，对朋友应该说什么……等孩子大一些，语言表达能力强了，再让他知道开玩笑是怎么一回事，如何适当地开玩笑。

▲ 提前告诉孩子哪些场合不要乱说话

如果孩子平时有乱开玩笑的坏习惯，父母在带孩子出席严肃、正式的场合之前，明确告诉他不要乱说话，并且告诉他为什么要这么做，以及乱开玩笑的不良后果。如果孩子能够按照父母的要求去做，父母可以适当地表扬一下，再趁此机会教导孩子，不仅仅是在那些场合，包括在家里也不要随便乱开玩笑。

▲ 教育孩子真诚待人

无论什么时候，随便开别人玩笑都是不好的，正确的待人之道应该是以诚待人，对他人表现尊重，也要考虑他人的感受。千万不能总想着拿他人寻开心。在互相真诚的交往中，孩子就不会乱开玩笑了。

101. 孩子爱耍两面派怎么办？

周兵5岁，刚上幼儿园不久。老师说周兵表现很好，不仅做游戏的时候跟老师配合很好,吃饭也能稳稳当当坐着,吃完饭的碗很干净。跟小朋友玩的时候也不争不抢……

听老师这么说,妈妈怀疑老师说的是别的小朋友。因为周兵在家里是一个"混世魔王"。不仅到处摸爬滚打,还经常跟爸爸妈妈撒娇耍赖,跟他讲道理也不听。饭也不好好吃,还经常剩饭。在小区玩的时候还欺负其他小朋友,不仅从不把玩具借给别人玩,还会抢别的小朋友的玩具。

当老师确定说的就是周兵后,妈妈有些焦虑,看来孩子开始耍两面派了。她思前想后,觉得原因可能是自己和丈夫太宠溺周兵了。再这样下去可不行,一定要想办法了。

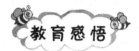

在不同环境或不同人面前,孩子的表现不同,这被称为两面派。孩子的两面派表现可以出现在幼儿园、学校和家庭之间,也可以出现在父亲和母亲之间,还可以出现在祖父母和父母之间。

两面派可以说是孩子身上的一种普遍现象。正如成人在家人和朋友面前表现不同一样,孩子表现出一定程度的两面派也很自然。毕竟幼儿园、学校和家庭的教育功能和作用是不同的,老师和父母的身份也不同。幼儿园、学校是给孩子制订规矩、培养孩子习惯的地方,是孩子学习知识的地方,家庭是生活休息的地方。老师是教孩子知识的人,父母则是孩子的亲人,是他的心理支柱,是他可以撒娇、发泄、"不讲理"的人。因此,孩子在幼儿园、学校和家庭,在老师和父母之前表现不同也是难免的。

有些父母在教育孩子时一个唱红脸,一个唱白脸,就促使孩子在父亲和母亲跟前表现不同。另外,祖父母对孙辈会自然产生"隔代亲",难免孩子娇纵、溺爱,而父母对待孩子相对会理性一些,也就表现出严厉的一面,于是,孩子在祖父母和父母跟前也表现出不同。

虽然大多数孩子身上都会存在或多或少的两面派表现,但是长期如此,并且程度严重,会伤害到孩子的身心健康,影响他的成长,甚至长大后表现出双重人格。所以,父母要想办法帮助孩子,努力做到表里如一,言行一致。

参考建议

▲ 不简单粗暴地批评、指责

有些父母发现孩子两面派的表现后,会非常焦虑,于是批评、指责孩子,恨不得他马上改掉坏习惯。其实，总是批评指责，孩子一方面会自卑，另一方面也会强化"两面派"的表现。所以，父母最好不要直接批评，而是间接地引导，如孩子在家不好好吃饭，父母可以对他说"老师说你在幼儿园吃饭很乖，一定是因为在家吃饭很乖"，等等。

▲ 让孩子在家中也遵守一定规矩

尽管家是相对比较自由的地方，但是孩子在家中过于自由，想做什么就做什么，想怎么做就怎么做，就既不利于孩子构建规则意识，也不利于融入社会。所以，父母要让孩子在家中也遵守一定的规矩，如，吃饭要在餐厅进行；爱惜粮食，将碗中的饭吃干净；玩时不能损坏玩具；同别的小朋友玩时不能争抢玩具；对父母亲人要有礼貌等。这些规则是幼儿园和家庭共同适用的，孩子在家中也遵守这些规矩，在一定意义上就减少了两面派表现的程度。

当然，遵守规矩的前提是父母给了孩子有质量的爱，孩子不会借助破坏规矩这种方式来向父母索爱。

▲ 不同教育者的观念要保持一致

大多数家庭都是父母、祖父母、外祖父母等共同承担照看、教育孩子的责任，如果教育者的观念不一致，会让孩子矛盾，也促使孩子在不同人面前有不同的表现，所以，只要是与孩子长时期接触的教育者，父母最好都和他们统一意见，即使有不同意见，也最好避开孩子协商。大家都用同一种意见对待孩子，孩子就会以同一种表现面对众人。

第六章 心理健康问题

　　很多父母在关注孩子身体健康的同时，却忽略了对孩子心理健康的关注。殊不知，相比身体健康来说，孩子的心理健康更重要。不可否认的是，今天很多孩子在心理方面确实存在一些比较严重的问题，比如自卑、嫉妒心强、心胸狭窄、爱慕虚荣、有自闭倾向、敏感脆弱、性别倒错、消极悲观等。这些问题，对孩子的健康成长来说，的确是很大的阻碍，所以，父母一定要留心孩子是否有这些问题，如果有，一定要努力帮助孩子解决。

102. 孩子很胆怯怎么办？

　　小勇 8 岁了，可是胆子很小，许多事情都不敢一个人做。

　　有一次，妈妈让他去小区的超市买些东西，过了很长时间还是不见小勇回来，妈妈有些担心了，决定自己去看一看。来到超市门口，只见小勇还在超市门口徘徊，妈妈不解地问："你在这里干什么呢？要你买的东西呢？"

　　小勇却支支吾吾不肯说，在妈妈的再三追问下，才怯生生地说根本就没有进超市，一直在外面站着。妈妈更加疑惑了，问道："那你为什么不进去呢？"

　　小勇小声地回答道："里面卖东西的人长得太凶了，我不敢进去。"

　　妈妈听了哭笑不得：一个男孩子胆子怎么会这么小呢？

　　胆怯是很普遍的心理，孩子都会存在一定程度的胆怯，这是他自我保护的一种行为。可是有些孩子表现得过于胆怯，在学校很拘谨：老师点名时不敢答应，从不主动举手回答问题，与同学之间的交往也都是小心翼翼的，生怕做错了什么……这些情况下，胆怯就会对孩子的正常发展产生阻碍作用了。

　　造成孩子胆怯的原因很多，有孩子自身的因素，父母不恰当的教育方式也是重要原因。

　　有的孩子天生就胆小，见到陌生人害怕，到一个陌生的环境也害怕，面对新鲜事物不知道怎么办……但是一般随着年龄的增长，阅历的丰富，这种胆怯心理会慢慢消失，孩子也会变得勇敢一些。

　　由于父母管教不当所产生的胆怯心理就不那么容易克服了。

　　有些孩子受的管教很严格，只要做错一点儿事情，就会受到父母严厉地批评或惩罚。这样久了，孩子感到很大的心理压力，胆子也变小了，不敢去尝试一些事情。还有些孩子从小被父母"关"在家中，很少接触其他人，所以见到陌生人时，会不知道应该怎么办，因而胆怯。

　　父母应该帮助孩子克服胆怯心理，而不要因为教育不当使孩子变得胆小怕事。

▲ **鼓励孩子说出他的想法**

如果孩子在父母面前总是显得很胆怯，不敢说出自己的想法，父母就应该鼓励他："没关系，说说你是怎么想的，让妈妈听听。"孩子说出他的想法后，即使不正确，也先要耐心地倾听。因为倾听可以增进与孩子之间的感情，让孩子感受到自己受到了尊重，从而增加表达的勇气。

▲ **激发孩子敢于尝试的勇气**

如果孩子的性格偏内向，做事总是不敢尝试，父母便可以用"豪言壮语"来激发孩子。比如，笑着对孩子说："我小时候一开始也不敢做这件事，后来就豁出去了！结果发现也不难，来！你也可以试试。"父母表现出阳光、自信的一面，并用这种气质感染孩子，使他有勇气去做那些没有做过的事情。

▲ **提高孩子的认知能力**

有些孩子的胆怯来自于对事情的不了解，很怕犯错误。父母应该给孩子讲清楚，让他对胆怯的事情有一个清晰的认识，这样可以在一定程度上帮助孩子克服胆怯的心理。

比如，孩子不敢在联欢会上表演节目，父母便可以告诉他其实没有那么难，只要之前认真准备，让老师和同学看到你的态度，无论表演好与坏，他们都会喜欢的；或者对孩子说，开始上去的时候会有些紧张，可是表演一开始就没什么紧张的感觉了……孩子详细了解了一件事情后，就会有勇气去尝试了。

▲ **多为孩子创造与他人接触的机会**

对于那些因胆怯而怕见生人的孩子，父母要创造机会，多让他与人接触。孩子慢慢掌握和人打交道的礼节，学会在与陌生人见面时应该说些什么，更放得开，在与人交往的过程中也就不很胆怯了。

103. 孩子因为学习好而骄傲怎么办？

丁立言上 4 年级，学习成绩一直不差，最近的几次小考和大考更是在班里遥遥领先。妈妈当然很高兴，但同时也发现，儿子自此底气变得很足。

以前放学回家，他总是先做作业，然后再去玩或者看电视，现在一回家就打开电视，妈妈让他写作业，他说："就那点简单的作业，对我来说还不是小菜

一碟。"

有一天，丁立言放学回家后坐在沙发上不吭声，妈妈看到他气鼓鼓的样子就说："你这是怎么了？"丁立言说："数学老师上课出了一道难题，我举手了可是老师没叫我，竟然叫了那个学习不起眼的李桐。哼，真是气死我了。"

妈妈看着儿子这个样子，心想：以前他从不这样，看来真是学习成绩好让他骄傲得目中无人了，这可怎么办才好呢？

教育感悟

骄傲是一种不良的心理状态。骄傲让人看不到自己身上的问题，而将别人看得一无是处；让人听不进别人善意的批评，总是处于盲目的优越感之中；让人盲目乐观，从而不思进取；让人觉得自己看得很高很远，结果成一个井底之蛙……

但是，在今天普遍看重学习成绩的俗风世态下，孩子很容易因学习好而骄傲。学习成绩好就觉得自己一切都好。父母亲友难免送给他很多表扬、称赞，这也让孩子飘飘然起来。

"生也有涯，而知也无涯"，一个人即使在自己的领域内取得了很高成就，也并不意味着精通了所有知识，何况他的研究成果也是以很多人的研究成果为基础的，正如牛顿所说："如果我能看的更远一些，那是因为我站在巨人的肩膀上。"就孩子而言，任何学习成绩都只是阶段性的，局部的，只能作为下一次进步的起点，而不是骄傲的资本。

所以，如果孩子因为学习好而骄傲，父母一定要尽早想办法让孩子从骄傲的泥潭中走出来。

参考建议

▲ 减少表扬，并控制表扬的尺度

孩子经常受到父母和老师的表扬，就容易滋生骄傲心理，所以，父母看到孩子的成绩后，要通过表扬来表示肯定，但次数不能过多，一两次就够了。有些父母看到孩子的成绩后，不断地表扬，还逢人就炫耀，这就会使孩子骄傲起来。

另外，父母表扬孩子要就事论事，控制好尺度，不能过于夸张。如父母可以说："你的辛苦努力终于有了成果，我为你感到高兴。"而不要说："你真聪明，你是最棒的。"这是在夸大孩子的能力，也会让孩子无法认清自己。

▲ 让他品尝骄傲后的苦果

俗语说："谦虚使人进步，骄傲使人落后。"对于骄傲的孩子，如果父母劝说无效,可以使用自然后果惩罚法,即任凭孩子在一段时间内骄傲,由于骄傲他必然会放松懈怠、不思进取,成绩也必然受影响。孩子品尝到骄傲后的苦果,父母再画龙点睛地劝慰他,聪明的孩子往往就会谦虚。

▲ 告诉孩子,学习好不能代替一切

人们常说"三百六十行,行行出状元",在科技发达的今天,社会分工已经远远不止三百六十行了。每一个行业里都有取得杰出成就的人,孩子只是处于学习和知识储备阶段,学习好只能说明他掌握了一定的知识,并不能说明他一切都好。一个人要想取得成就,不仅需要知识,还需要实践经验、各种能力,以及道德修养等。

所以,父母要告诉孩子,学习好不能代替一切。还要和孩子通过分析让他认清自己的优点、缺点,如虽然学习好,但动手能力较差等。对自己有清醒认识的人通常不会骄傲。

104. 孩子因为体形不好而自卑怎么办?

小磊上初中了。他班上的男同学都开始"疯狂地"长个子,小磊却迟迟没有"动静"。每次调座位,小磊是雷打不动地坐第一排,做操排队时也是第一个。看着周围的同学越来越有"男子汉"的样子,再看看自己瘦小的样子,小磊总是感到很自卑。特别是同学们互相比身高,夸耀自己能够摸到篮球筐的时候,或者听到女生们谈论男生的身高时,小磊的自卑感就会更加强烈。有时候同学会拿此事开玩笑,小磊就更难受了,可是他不会说什么,只是迅速地走开。

渐渐地,小磊开始变得郁郁寡欢,也不愿意跟同学们一起玩了。学习积极性大不如前,学习成绩更是明显下降。

教育感悟

孩子正处在身体快速发育的阶段,这使得他们对体形上的差异更加敏感。随着孩子年龄的增长,他会越来越关心自己的形象,特别是受到当今社会上一些审美标准的影响,如果体形不是很好,比如个子不高,身体臃肿,孩子就很可能产生自卑的心理。

孩子到了一定的年龄可能都会因为体形不好而苦恼。比如男孩子因为矮小,觉得自己没有男子汉的气概,特别是在被同学嘲笑时,会感到受到了伤害,

或者看到身材好的同学受欢迎，自己的体形"自叹不如"；女孩子则可能因为自己太胖，有同学给起外号，而感到很苦恼……

有些孩子对体形过度关注，因为身材不好而否定自己，或者想通过种种方式来改变自己的体形。然而身体都是父母给的，有些情况光靠后天努力无法改变，结果就会陷入自卑生活受到很大影响。无法融入集体，或者丧失掉前进的动力，还有可能厌恶自己的身体，继而怨恨父母。

因此父母要经常告诉孩子，无论高矮胖瘦，身体健康才是最重要的，更不要因为体形原因而自卑。

参考建议

▲ 培养孩子的一项特长

父母根据孩子的爱好和能力，培养他某一项特长。如果孩子身材不是很好，就选择一些智力方面的特长，孩子有了一项拿手的技能，自信增加，冲淡他对身形的自卑感。

▲ 多多肯定孩子身上的闪光点

俗话说"尺有所短，寸有所长"，有时候，孩子会纠结于自己体形上的不足，这就需要父母多肯定他的闪光点，告诉孩子他的优势在哪里，不断给他机会发挥自己的长处，从而转移他的注意力，使他找回自信。

▲ 请老师适当地给孩子一些表现的机会

如果孩子因为体形的原因在学校受到其他同学的嘲笑，并且感到自卑，那么父母可以寻求老师的帮助。与老师商量：给孩子一些适当的表现机会，帮助他在同学面前找回自信。

▲ 告诉孩子，要经常微笑

微笑可以增加一个人的魅力，让他更招人喜欢。所以平时父母应该鼓励孩子多微笑，其他人看到孩子灿烂的微笑，也会热情对待他。得到别人的尊重和喜爱，孩子会变得有自信，排除掉因为体形不好而带来的自卑感。

▲ 让孩子懂得，善良的心地才是最重要的

人们常说心灵美才是真的美。用这句话教育孩子，告诉他身材的好与不好并不是绝对的，可以通过体育锻炼、少吃垃圾食品等来改变体形。真正重要的是要有一颗善良的心。告诉孩子："心地善良很重要，只有你用真心去对待其他人了，别人才会对你真诚，这与体形没有关系，所以也没必要为此而感到自卑。"

105. 孩子嫉妒心强怎么办？

陈茜上5年级，成绩比较优秀。在班级排名中，她一直是第二名，而和她住一个小区的杨怡总是第一。

期中考试的前一天傍晚，妈妈到陈茜房间给她送牛奶，无意中看到了一个封面写着"杨怡"的笔记本。奇怪地问："明天考试，杨怡的笔记怎么在你这里？"陈茜眼神躲闪着说："我的笔记有些不全，杨怡说她复习好了，就借给我了。"妈妈说："那你可要好好谢谢杨怡。"陈茜答应着继续低头复习。

第二天早上，陈茜的妈妈在上班路上遇到了杨怡的妈妈，两个人聊着孩子的各种情况，杨怡妈妈说："杨怡这孩子也真是的，今天考试，她昨天竟然将笔记本丢了。你说气人不气人？"听了这话，陈茜妈妈心里一惊，原来女儿没有说实话。

整整一天，妈妈都没放下这件事，想起以前女儿也在自己面前贬低过杨怡，自己只是说她这样不对，也没太在意。现在女儿竟然做出这种事，她的嫉妒心怎么会这么强呢？到底该怎么办呢？

嫉妒是一种将自己和别人比较后发现别人比自己强，由此产生的一种包含羞愧、愤怒、怨恨等情绪在内的心理。婴幼儿时期，孩子看见父母抱别的孩子就哭闹或要父母抱，这就是最普遍的一种孩子式的嫉妒。上幼儿园、上学后，这种嫉妒心会表现得更广泛，如某个孩子学习好，受到老师表扬，与老师关系好，有很多漂亮文具、衣服……这些都能成为孩子嫉妒的诱因。

嫉妒心理会给孩子造成伤害。有些孩子嫉妒心过强，他会想方设法伤害嫉妒对象，如冷落、讽刺挖苦等，这样就不能和别人和谐相处了。另外，容易陷入痛苦和憎恨的情绪里，久而久之，会变得自卑、消极，甚至可能因为对嫉妒对象采取极端行为而毁灭自己。

心理学研究表明，一个人如果陷入嫉妒的情绪中，会出现压抑情绪，造成内分泌紊乱，肠胃功能失调，容易患神经衰弱，脾气变得暴躁古怪，性格多疑多虑。

所以，父母发现孩子有嫉妒情绪后，要想办法帮助疏导，以免越陷越深。

参考建议

▲ 鼓励孩子说出内心的羡慕与不甘心

通常情况下，父母发现孩子的嫉妒心理后，都会批评，这样只能让孩子内心更矛盾，更扭曲。所以，父母可以鼓励孩子当着嫉妒对象的面说出他内心的羡慕和不甘心。

如前面事例中的陈茜可以对杨怡说："你总是考第一，我觉得我好像永远也不能超过你。"那杨怡就可能说："有你在后面，我觉得压力很大，都快喘不过气了。"或者："你的手风琴拉得真好听，让我很羡慕。"……

孩子只要说出来，内心因嫉妒产生的痛苦就会减轻，甚至因对方羡慕他某方面的能力而自信起来。这是对孩子嫉妒心理的一种有效疏导。

▲ 教孩子缓解嫉妒情绪

在美国康娜莉娅·莫得·斯贝蔓和凯茜·帕金森编绘的绘本《我好嫉妒》中，"嫉妒是一种刺刺的、热热的、讨厌的感觉"，谁都不喜欢嫉妒的感觉，但"每个人都有嫉妒的时候，小孩会嫉妒，大人也会嫉妒，就连狗狗也会嫉妒"。由此看来，嫉妒很正常，父母要做的就是教孩子缓解嫉妒情绪，去做一些别的事情，看书、画画、玩自己的玩具等，投入这些事情之后，嫉妒情绪就会得到缓解并慢慢消失。

▲ 培养孩子的豁达心态

世界上总有一些人很优秀，也总有一些人很强势，父母除了鼓励孩子依靠自身的努力向他们靠近之外，还要培养孩子的豁达心态，以一种欣赏的姿态去看待别人的成功，真诚地为别人感到高兴，这样的孩子往往受人欢迎。从另一个角度看，这也是孩子的成功。

106. 孩子心胸狭窄怎么办？

阳阳和明明本来是一对很要好的朋友，两个人兴趣相投，学习成绩都很不错，老师都经常夸他们俩是"生活中的好朋友，学习上的好伙伴"。

可是最近阳阳却不愿意理明明了，原来前不久学校举办的一次数学竞赛上，明明发挥不错，得了一个二等奖，阳阳却发挥失常，什么奖也没得到。这就使得阳阳感到不舒服，加上周围同学的议论，阳阳更加忍受不了明明超过他的事实。于是把怨气全部撒到明明身上,明明跟他打招呼也不理,明明放学等着他一起走,阳阳却故意绕开。明明也不知道究竟是为什么。

就这样,两个人的关系变得越来越别扭,同时,两个人的学习成绩都不同程度受到了影响。

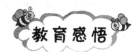

不难看出,阳阳的心胸确实不够宽广。心胸狭窄的孩子的一个显著特点就是不能够容忍别人比自己强。这种心理不是要强,而是争强好胜,而决定这种心理的是孩子的虚荣心。

狭窄的心胸会直接影响孩子的心情和心理。《三国演义》中周瑜就是因为心胸狭窄,不能容人,最后竟然被活活气死。孩子如果心胸狭窄,他就是自私的,经常嫉妒别人,甚至产生仇恨和报复心理。

孩子心胸狭窄,眼界就会变窄。只会看到别人的分数比自己多,排名比自己靠前,得到的掌声比自己多,而看不到别人所付出的努力以及身上值得学习的优点。

其实,孩子的狭窄心胸有可能是受父母影响。有些父母在孩子面前议论工作中的利益得失,有时甚至愤愤不平,这种情绪会影响孩子,当孩子遇到类似的事情时,比如考试成绩不如某些人,老师表扬了别的同学却没有表扬自己,心理上就会出现不平衡。还有些父母对孩子的期望过高,超越了孩子的能力所能达到的范围。达不到这个目标时父母还批评、训斥,孩子在这种压力之下,也可能对成绩超过自己的同学产生嫉妒心,从而形成心胸狭窄的性格。

参考建议

▲ 帮助孩子认清自己的不足

如果发现孩子总是抱怨别人比自己强,父母要注意引导孩子看到自己身上的不足。告诉他,他之所以没有别人做得好,是身上还存在不足。要让孩子敢于承认缺点:"其实我觉得你如果能够改掉这些缺点,会比别人做得好!"孩子能够承认自己的缺点,也是心胸宽广的表现。

▲ 多让孩子欣赏周围人的优点

父母要培养孩子欣赏他人的眼光,多看到他人的优点,而不要说:"他那样也没有什么了不起,你要比他做得更好!"这会让孩子觉得自己应该是做得最好的,别人都应该不如自己。孩子懂得欣赏他人的优点,才会对他人发出由衷的

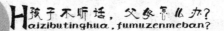
赞美,有容人的"雅量"。

▲ **教孩子学会"吃亏"**

父母可以通过让孩子多付出一些,或者吃些亏来帮助孩子扩展胸襟。拿出自己的零食跟同学一起分享,做值日的时候不要斤斤计较,能多干一些就多干一些,看到同学需要帮助了要主动提供力所能及的帮助,不要顾及自己的得失。孩子懂得"吃亏"了,就不会是一个小气之人。

▲ **提高孩子的文化修养,扩宽孩子的视野**

俗话说"宰相肚里能撑船",因为宰相看得更广,有很深的学识。父母也应该从这两方面入手,让孩子多读一些书,增加学识,提高文化修养。多带孩子去各处看一看,体会名胜古迹的恢弘气势,扩宽视野。这样,孩子的心胸就会在不断地陶冶下变得越来越宽广。

107. 孩子爱慕虚荣怎么办?

12岁的文惠快过生日了,往年的生日都是在家里和家人一起庆祝的,偶尔也请文惠的朋友。这次文惠却说:"我今年要在比萨店请同学,你们给我500块钱就可以了,你们也不用去。"听到这话,爸爸妈妈、爷爷奶奶都傻眼了。

妈妈问她:"为什么要在比萨店过生日,还不让我们去?"文惠说:"现在我们同学都流行在比萨店过生日,那儿的气氛让人多有面子啊!你们不懂时髦,又土气,就别去了。"听着小人儿说的话,全家人既生气又伤心。爸爸批评她:"你还这么小,怎么就这么爱慕虚荣啊?"文惠也有些生气地回应道:"大家都这样,我不这样不是让大家说我'掉价'吗?"

听着文惠的振振之词,再想到同事说他们的孩子也这样,妈妈叹了口气说:"现在的孩子都这么虚荣,可怎么办啊?"

虚荣是一种表面上的荣耀,其本质是人扭曲了的自尊心在作怪,是为了取得荣誉和引起普遍注意而表现出来的一种不正常的社会情感。

很多人都有虚荣心,但是虚荣的程度不同。适度的虚荣,甚至有可能刺激人奋发向上。但是,虚荣心过度膨胀就有可能给人带来心理伤害。现在很多孩子的衣服鞋袜是名牌、手机用的是名牌,去高档饭店吃饭,送的礼物是昂贵的,上下学时父母车接车送……如果这些都是孩子主动要求的,就说明孩子有很强的虚荣心。

孩子之所以虚荣,跟社会经济的发展、父母的虚荣心、孩子自身都有很大关系。

现在社会经济高度发达,人们的物质生活越来越富裕,有了很多物质选择,孩子看见什么都想买,而父母觉得自己有能力满足,这种行为刺激着孩子的物欲以及虚荣心。

有些父母的虚荣心很强,只要看到同事、邻居在车子、房子、衣着服饰等方面比自己强就不服气,一定要在物质上胜过别人,这种虚荣心对孩子形成了一种潜在的影响。

孩子本应该以学习为主业,但是,很多孩子学习成绩不好,对自己缺乏信心。为了吸引别人注意力,满足自尊心,他们就会在外表上下功夫,这就是虚荣。这种做法也会对其他孩子产生影响,基于从众心理和孩子与生俱来的好胜心,孩子之间就展开了一场"爱慕虚荣"的大比拼。

虚荣,终究是虚的,它不能给孩子带来有意义的成长,反而会养成奢靡浪费的坏习惯,以及内心空虚用物质填补的畸形心态。所以,父母一定要想办法避免孩子被虚荣吞噬。

参考建议

▲ 拒绝孩子基于虚荣的要求

如果衣服是新的,却要另买一件名牌;要买昂贵的礼物送给同学、朋友;可以走路上学,却要父母车接车送;文具还是完好的,却要买新的……这都是孩子基于虚荣心的要求,父母要意见一致地加以拒绝。态度坚决,但不能生硬,告诉孩子拒绝的理由。

▲ 告诉孩子,虚荣赢得不了真正的尊重

虚荣毕竟是表面的荣耀,带给人的只是别人一瞬间的注视,真正能赢得长久关注的还是那些品德高尚的人。孩子由于年龄小,他们无法分辨什么是因虚荣而获得的自尊心满足,什么是真正的尊重,父母可以这样问孩子:"你今天穿了一件品牌衣服去学校,同学们很羡慕,如果你明天、后天还穿这件衣服,同学们还会羡慕吗?"孩子会回答"不会"。父母接着问:"如果你人缘好,同学们今天很喜欢和你玩,明天、后天是不是还会喜欢和你玩。"孩子的回答自然是"是"。就会很容易感到虚荣是没有价值的。

▲ 帮助孩子建立自信心

孩子对自己有信心就不容易迷失在虚荣心带来的"荣耀"里。所以,父母可

以帮助孩子建立自信心，学习成绩有一点进步就及时、恰当地鼓励；如让孩子喜欢上阅读，成为一个知识渊博的人；让孩子有某项特长可以展示等。

108. 孩子怕黑怎么办？

冬冬6岁了。有一个不好的习惯，就是睡觉的时候要开着灯，如果妈妈把灯关上，冬冬就会大吵大闹，说怕黑睡不着。

有时候一家人吃完晚饭去散步，冬冬总吵着要早点儿回来，路上遇到那些比较暗的路段，他会紧紧地拉着爸爸妈妈绕开。

有一次妈妈正在炒菜，发现油不够了，便对冬冬说："你帮妈妈去储藏室把油拿来。"冬冬一口答应了下来。

可是等了好长时间，冬冬还没有把油拿过来。妈妈只好把火关了，去看一看是怎么回事。妈妈来到储藏室门口，只见冬冬还在门口站着，妈妈有些生气地问道："你怎么不进去拿油啊？"

"里面太黑了，还是您进去拿吧。"冬冬说完就退到了妈妈的身后。

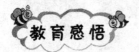

孩子怕黑的原因一般有两个：一个是孩子对黑夜中一些现象不了解，本能地产生恐惧；另一个方面是源于对黑夜的胡思乱想。

孩子对他不了解的事物都会产生一定的恐惧心理，特别是在黑夜，什么都看不到，再有一声猫叫，或者奇怪的鸟叫，孩子不知道发出声音的是什么，不知道它在哪里，更不清楚对自己有没有危害，本能地产生恐惧心理，因此怕起黑来。

再有，孩子可能是平时听到一些关于鬼怪的故事，或者看了一些恐怖电影，到了黑夜，看到窗帘的摆动，或者桌椅的轮廓，都会想起那些恐怖的情节，于是产生了怕黑的心理。

父母要根据孩子怕黑的原因及时开导孩子。孩子长期处于怕黑的状态，会造成很大的精神压力，睡眠受到影响，从而影响到身体健康。

▲ 睡前安慰一下孩子

孩子入睡之前,父母可以花几分钟的时间跟孩子说几句话。可以拉着孩子的手,或者抚摸着孩子的头对他说:"安心睡吧宝贝!有妈妈在,什么也别怕!"父母的关爱会让孩子紧张的神经放松下来,有利于孩子尽快入睡。而且,让孩子感受到父母的爱,不再去想黑夜中恐怖的事物。

▲ 在走夜路的时候分散孩子的注意力

有些孩子害怕走夜路,为了不让孩子对黑夜产生恐惧感,父母可以用讲故事的方式来分散孩子的注意力。当然,故事一定要是能让孩子高兴的,没有恐怖情节的。父母也可以利用夜晚的星空,告诉孩子哪颗是北极星,哪几颗是北斗七星,怎样辨别星座以及那些星座的传说。孩子发现了黑夜的美,就不会觉得黑夜可怕了。

▲ 培养孩子阳光、健康的心态

为了不让孩子怕黑,最关键的还是要培养乐观、阳光的心态,增加他的勇气。比如说:"黑夜有什么好怕的,你打开灯它就吓跑了!"鼓励孩子要勇敢,告诉他黑夜中那些发出可怕声音的小动物其实胆子也很小,只要你不怕它们,它们就会溜走。

父母还可以让孩子在白天多做一些运动,并对孩子讲:"只要你练得壮壮的,就可以打败黑夜中可怕的东西!"同时,孩子在白天消耗了大量精力,晚上也没有"心思"再对黑夜感到恐惧了。

▲ 给孩子讲一些优美的故事

父母可以找一些有关黑夜的优美故事来讲给孩子听,告诉孩子太阳公公走后,很多可爱的小动物就会出来活动,让孩子的头脑中充满对黑夜美丽的想象,或者让孩子把自己想象成是黑夜中的一个英雄,向黑夜发出挑战,再讲一些英雄战胜黑暗的故事,让孩子想一想,如果换做他,会用什么方法战胜这些讨厌的东西。

总之,父母要用故事帮助孩子建立起对黑夜的正确认识,使他不再惧怕黑夜。

109. 孩子感到孤独怎么办？

12岁的张宁性格有点内向，无论是在小区里还是班里，几乎没有合得来的玩伴。爸爸妈妈工作忙，回家就忙着清洁和做饭，也没有时间跟他玩。

有一天，妈妈有事提早下班。正好是张宁放学的时间，就想去接他一起走。到了学校附近，妈妈看到其他同学大都三三两两有说有笑地走着，自己的儿子却踽踽独行。看着儿子孤单的背影，她心里很难过。

妈妈紧走两步赶上了张宁，张宁很意外。妈妈问他："你怎么不和同学一起走呢？"张宁嗫嚅着说："我也想跟他们一起，但就是融入不进去。"顿了一下，张宁又接着说："妈妈，我觉得很孤单，觉得活着真没意思。"

妈妈听了张宁的话惊呆了，儿子居然这样想，看来他确实太孤独了。走在回家的路上，她心想：一定要多抽时间陪陪孩子了。

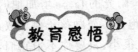
教育感悟

在大多数人眼里，孩子就应该是天真、善良、活泼可爱、喜欢和同伴玩耍的，但是，有一些孩子却不能被同伴接纳并发展出正常的友谊，因被冷落而渐渐喜欢独处、独自玩耍。他们的身影让人看上去是那么孤独，他们的内心也是孤独的。还有一些孩子虽然也和朋友、同学交往，但内心常常感觉孤独，有人曾对225名孩子进行了调查，结果51.7％的孩子说他们"感觉孤独"；63.6％的孩子"经常感觉有话无处可说"；83％的孩子希望父母"能多多了解自己内心的想法"。也就是说，有一半多的孩子都有孤独感。为什么会这样呢？

第一，以前我国的家庭结构大都是"四世同堂"，孩子整天和家人亲戚一起玩耍，没有时间感觉孤独。可是，今天的孩子大都是独生子女，父母工作忙，孩子常常是独自玩耍，难免感觉到孤独。

第二，社会竞争的压力逼迫父母们只注重孩子的学习成绩，很少关注他们的精神生活。父母和孩子交流的内容大都仅限于学习，很多孩子感觉到心里话无处倾诉，既压抑又孤独。

第三，有些孩子受到过不正确对待，如，父母在公共场合责骂孩子，伤了孩子的自尊心；老师对孩子进行体罚等，这些导致孩子产生焦虑、沮丧、伤感等心理感受，没有得到合理排遣，他们就逐渐变得自卑，主动远离群体，陷入孤独

之中。

　　孩子感觉到孤独，如果得不到适当的排解而长期处于孤独之中，容易形成孤僻的生活方式，严重者甚至会诱发孤独症。父母发现孩子孤独时，要想办法帮助他。

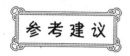

▲ 多和孩子进行沟通交流

　　孩子吃得是否有营养，穿得是否合体、暖和，有没有和别人打架受伤等，这些能够通过肉眼观察到。可是孩子是否快乐，是否孤独，是否有心里话想说，这些都要父母通过细心感受和贴心的沟通交流才能知道。如果父母疏于关心孩子，疏于沟通交流，就无法得知孩子内心的真正感受。所以，父母要多从心理上关心孩子，让他说出快乐的事与父母分享；也说出难过、不开心的缘由，心里轻松一些。

▲ 让孩子有相对长久的玩伴

　　对孩子来说，同龄人更容易沟通和交流，也更能体会彼此的情感，孩子最好有一个或几个从小玩到大的玩伴。可以是一个小区的，也可以是一个幼儿园或学校的。父母尽可能不要干涉，也许玩伴的某种习惯不好，或者成绩不好，但人无完人，只要孩子有朋友可以一起玩，让他倾诉就可以了。

▲ 教孩子走出自卑的阴影

　　曾经有人跟朋友说起自己很自卑，没想到朋友很惊讶地说："原来你也自卑，我以为只有我自卑呢！"

　　很多人都有自卑的一面，因为拿自己的弱点跟别人的优点比，父母发现孩子因自卑而远离伙伴后，可以跟孩子谈一谈，让他正确看待自己的优缺点以及生活中的挫折，打开孩子的心结，使孩子走出自卑的阴影，重新快乐起来。

110. 孩子有逆反心理怎么办？

　　毛毛7岁了，变得越来越调皮，不听父母的管教，还故意跟父母"对着干"。妈妈叫他不要喝自来水，他偏要喝；刚刚入春的时候，妈妈让毛毛多穿一些，他却自作主张将毛衣脱掉了。

　　有一次，妈妈看到毛毛的书桌实在太乱了，就让他收拾一下。毛毛马上大

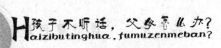
喊了一声："不！"

妈妈生气地说："毛毛，你怎么这么不听话了！快点儿将桌子收拾好！"

毛毛不但没有改变态度，反而更加不配合，将桌上的东西弄得更乱，气得妈妈都不知道该怎么办了。

教育感悟

随着孩子慢慢长大，渐渐有了自己的想法，难免会产生逆反心理。没有理由地反抗父母的要求，父母叫他做什么偏不去做，明令禁止他做什么，他却非要去做，让父母感到头疼。

可是父母没有想到，导致孩子叛逆心理的，可能正是父母平时一些不正确的教育方式。

比如，有些父母听不得孩子说"不"，只要孩子出现了逆反的行为就会大动肝火，严厉斥责，企图用更加严厉的姿态震慑住孩子。孩子当时可能不说话了，却更不愿意听从父母的话，以至于以后出现叛逆的行为。

还有些父母在不了解孩子真实想法的情况下，就提出一些不合理的要求，孩子自然不愿意按照父母说的去做，于是产生逆反心理。

当然，也有孩子自身的原因。有些孩子觉得跟父母对着干，看他们着急、生气很好玩，父母越是管教，他的逆反心理就越强烈。父母应该了解孩子的这种心理特点，并采用合理的教育方法。

参考建议

▲ 冷静面对孩子的顶嘴行为

当孩子产生逆反心理，做出逆反行为，特别是跟父母顶嘴时，最好不要马上发脾气，让孩子变得更加逆反。应该让自己先冷静一下，想一想孩子为什么会跟自己唱反调。再用合适的语气教导孩子，跟孩子讲清道理。这种心平气和的说话态度也会感染孩子，使他在一定程度上收敛逆反行为。

▲ 多与孩子沟通，了解他的想法

对待具有逆反心理的孩子，父母一定要多与他沟通，及时了解孩子内心的真正想法，耐心地问一问他：为什么不想按照爸爸妈妈说的去做？想怎么做？同时告诉孩子为什么要让他那么做，了解彼此的想法后，父母就不会提出不合适的要求，孩子也能够知道父母的用心了。

▲ 对孩子的叛逆进行"软处理"

对于那些故意对着干的孩子，父母一定不能着急，可以对孩子说："妈妈这么做都是为了你好,没想到你却气妈妈,真让妈妈伤心啊!"同时表现出很伤心的样子。看到妈妈"软"了下来,孩子也就可能不再叛逆了。

▲ 尊重孩子的一些选择

孩子有些时候的想法是很好的,父母应当尊重,允许他按照自己的想法去做,并且表扬他能够有自己的想法。孩子的选择不是很好时,也不要一口否定,可以用商量的口气说出自己的想法,帮助孩子分析利与弊,让他对比哪一个更好。孩子在感受到对他的尊重后,也会用同样的方式对待父母的。

111. 孩子有自闭倾向怎么办?

由于爸爸妈妈工作忙,今年3岁的小雷半年前就被送到了幼儿园。刚送幼儿园的时候,小雷哭闹得很厉害,但是,老师和爸爸妈妈都认为这很正常,也没有在意。

后来老师反馈说:"小雷在幼儿园很少说话。"妈妈说:"小雷是个男孩,刚开始学说话就晚,在家里也不爱说话。"

再后来,老师觉得小雷越来越奇怪。总喜欢一个人在角落里待着,老师和小朋友做游戏,他也不闻不问。同龄孩子喜欢的玩具,像车、积木等,小雷也很少动。最近两个月更是奇怪,每天都坐在那里翻一本书,从头翻到尾。老师怀疑小雷有自闭倾向,就专门叫来了小雷的妈妈,让她观察小雷在幼儿园的举动。大多数孩子看到妈妈都非常高兴,会快速跑到妈妈跟前,可小雷看到妈妈也没什么反应。

妈妈着急了,赶紧带小雷去医院的精神科检查,大夫经过检查、了解后,确定小雷有自闭倾向。妈妈一个劲地问大夫:"我该怎么办?"大夫耐心安抚小雷妈妈,说发现得比较早,好好照顾就能避免孩子患上自闭症。

教育感悟

自闭症是大脑生理问题所产生的一种成长障碍,症状表现为:不与人交往、孤独,没有社会交往能力,没有目光交流,语言发展缓慢,智力水平下降,有刻板的言语、动作,分不清人称代词"你"、"我"、"他",有些孩子还有自伤行为。

我国越来越多的孩子患有自闭症。根据全国的残疾人抽样调查数据,我国约有11万的精神病儿童患者,其中以自闭症为主。世界卫生组织的调查结果显示，150 名儿童中，有 1 名患有自闭症。

为什么会有如此多的孩子受到自闭症的困扰？据有关专家说，自闭症既与遗传有关，也与环境污染有关，还与父母的养育、教育方式有关。如，孩子在 1 岁以内如果没有得到父母的悉心照料，哭了没人抱、饿了没人理，和孩子缺乏语言交流，就容易有自闭倾向。再如，孩子在成长过程中，父母不理解孩子的需要，对孩子想法总是以粗暴的方式对待，孩子就有可能自主切断与父母的沟通交流通道而走向自闭。

另外，科技的发展使网络提供了更为便捷的信息通道，虚拟空间、网络游戏满足了孩子交友、发泄的需要，也越来越远离现实世界，缺乏现实世界中生存的技能，从而导致自闭。

孩子有了自闭倾向，如果不能及时发现，就有可能发展成自闭症。给整个家庭和孩子自身都造成很大的伤害，所以，父母发现孩子有自闭倾向后要积极想办法将它扼杀在萌芽中。

参考建议

▲ 给孩子爱和交流

有自闭倾向的孩子往往缺乏爱和交流，父母发现孩子有自闭倾向后，更不能嫌弃，而是要更加耐心地给他爱和交流，如经常性地拥抱、亲吻、抚摸；一起玩游戏；认真听孩子说话，并给以积极的回应等。

▲ 带孩子多参加社会活动

有自闭倾向的孩子愿意独处，将自己隔离在人群之外，这很不利于健康成长，所以，要多带孩子外出参加活动，让他接触陌生的环境，适应并和小朋友一起玩耍。慢慢地，孩子就会开朗起来，从而避开自闭症的"袭击"。

▲ 从兴趣出发，引孩子听从父母的话

有自闭倾向的孩子往往沉浸在自己的世界里，对自身以外的世界几乎没有反应，父母要从孩子的兴趣出发，先引起他的无意注意，再将他的无意注意转为有意注意，久而久之，孩子就会听从父母话语了。

比如，孩子很喜欢搭积木，父母可以和孩子一起搭积木，搭积木时跟孩子说一些简单的话语，"把这块放上面"、"把方形的放下面"等，这些话语刚开始要比较简单，变化也要比较少，孩子才能理解与接受。等孩子习惯之后，再把这种话语迁移到其他生活环节中。

有自闭倾向的孩子，缺少的就是沟通与交流，父母从孩子的兴趣入手，既能引起孩子的注意，也能慢慢打开他的"心门"。

112. 孩子过于敏感怎么办？

妈妈发现小佳最近总是不大高兴，于是询问她遇到了什么事情。

小佳说："最近我总觉得班上有些人在议论我，有时候他们会看我一眼，然后就开始笑，让我觉得非常不舒服。"

"你想得太多了吧。他们可能是在聊天。"妈妈宽慰小佳道。

"不是，他们一定是在谈论我。还有，我总觉得最近老师对我的态度也有变化，有一次，我跟李老师打招呼她却没有理我。"小佳忧心忡忡地说。

"那可能是因为老师正在忙别的事情吧，否则怎么会不理你呢？你不要瞎想了。"妈妈继续开导小佳。小佳却还是一副思虑很重的样子。

孩子对周围事物保持适度的敏感，对生活有更深刻的体会，提高洞察力，能够更快地学会一些东西。可是，如果过度敏感那就不大好了。

过于敏感会因为一点小事而想好多，即使无关紧要的事情也会十分在意，并且为此烦恼；或者看到别人议论就会感到是在说自己；来自外界的一个小小刺激就可能令他紧张、不安。因此过于敏感的孩子往往经常处于焦虑之中。

孩子的过度敏感会影响到他正常的人际交往。别人的一句话本来没有其他意思，过于敏感的孩子却会想到很多，表现得多疑，也更容易与他人产生误会。

造成孩子过于敏感的因素有很多。比如，自身性格的原因，性格内向的孩子一般就会比外向的孩子更加敏感。还有，孩子曾经在某一方面受到过伤害也会导致对这方面的事情过度敏感，比如，父母离异就会使孩子在情感方面敏感。再有，父母对孩子过度的爱以及过于严厉的管教，都会让孩子变得敏感。

孩子也可能在一段时期内出现过度敏感的状况，比如在重要考试前后，因为心理压力大，精神比较紧张，所以对一些事情想得比平时要多。

父母更要注意自己的教育方法，否则很可能伤害到孩子本来就很敏感的内心。

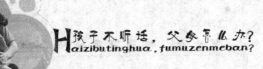
参考建议

▲ 减少孩子生活中的不和谐因素

不和谐的家庭环境往往会使孩子变得敏感、多疑。所以，父母应该经常与孩子沟通，陪孩子玩耍，用爱心营造一个健康、快乐的家庭环境，让孩子时刻感受到爱的存在。

父母在孩子面前应尽量避免焦虑、紧张等消极情绪，要用开朗的性格，阳光的心态感染孩子，让孩子学会积极乐观地看待事情，把眼界放宽，而不要过分拘泥于一些细小的事物。

▲ 及时开导敏感的孩子

父母发现孩子过于关注无关紧要的事情，要及时地进行开导。告诉孩子事情的轻重缓急，引导孩子把注意力集中到重要的事情上来，比如，不要总是想着同学的某一句话，而是把精力用到与他人正常交往上来。开导越及时越好，免得孩子陷得太深。所以，对待敏感的孩子也要求父母有一双敏锐的眼睛。

▲ 注意孩子的用脑卫生

告诉孩子合理地用脑，注意劳逸结合，不能过度用脑，长时间地思考、记忆，或者熬夜写作业会使孩子处于神经紧张的状态，使他的注意力难以集中，也会造成无缘无故地胡思乱想，从而变得敏感。所以，学会放松，保证足够的睡眠也是需要注意的。

▲ 提高孩子处理事情的能力

父母帮孩子提高处理一些事情的能力，比如教孩子看事情的重点，不要抓住细节不放，改善孩子过度敏感的问题。比如，孩子总觉得有人在议论他，可以找一个话题参与到他们的谈话中，这样就可以排除疑虑。

113. 孩子以自我为中心怎么办？

10岁的郑阳放学回家，放下书包就冲妈妈大喊："饭做好了吗？我都快饿死了？"妈妈微笑着说："马上就好，洗手准备吃饭吧。"

一家人坐到了饭桌，郑阳一看有红烧鲤鱼，高兴地说："这是我最喜欢吃的。"伸手将这盘菜端到了自己跟前。爸爸有点不高兴了，妈妈看到后冲爸爸摇了摇头。吃饭时,爸爸妈妈去夹红烧鲤鱼,郑阳说:"你们吃鱼尾巴。"爸爸一听,就把筷子扔下离开了,郑阳抬头看了妈妈一眼,就接着吃饭了。

晚饭后,郑阳准备写作业,突然跟妈妈说:"你去隔壁给我借一下王宇的语文书。"妈妈说:"你的呢?"郑阳头也没抬:"我嫌太沉,没背回来。"妈妈有点生气了,说:"你怎么能这样?要借自己去借。"郑阳摇着妈妈胳膊说:"他总是邋邋遢遢的,我不想跟他说话。"

爸爸这次再也忍不住了,冲郑阳说:"你这孩子太以自我为中心了,凭什么大家都要让着你,都要为你服务?"郑阳呆立了一下,张嘴大哭。妈妈焦急地对爸爸说:"孩子这样,也不是他一个人的错,与我们肯定也有关系。现在赶紧想想怎么办吧!"

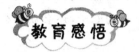

以自我为中心是指孩子在日常生活中,事事唯我独尊,很少顾及父母和他人。事实上,自我中心是幼儿早期自我意识发展的一个必然阶段,在这一阶段,孩子以自我为中心来观察世界的,各种行为也都是从"自我"角度出发的。在这一阶段,父母应对孩子进行积极的诱导,既让他肯定自我,也让他关注别人。如果一个孩子到了 5 岁,甚至六七岁,心智发展还停留在自我为中心阶段,就会将注意力过分集中在自己的需求与利益上。

孩子以自我为中心,除了父母在关键时期没有给予适当的引导与帮助外,还有一个原因是溺爱。家家都只有一个孩子,成了家庭的中心和重心,任何好吃的、好玩的都先给孩子,这是对孩子以自我为中心的一种"纵容",导致孩子眼中看不到父母,更看不到他人。

一个处处以自我为中心的孩子,不仅自私自利,在学习上也会受到局限。因为他以自我为中心,认为自己的学习方法、解题方法都是正确的,造成孩子思维僵化。

无论从道德品质还是学习方面看,父母都有必要帮助孩子纠正以自我为中心的心理问题。

参考建议

▲ 慢慢让孩子感觉到他不是家庭的中心

孩子在家里被视为中心,但到了幼儿园、学校以及社会上,就没有人视他为中心了,这个道理父母都懂,所以要慢慢让孩子在家庭中普通化。如,吃饭时,将所有的菜都放在中间，告诉孩子"这是大家的"。如果家中有老人，好吃的东西应该先给老人，再分给父母，最后给孩子，这也是在教孩子尊老。家务劳动也要让孩子分担，告诉他"这是你的义务"等。

▲ 引导孩子关心帮助别人

以自我为中心的人，不仅看不到别人需要关心、帮助，甚至可能幸灾乐祸，这种人是最让众人排斥的，父母要引导孩子关心帮助别人。

如，爸爸下班晚了，妈妈跟孩子说："爸爸工作很累，给爸爸端杯茶解解乏。"奶奶生病了，父母跟孩子说："奶奶很难受，去安慰安慰奶奶吧。"在户外，看到小朋友摔倒了、哭了，父母跟孩子说："他肯定摔疼了，你去扶他站起来，给他揉揉吧。"……

慢慢地，孩子就能看到别人的悲伤、难过以及需要帮助了，他关心帮助别人，别人也会关心帮助他的。这样，不仅走出自我中心的圈子，还会获得很多快乐。

▲ 鼓励孩子积极参与集体活动

以自我为中心的孩子往往不能融入集体，因为斤斤计较自己的利益。"一叶障目，不见泰山"，孩子参加了集体活动，能体会到他一个人时体会不到的快乐。父母要鼓励孩子参与集体活动，让他放开个人的得失，看一看在集体活动中能收获什么。

114. 孩子情感脆弱怎么办？

小佳是一个很情绪化的小姑娘，经常因为一些小事而伤心、哭泣。有时候会因为自己喜欢的玩具损坏了而大哭，有时候又因为奶奶说了她一句而伤心好几天，还有时候看到妈妈要出去，就以为妈妈不要她了，哭着不让妈妈走。

这几天，妈妈发现小佳的情绪又很低落，也不知道她又遇到什么"伤心事"了，便问："小佳又想什么呢？为什么不高兴啊？"

妈妈不问还好，一问小佳更伤心了，很委屈地答道："这几天总是见不到爸爸，他是不是不喜欢我了？"说着说着，眼泪又在眼眶里打起转儿来。

妈妈赶紧解释道："爸爸哪能不喜欢你呢！他是因为这几天加班，回家时你已经睡着了，你起床前，爸爸又去上班了，所以你才见不到他，不要瞎想了！"

小佳的情绪却没有多大好转。

生活中,有的孩子情感过于脆弱,时不时地掉眼泪,有时候因为小伙伴的一句玩笑话,情感脆弱的孩子就会大哭一场,弄得大家都不开心,也不愿意跟他一起玩儿了。父母面对情感脆弱的孩子会更操心,因为稍不注意就会引起他情感上的波动,陷入悲伤。

可是很多时候父母对孩子越是小心、娇惯,孩子的情感越脆弱。有一些父母看不得孩子的眼泪,孩子遇到点儿挫折,流一点儿眼泪,他们就赶紧过来,连哄再劝。孩子看到父母这么着急,会觉得自己受了天大的委屈,下次会变得更加脆弱。

有些孩子情感脆弱是他曾经受到过惊吓。比如,有些人总喜欢逗小孩子说:"你妈妈走了,不要你了!"孩子找不到妈妈就会吓得大哭。这些事情在孩子幼小的心灵上留下阴影,不由自主地产生恐惧感。

再有,父母经常流露出焦虑、忧伤的神情,也会使孩子变得多愁善感。

父母可以参考这些原因,看一看孩子情感脆弱的原因究竟是哪些,然后采取正确的教育方式,培养孩子坚强、乐观的性格。

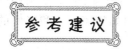

▲ 切记不可吓唬孩子

孩子的心地单纯,往往会相信他所听到的话,特别是与他十分亲近的人的话。所以父母一定不要拿孩子敏感的事情来开玩笑逗他,更不能吓唬他,比如,说把他送人或者不要他了,等等。否则会让孩子长期处于恐惧之中。

▲ 教孩子正确、乐观地看待问题

教会孩子分辨问题的轻与重,帮助孩子从不同角度去看问题,不要一遇到事情就往消极的方面想,而是要积极乐观一些。小伙伴之间善意的玩笑,可以增进彼此的感情,没必要太敏感。

▲ 让孩子自己去处理一些挫折

在孩子遇到一些挫折时,父母不要马上过来帮忙。比如孩子摔倒了,可以鼓励他自己站起来。即使孩子哭也不要心软,更不要在孩子面前抱怨"地不平"。

孩子成功克服了困难之后,父母要及时地给予鼓励和表扬,告诉孩子:这些挫折也不过如此,只要坚强面对,很容易就能克服。

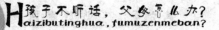
▲ 给孩子营造有安全感的环境

父母为孩子营造一个温暖、安全的家,使孩子能够生活在无忧无虑的环境中。尽量不要让孩子看到父母焦虑、忧愁的情绪。要多用积极健康的心态,开朗大方的性格感染孩子,让孩子能够用微笑面对生活。

▲ 增加孩子与他人接触的时间

孩子长时间的独处也会使他情感变得脆弱,应该增加孩子接触他人的时间,鼓励孩子多与小伙伴交流、玩耍。

孩子在与小伙伴的玩耍过程中还能学到很多。比如,其他孩子说了"哭鼻子没出息"这样的话,教育的效果要比从父母的口中说出来好很多。坚强乐观的孩子会对情感脆弱的孩子产生积极影响。

115. 孩子有抑郁倾向怎么办？

10岁的小柔最近发生了一些变化,起因是一个月前奶奶因病去世。

小柔从小是奶奶带大的,她6岁之前都是跟奶奶一起生活,爸爸妈妈只是隔三差五地去看看她。6岁以后,因为小学离自己家近,小柔才回到爸爸妈妈身边。但是,小柔每天都要给奶奶打电话,一到周末就回奶奶家住。和奶奶的感情很好。

现在奶奶去世了。当时,小柔没有大哭大闹,只是默默地流泪。葬礼结束后,小柔晚上会在自己的被窝里流泪。这件事爸爸妈妈不知道,只是感觉到小柔更加少言寡语了。

周末,妈妈带小柔去游乐场,这是她以前最喜欢去的地方,可现在小柔坐在一匹旋转的小马上发呆,对其他游乐设施连看都不看。妈妈极力劝她去玩别的,她甚至冲妈妈大吼:"别管我。"成绩自然是一路下滑。

看着小柔无精打采的样子,妈妈很发愁。她跟好朋友说起的时候,好朋友说:"小柔不会有抑郁倾向了吧?"妈妈一听,吓坏了。

教育感悟

抑郁症是一种心境障碍,主要症状是心情长期低落,情绪一直处在负面状态中。得了抑郁症的人会无精打采、绝望,感到生活没有意义,对什么都没有兴趣,可能绝食也可能暴饮暴食。

据 2010 年的数据统计,我国目前已有 3000 万青少年儿童处于心理亚健康状态,约 1/5 的孩子有抑郁倾向。为什么这么多的孩子都会有抑郁倾向?

第一,很多研究表明,抑郁症与遗传有一定的关联。实例证明,患有抑郁症的父母,子女患抑郁症的几率为 50%。这也与孩子受到抑郁症父母行为方式的影响有关。

第二,孩子成长时期的抑郁倾向与家庭发生变故有很大关系,如父母离婚、搬家、亲人去世、转学等,都会造成孩子情绪的大幅度波动,如果不及时帮助调节,让孩子长期处于消极情绪中,就会有抑郁倾向。

第三,孩子成长时期的抑郁情绪还与今天的社会环境有关系。很多父母只关注孩子智商,不关注体能和情商;只关注物质生活是否充裕,不关注精神生活是否卫生;只关注上学后的成绩问题,不关注情感和社会交往问题……导致现在的孩子体能差、承受能力差,孩子无法排解压力,结果出现了抑郁倾向。

有抑郁倾向的孩子不仅身体健康受到影响,也会饱受心灵折磨之苦,发展成抑郁症之后,可能出现犯罪、自杀等行为,所以,父母看到孩子经常处于消极情绪后,一定要及时想办法或寻求专业帮助,不要让孩子滑入抑郁症的圈子中去。

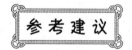

参考建议

▲ 经常以积极乐观的态度影响孩子

孩子有了抑郁倾向,父母都会焦虑,但焦虑无济于事,还有可能使孩子的状况恶化。所以,应该经常以积极乐观的态度影响孩子,如,以愉快的心情购买食物,精心加工,保证孩子的营养;周末和孩子一起跑步、登山,活跃家庭气氛,对孩子摆脱抑郁倾向也是有益的;做事遇到困难时,也多从积极的角度去考虑;跟孩子交谈时,经常告诉他"我爱你"等。在真情和乐观的包围下,孩子会变得情绪正常化。

▲ 不要给孩子戴上"抑郁"的帽子

父母发现孩子有抑郁倾向后,不要告诉孩子,否则戴上了"抑郁"的帽子会加重孩子的心理负担。有抑郁倾向的孩子往往敏感多疑,很容易受负面的心理暗示。要尽力营造轻松的家庭气氛了,不要过于关注孩子,不要将谈话的主题集中在孩子身上,而是该干什么就干什么。

▲ 帮助孩子走出负面情绪的阴影

对于因重大变故引发的抑郁倾向,父母不可以回避如小柔的奶奶去世了,父母可以引导她说出对奶奶去世的感受,伤心、孤独、无依无靠等,然后告诉孩子，生老病死是人之常情，去世的人也希望活着的人快乐，父母永远是她坚实的依靠，等等。有了父母的理解、支撑，孩子会慢慢走出负面情绪的阴影。

116. 孩子有强迫症怎么办？

有一天妈妈送李凯上学。走出楼道后看到天空阴沉沉的，就问李凯："你卧室的窗户关好了吗？今天可能要下雨。"

"关好了！"小凯随口答道。妈妈也没有再问，就带着李凯上学去了。

不一会儿，外面起风了，随后下起了大雨。快到中午时，雨慢慢小了。妈妈把李凯接回家，一进门就看见屋里的东西被吹得乱七八糟，再走进李凯的卧室，窗户大开着，床都被淋湿了。妈妈看到后非常生气，将李凯狠狠地批评了一通。

从那以后，李凯会不时地去看看窗户关没关。有时候妈妈带着他都走出了楼门，李凯却又吵着要回去看窗户关好没有。

妈妈看到李凯的行为，心中非常纳闷：这孩子是怎么了？为什么总是惦记着窗户啊？

教育感悟

孩子有时会表现出一些怪异的行为，对一些事情产生疑虑，不自觉地去想。比如离开家后总是怀疑没有锁门，即使父母告诉他锁了也没有用，非要亲自回去看一看才安心；或者总觉得手上不干净，不断地洗手，还是会想手上有脏东西。如果孩子存在这些行为，很可能患上了强迫症。

强迫症的形成跟以前受过的刺激有关。就像李凯那样，因为一次忘记关窗户而被严厉批评，在他心里留下了阴影，在日后的生活中就会总想着这件事。

强迫症是一种精神上的疾病。会增加孩子的心理负担，分散注意力，使孩子总是处于一种焦虑的状态，影响正常学习与生活。

为了让孩子远离强迫症的困扰，父母在日常生活中一是要避免孩子受到很大的刺激，二是要采取正确方法及时改正孩子的强迫行为。

参考建议

▲ **帮助孩子认识到他的强迫行为**

孩子在做一些强迫行为时，不会意识到是强迫症。父母可以告诉孩子：这么想是没有必要的,让孩子意识到自己的行为,并且不对这种行为感到紧张,再帮助孩子慢慢改掉强迫行为。

▲ **找出孩子紧张的原因,为他减压**

孩子可能因为一件小事而患上强迫症。比如,用手拿过一些物品后留下了非常难闻的气味,从此便经常洗手,还总觉得手上气味不对。父母应该及时了解其中的原因,针对具体情况,采取措施,消除孩子内心的紧张情绪。

比如在孩子洗完手后,对他说:"你的小手真香!"在孩子又要洗手时,闻一闻他的小手,告诉他没有气味,孩子就会逐渐摆脱这种强迫行为。

▲ **培养孩子有规律的生活习惯**

有些孩子患上强迫症后,总是觉得忘记干什么事了,比如忘记关窗户,忘记锁门,忘记带一本书,等等。父母可以帮助他养成有规律的生活习惯,写完作业马上收拾好书包,将明天要用的放进去;随身带的小物件,如钥匙、公交卡等放在醒目的地方,方便出去时取用;每次出门前将重要的事情按照一定顺序想一遍,如窗户是不是关好了,电器是不是都安全了……孩子养成了这样的习惯就不会总想着自己忘记干什么了。

▲ **转移他的注意力**

父母可以在孩子有强迫行为的时候转移一下他的注意力。比如,拿出孩子喜欢的玩具,激发他的兴趣,陪他玩一会儿;或者告诉孩子先不要去想那些事情了,找同学玩一玩,不知不觉忘掉他总惦记的事情。

117. 孩子性别倒错怎么办?

孙宇涵还在妈妈腹中的时候,妈妈就希望他是一个漂亮的女孩,因为她童年时家里穷,穿得破破烂烂。现在她有能力,希望有个女孩让她打扮得漂漂亮亮的,以弥补自己童年的缺憾。

孙宇涵出生了,是个男孩。妈妈有些失望,不过她想在孩子小的时候打扮成女孩满足自己的愿望,于是,给孙宇涵穿女孩的衣服、裙子,还留长头发扎辫子。常常对孙宇涵说:"你要是个女孩多好啊!"

孙宇涵慢慢长大了,想要玩车、玩枪,妈妈不给他买,玩具中很多是毛绒玩具。慢慢地,孙宇涵越来越文静,越来越像个女孩子了。

上学后,孙宇涵总喜欢跟女孩子玩,神态也总是扭扭捏捏、羞羞答答的,同学们都嘲笑他,女生也不愿意跟他一起玩,说:"你一个男孩子,老找我们干

什么？"

孙宇涵渐渐变得胆小、自卑，有一天甚至问妈妈："有什么办法能把我变成真正的女孩吗？"听了这话，妈妈才感觉到问题的严重性，知道自己铸成了大错。她去咨询后得知儿子已经"性倒错"了，需要积极干预。

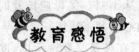

教育感悟

孩子常常把某个女生称为"假小子"，把某个男生称为"娘娘腔"，就是这个女孩不像真正的女孩，这个男孩又扭扭捏捏的像个女孩，也就是说，孩子自身的性别和他的行为表现不一致，这在心理学上称为"性倒错"。性倒错在儿童时期是一种心理问题，如果不及时纠正，成年后会发展成性变态，如异装癖、恋物癖、同性恋、窥阴癖等，从而影响正常的社会交往、恋爱、婚姻。

孩子出现性倒错，通常和母亲怀孕期的性别期望以及孩子出生后的养育方式有很大关系。孙宇涵正是因为妈妈将他当女孩养育，才造成性倒错。另外，孩子出现"性倒错"与家庭环境也有很大关系。如，单亲家庭中，男孩没有父亲，或者女孩没有母亲，都会造成孩子对性别角色认知出现偏差。

孩子出现性倒错的心理问题可以通过早期发现早期纠正。如果孩子出现一些与自己本身性别相反的言谈举止，如，男孩子喜欢染指甲，对妈妈的衣服感兴趣；女孩子不爱留长发，愿意穿短裤等。在玩过家家游戏中，总喜欢扮演异性角色，喜欢玩异性的玩具，就是在发出性倒错的信号。

如果孩子出现了性倒错，父母不要焦虑，毕竟儿童时期的性倾向还未定型，只要努力，就会让孩子认同自己的性别。

参考建议

▲ 启发引导孩子纠正自己的性别偏差

孩子性倒错，是因为对自己的性别认识有偏差，父母应该想办法启发引导孩子纠正这种性别偏差，让孩子说出男孩和女孩从生理到言行举止的区别，并让他将这些区别与自己的行为比对，孩子就知道一个真正的男孩该怎么做，一个像样的女孩是什么样的。主动纠正自己的言行举止。

▲ 鼓励孩子多和同性朋友玩耍

父母应该鼓励孩子多和同性朋友玩耍，如请孩子的同性朋友来家里，或者让他们一起在户外玩。男孩子在一起往往会舞枪弄棒，女孩子则会跳绳、玩洋娃娃等，刚开始，孩子可能无法融入，时间久了，会对同性的游戏熟练起来。

▲ 让孩子亲近自己的同性父母

性心理专家认为,孩子到三四岁以后应多接触自己的同性父母,尤其是男孩,更应多接触男性榜样,否则就有可能出现对异性父母过度依恋而不愿意接受自己的性角色。所以,到了三四岁,孩子的同性父母就要多进入孩子的世界,如父亲应该多和儿子玩,母亲多陪陪女儿。

118. 孩子有自虐倾向怎么办?

有一天,甜甜在玩儿洋娃娃,玩得十分投入,连吃饭都忘记了。妈妈叫了她好几次,甜甜还是无动于衷,仍然摆弄她的洋娃娃。

妈妈生气了,冲着甜甜喊道:"甜甜,不要再玩了! 先吃饭去!"

"我不想吃,我不饿。"甜甜回答道,注意力仍然集中在玩具上。

妈妈更生气了。过去就要把甜甜的玩具抢过来。甜甜毕竟力气小,玩具被妈妈拿走了。

甜甜不干了,一边喊着:"你给我! 你给我!"一边用小手在身上乱抓,衣服上的扣子被扯下来好几粒。指甲在手背上狠狠地抓起来,一道道血痕立刻出现在白皙的皮肤上。

妈妈看到甜甜的举动也害怕了,赶紧将玩具还给她。

教育感悟

有些孩子在被父母管教,或者遇到不合心意的事情时会采取一些极端的方式来虐待自己,以此发泄不满,比如说很大声地喊叫,直到把自己的嗓子喊哑;或者用力抓自己的头发;甚至用拳头捶墙,弄得手上流血;等等。

有些父母不禁产生疑问:孩子平时很娇气,摔个跟头,打个针还会疼得大哭,为什么会做出自虐的事情来呢? 其实,孩子的自虐行为在一定程度上是不受他意识控制的。孩子遇到不顺心的事情时,会产生一些情绪,有些孩子自制力差,不能够控制好这些情绪,又找不到正当的发泄途径,就会做出自虐的行为来。

自虐行为不仅对孩子的身体造成很大的伤害,还会影响孩子的心理健康。自虐行为可能使孩子产生自闭的倾向,不愿意与别人诉说心事。

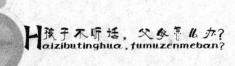

参考建议

▲ 转移孩子的注意力

孩子因为自制力差,遇到不顺心的事情时,无法控制情绪,又没有很好的发泄途径,就会在头脑发热的情况下,将不满情绪发泄到自己身上。这时父母可以转移他的注意力,比如拿出他喜欢的食物,色彩艳丽的图画,平时喜爱的玩具等,让孩子将注意力转移到这些使他高兴的事物上来,忘记刚刚的不愉快。

▲ 与孩子多交流,让他学会倾诉

孩子之所以自虐,是因为心中"有苦说不出",拿自己"出气"。父母要让孩子说出心中的不快,认真倾听,及时解决困惑。如果孩子不愿意说,也不要强其所难,可以鼓励孩子找他的好朋友去说。总之,要让孩子学会倾诉,而不是将想法压在心里。

▲ 管教孩子时不要太专横

父母管教孩子时过于专横也是促使孩子自虐的一个原因。一些父母在家中非常强势,孩子犯了错误之后,父母会不分青红皂白就嚷道:"我还管不了你了!""看你以后还敢不敢了!"也不让孩子解释。孩子的委屈无处释放,就有可能做出自虐这种极端的事情来。父母要检查一下自己的行为是不是过于专横了,如果是,以后管教孩子时要收敛一下。

▲ 鼓励孩子进行体育活动

父母应该告诉孩子一些正确的情绪发泄渠道。体育运动就是一种很好的发泄不良情绪的方式。比如,如果是男孩子,父母可以准备一个足球,在孩子心中郁闷有无法发泄的时候,让他自己找一处空旷的地方,将心中的愤懑都发泄到足球上,如果是女孩,可以让她跳跳舞、跑跑步,让负面情绪随着汗水排走。需要注意的是,孩子有情绪时,不要让他参加对抗性运动,防止孩子在激烈的运动中,将情绪发泄到别人身上。

119. 孩子消极悲观怎么办?

8岁的蒋小莉是个文文静静、比较内向的女孩。

有一天,她满脸愁容地回家,妈妈看见后问:"莉莉,为什么愁眉苦脸的啊?"

蒋小莉说:"老师今天说,明天有其他学校的老师来听课,让我们这一组的

人把课文背熟了,明天当堂背诵。我要是背不下来可怎么办啊!"

妈妈问:"那你背熟了吗?"

蒋小莉回答道:"现在是没问题,可是明天上课要背不过可怎么办? 您跟老师打个电话,让其他同学背吧,行吗?"

妈妈叹了口气:"你怎么不把事情往好的方面想呢? 你怎么不想着把课文背得滚瓜烂熟,明天在课堂上得到老师夸奖呢?"

莉莉不说话了。

妈妈接着做饭,边做边跟爸爸说:"莉莉为什么这么消极悲观呢? 打小就是这样,玩具还没玩,就担心玩坏了怎么办,无论什么事都先想不好的结果。"

爸爸想了想:"这可能是她的天性吧,要么就是跟我们俩的想法有关。"

妈妈焦虑地问:"那怎么办? 就任她这样下去吗?"

每个人的生活中都会遇到困难、挫折和挑战,有些人持积极乐观的态度,也有些人消极悲观,态度不同也决定了结果的不同。

在积极乐观的人看来,只要努力,生活中就总会有于自身有利的和令人愉快的事情发生,不幸是偶然的。这类人面对困难、挫折、挑战时会非常主动,因此而取得成功,即使失败了,也会找出失败的根源,积累经验。

而在消极悲观的人看来,人生是不幸的,总有很多磨难在等着自己,总有很多令人痛苦的事情发生。这类人在面对困难、挫折、挑战时,往往尽可能地逃避。焦虑、不安。一旦失败了,意志会更加消沉。

父母都希望孩子遇事积极乐观。怎么才能做到这一点呢? 早期诱发理论认为,人的性格是在后天的环境中逐步形成的。

大量的调查数据也显示,相对于积极乐观的孩子而言,消极悲观的孩子更容易在学业上遭受失败,更容易出现健康问题。

所以,父母如果觉得孩子倾向于消极悲观,就应该尽早帮助孩子扭转并形成积极乐观的性格。

参考建议

▲ 经常安排一些令孩子愉快的活动

如果一个孩子总是处于快乐情绪中,也会在生活中积极寻找快乐,获得快乐体验。所以,父母要经常安排一些令孩子愉快的活动,如,夏日的傍晚全家一起去散步，周末时全家一起去郊游、登山，和孩子一起看一场木偶戏、儿童电影等。

▲ **和孩子的消极预测打个赌**

消极悲观的孩子在任何事情发生之前，都会给一个消极的预测，为了鼓励孩子，父母可以和孩子打个赌，说："我觉得事情结果不会是这样的，我猜你一定可以因为背课文熟练而获得老师夸奖。"这种说法等于给了孩子一个积极的心理暗示。消极悲观的孩子习惯性地悲观看事情，但内心也希望自己成功，有了积极的心理暗示再加上孩子的努力，结果往往是孩子获得成功。成功的体验越多，性格中积极乐观的成分就会越多。

▲ **帮孩子摆脱困境，让他看到希望**

孩子在成长中有很多在父母看来不是困难的困难，如小朋友不跟他玩了，老师夸奖了别人没有夸奖他等，父母要站在孩子的角度考虑问题，帮助孩子摆脱困境。和孩子沟通，让孩子说出他的苦恼，再给孩子一些合理的建议等。孩子看到自己的问题能够解决，就不会陷入消极情绪，而会看到希望。